W9-AUA-004

Le Pouvoir au féminin

DU MÊME AUTEUR

L'Amour en plus, Flammarion, 1980

Les Remontrances de Malesherbes, Tallandier, 1985

L'Un est l'autre, Odile Jacob, 1986

Condorcet. Un intellectuel en politique, avec Robert Badin-
    ter, Fayard, 1988

X/Y. De l'identité masculine, Odile Jacob, 1992

*Les Passions intellectuelles, tome I : Désirs de gloire (1735-
    1751)*, Fayard, 1999

*Les Passions intellectuelles, tome II : L'Exigence de dignité
    (1751-1762)*, Fayard, 2002

Fausse route, Odile Jacob, 2003

*Madame du Châtelet, Madame d'Épinay ou l'Ambition
    féminine au XVIIIe siècle*, Flammarion, 1988, rééd. 2006

*Les Passions intellectuelles, tome III : Volonté de pouvoir
    (1762-1778)*, Fayard, 2007

L'Infant de Parme, Fayard, 2008

Le Conflit, la femme et la mère, Flammarion, 2010

Elisabeth Badinter

Le Pouvoir au féminin

Marie-Thérèse d'Autriche
1717-1780
L'impératrice reine

Flammarion

© Éditions Flammarion, 2016
ISBN : 978-2-0813-7772-1

Pour Alma

Avertissement

S i Marie-Thérèse d'Autriche (1717-1780) est l'une des grandes figures tutélaires de son pays, les Français connaissent mal la mère de Marie-Antoinette. Comme d'autres, je l'ai découverte par sa correspondance avec sa fille, mais aussi par celle de sa belle-fille, Isabelle de Bourbon-Parme, la première épouse de son fils Joseph II. Ces lettres révèlent une mère tendre et sévère, attentive au moindre détail concernant ses enfants. Mais cette mère-là n'est pas n'importe laquelle, c'est une femme au pouvoir absolu qui règne sur de vastes territoires, du nord au sud de l'Europe.

L'héritière des Habsbourg eut à gérer trois vies et assumer trois rôles différents, parfois en opposition les uns avec les autres : épouse d'un mari adoré et volage, mère de seize enfants, souveraine d'un immense empire. Une gageure qu'aucun souverain masculin n'eut à connaître et que peu de ses égales ont connue.

Mon propos n'est point de faire l'histoire de l'Autriche thérésienne, ni une biographie en bonne et due forme de la souveraine, mais plutôt de tenter de comprendre comment cette femme toute-puissante a pu ou non concilier ses différents statuts. Prendre la mesure de ses forces et ses faiblesses, montrer ses victoires et ses échecs. Je me suis donc mise en quête de sa personnalité, de ses priorités et inévitables contradictions.

Pour s'approcher de la vérité psychologique d'un personnage historique, le chercheur n'a pas meilleur guide que les correspondances publiées et inédites. Dans le cas qui nous occupe, les premières ont parfois été censurées et il n'est pas inutile de consulter les originaux. Grâce aux archives pieusement conservées à Vienne et ailleurs, et dans les collections privées, il reste des milliers de lettres de Marie-Thérèse adressées à sa famille, ses amis et ses collaborateurs, ainsi que les réponses de ceux-ci, quasiment toutes écrites en français. Par ailleurs, la souveraine étant la cible de tous les regards à la cour, certains de ses courtisans n'ont pas manqué de laisser trace de leurs observations et de leurs opinions sur elle et son action. Mais d'autres sources se sont révélées précieuses. Outre les témoignages des visiteurs occasionnels et des voyageurs, ceux des ambassadeurs étrangers à Vienne sont capitaux. Dans leurs dépêches presque quotidiennes, ils ne parlent pas seulement de sa politique, ils s'attardent aussi sur sa personne et sur son entourage. Même si parfois certains d'entre eux manquent de finesse ou d'objectivité, et véhiculent les ragots de la cour, leurs correspondances rapportent également des faits et des propos que l'on ne trouve nulle part ailleurs, notamment grâce à leurs espions, qui sont souvent des intimes de la souveraine.

De ces différentes sources se dégage l'image d'une femme à la fois proche et lointaine. Proche parce qu'elle sait ouvrir son cœur et exprimer ses joies, ses chagrins et ses dilemmes. Proche surtout parce qu'elle dut affronter des défis ignorés des hommes et bien connus des femmes du XXIe siècle. Mais lointaine aussi, parce que détentrice d'un pouvoir qui n'a plus d'égal aujourd'hui et qu'une part de sa vérité se dérobe à nous. Ce portrait n'est donc pas exhaustif. Le modèle conserve un mystère que d'autres, peut-être, pourront lever un jour.

Prologue

Les deux corps de la reine

J usqu'à la fin de l'époque moderne, le pouvoir absolu du monarque occidental s'énonce au masculin. Le titre de reine renvoie au statut d'épouse du roi et ne signifie en soi, contrairement à celui de régente, aucun pouvoir spécifique. C'est ainsi qu'au milieu du XVIIIe siècle, le royaume de Hongrie a élu Marie-Thérèse d'Autriche « roi » et non « reine » de Hongrie.

Les femmes qui ont accédé au pouvoir absolu sont rares. À l'exception notable d'Élisabeth Ire d'Angleterre et de Catherine II de Russie, celles qui eurent ce privilège l'ont détenu par accident, à la mort de l'époux, et momentanément, jusqu'à l'âge adulte de l'héritier. Nombre de ces régentes l'ont d'ailleurs partagé ou abandonné à un conseil ou un conseiller privilégié. Blanche de Castille ou Catherine de Médicis font elles aussi figures d'exception. En règle générale, les femmes ne règnent que faute de mieux, c'est-à-dire faute de mâle, sauf peut-être dans la Russie du XVIIIe siècle. Marie-Thérèse d'Autriche n'échappe pas à la règle. C'est en l'absence d'héritier dans la lignée des Habsbourg que son père se résolut, la mort dans l'âme, à lui transmettre le sceptre et la couronne.

Pour comprendre l'apparente incongruité de la souveraineté féminine, il n'est pas inutile d'interroger la théorie des « deux corps du roi », telle que l'a exposée l'historien médiéviste Ernst Kantorowicz[1]. Cette fiction mystique répandue par les juristes anglais de la période élisabéthaine avait pour objet d'expliquer pourquoi la souveraineté, c'est-à-dire l'incarnation de la société politique, ne s'éteignait jamais. Selon celle-ci, le roi est doté de deux corps : un corps naturel sujet aux passions, aux maladies et à la mort, et un corps politique immortel qui incarne la communauté du royaume. Autrement dit un corps de chair et de sang et un corps symbolique et abstrait. Quand le corps naturel meurt, le corps politique est aussitôt transféré dans le corps naturel de son successeur. « Le roi est mort, vive le roi ! »

Force est de constater que durant des siècles, on a répugné à l'idée que la femme puisse incarner le corps politique. Il est vrai que jusqu'au XIXe siècle, on tenait

---

1. *Les Deux Corps du roi*, Paris, 1989, p. 21-29. Voir aussi l'article de Patrick Boucheron, « *Les Deux Corps du roi* d'Ernst Kantorowicz », *L'Histoire*, n° 315, décembre 2006, p. 98.

pour essentiel que le monarque puisse mener ses troupes au combat, ce qui paraissait impensable pour une femme. Mais au-delà de cet empêchement, il semble que le corps féminin, tout entier occupé de la reproduction, était inapte à une fonction symbolique, telle que la souveraineté, trop englué qu'il était dans le monde naturel et mortel. *Tota mulier in utero.* La reine n'a qu'un seul corps qui fait obstacle à la transmission du corps immortel du royaume. Elle perpétue la lignée et transmet la vie, mais non le pouvoir qu'elle-même ne peut recevoir. La maternité est donc l'entrave majeure à la souveraineté féminine.

Alors que le corps naturel du roi appelle peu de commentaires, celui de la reine, son épouse, attire les regards. Courtisans, ambassadeurs, voyageurs qui peuvent l'approcher décrivent son apparence physique, commentent sa beauté, sa grâce ou ses disgrâces. Lorsqu'elle est jeune, tous les yeux sont fixés sur son ventre dont la succession dépend. La seule question qui vaille : a-t-elle la capacité d'engendrer des fils ? Si par malheur elle n'accouche que de filles, ou si le couple royal est stérile, on lui en impute la responsabilité et le pire est à craindre : relégation, répudiation, voire assassinat dans certains cas. En revanche, mettre au monde un fils donne à la mère un nouveau statut et peut lui valoir un pouvoir d'influence, lequel n'est qu'un piètre substitut de la véritable souveraineté, un pouvoir de seconde main, illégitime et toujours critiqué.

Le siècle des Lumières apporta un éclatant démenti au crédo de l'incapacité féminine. Cinq femmes montèrent sur le trône des deux plus vastes empires européens. En Russie, Catherine Ire [1], épouse de feu Pierre le Grand, régna deux ans ; Anna Ivanovna [2], dix ans ; Élisabeth Ire [3], vingt ans et Catherine II [4], trente-quatre ans. La cinquième est Marie-Thérèse d'Autriche qui dirigea et symbolisa son pays, comme nul autre, durant quatre décennies.

Mieux que ses « sœurs » russes, cette dernière incarne à proprement parler le pouvoir au féminin et nous autorise à évoquer les « deux corps de la reine ». Épouse et mère, elle a conjugué magistralement féminité, maternité et souveraineté. Non seulement le corps naturel ne fut pas un obstacle, mais il se révéla un atout majeur pour asseoir son pouvoir. De ce point de vue, elle est à la fois incomparable dans son siècle et un précieux repère dans l'histoire des femmes.

1. 1725-1727.
2. 1730-1740.
3. 1741-1762.
4. 1762-1796.

1

L'enfance d'« une » chef

Apriori, l'archiduchesse Marie-Thérèse n'était pas destinée à régner sur le plus grand empire européen[1]. Non parce qu'une loi fondamentale l'interdisait, telle la loi salique en France, ou que la Maison des Habsbourg ne connaissait que l'épouse du souverain, mais parce que son père ne le désirait pas. Jusqu'à ses derniers jours, l'empereur Charles VI[2] a gardé l'espoir d'engendrer un fils. On peut dire que de son vivant, Marie-Thérèse, son aînée, a fait figure de suppléante ou plutôt de moindre mal. Un second choix qu'il s'est refusé,

1. Jusqu'au milieu du XVIIIe siècle, on considérait la Russie comme un empire asiatique.
2. 1er octobre 1685-20 octobre 1740. Roi d'Espagne, sous le nom de Charles III de 1703 à 1714, il fut élu empereur du Saint Empire romain germanique à Francfort le 12 octobre 1711, rassemblant sur sa tête l'ensemble des possessions de Charles Quint.

consciemment ou non, à envisager sérieusement. D'ailleurs, outre l'empereur, ni la cour de Vienne, ni les États héréditaires [1], ni même les autres souverains d'Europe ne regardaient avec bienveillance et respect la montée d'une femme sur ce trône. Pourtant, le temps passant, chacun savait qu'il en allait de la pérennité de la Maison des Habsbourg qui régnait sur la monarchie autrichienne depuis trois siècles. Si l'empereur et ses sujets en parlaient peu, tout le monde ne pensait qu'à cela.

L'OBSESSION DE L'HÉRITIER

Elle commence un demi-siècle avant la naissance de Marie-Thérèse. Son grand-père, l'empereur Léopold Ier (1640-1705), dut attendre l'âge de trente-huit ans et son troisième mariage pour avoir enfin un fils, le futur Joseph Ier, qui parvint à l'âge adulte. Sept ans plus tard il eut un second fils, Charles, qui sera le père de Marie-Thérèse. La crainte de l'extinction de la lignée avait déjà dû s'emparer de Léopold avant son troisième mariage, car on murmure dans les chancelleries que sa seconde épouse, qui ne lui avait donné que deux filles mortes au berceau, n'était peut-être pas décédée tout à

---

1. Les États héréditaires des Habsbourg désignent la Basse-Autriche, la Haute-Autriche, la Styrie, la Carinthie, la Carniole et le Tyrol, auxquels se sont ajoutés au XVIIe siècle le royaume de Bohême, la Moravie et la Silésie.

fait naturellement à vingt-trois ans. L'obsession dut le reprendre peu de temps avant sa mort en constatant que son aîné Joseph n'avait encore que deux petites filles, en dépit des multiples remèdes que prenait son épouse [1] pour lui donner un héritier. En 1703, Léopold Ier modifia la loi de succession pour qu'en l'absence de descendants mâles chez ses deux fils, l'aînée de Joseph puisse monter sur le trône. Après quoi ses deux fils durent prêter serment de respecter sa volonté. Joseph succéda à son père en 1705 et mourut six ans plus tard victime d'une épidémie de petite vérole. Tout naturellement, son cadet lui succéda sous le nom de Charles VI.

Pour autant, l'obsession de l'héritier continuait de hanter les esprits.

Deux mois avant le mariage de Charles avec la jeune et ravissante Élisabeth-Christine [2], et alors que Joseph Ier respirait la santé et courait la gueuse, les ministres de l'empereur s'inquiétaient déjà de la possible « infécondité [3] » de la promise et du sort de

1. Wilhelmine-Amélie de Brunswick-Lunebourg (21 avril 1673-10 avril 1742). C'est un personnage important dans la vie de Marie-Thérèse. On verra plus loin le rôle qu'elle a joué.
2. Élisabeth-Christine de Brunswick-Wolfenbüttel (28 août 1691-21 décembre 1750) est la mère de Marie-Thérèse. Elle épousa Charles le 22 avril 1708 à Vienne avant de le rejoindre en Catalogne.
3. Contre toute raison, on appliquait ce terme aux souveraines qui n'engendraient que des filles et même à celles, comme l'impératrice Amélie, qui avaient eu un fils mort avant

l'impératrice régnante Amélie : « Raisonnant sur la stérilité de l'impératrice [Amélie] et les malheureuses suites pour la Maison d'Autriche, [ils disent] que si la princesse de Wolfenbüttel ne donne pas des héritiers mâles à cette Maison avant que l'âge vigoureux de l'empereur [Joseph] passe, il fallait indubitablement donner à l'impératrice [Amélie] le conseil de se retirer dans un couvent pendant le reste de ses jours et chercher la dispense du pape pour un autre mariage de l'empereur. On se résoudrait à prendre ce parti, ou bien *à quelque-chose de pire* pour l'impératrice [1]. »

Cinq ans plus tard, le même agent français note laconiquement à propos de la nouvelle impératrice, Élisabeth-Christine, toujours sans enfant : « En cas que l'on se voie encore quelques années frustré de cette espérance, et qu'on se persuade que le défaut est du côté de [la nouvelle] impératrice [2], bien des gens se figurent que quoiqu'on croie que l'empereur l'affectionne assez pour ne pas l'ordonner, *on la fera pourtant mourir à son insu pour le bien de l'État* d'une

l'âge adulte. On ne peut mieux dire le lien profond entre le sexe masculin et la fécondité.

1. Archives du ministère des Affaires étrangères (MAE), La Courneuve, *Correspondance politique* (*CP*) *d'Autriche*, vol. 88, Vienne, 14 février 1708, f. 29 r-v. Souligné par nous.

2. La veuve de l'empereur gardait son titre d'impératrice, dite « douairière ». À cette époque on compta trois impératrices : la veuve de Léopold, Éléonore, la veuve de Joseph, Amélie, et Élisabeth-Christine, parfois appelée l'impératrice régnante.

maladie languissante dont on ne s'apercevra pas qu'elle n'est pas naturelle [1]. »

La malheureuse mère de Marie-Thérèse passa l'essentiel de sa vie de femme obsédée à son tour par l'obligation de mettre au monde un fils viable. Moins d'un an après son mariage, Élisabeth-Christine répond à sa propre mère qui s'impatiente : « Ce que votre Altesse me marque au sujet que je ne suis pas encore grosse, je ne manquerai point de le faire et de m'imprimer le conseil que V.A. m'a donné. » Un peu plus tard, elle dit à son père son « chagrin de n'être pas encore grosse [2] ». À Vienne en 1711, on ne parle que de ses « règles qui auraient disparu sous le climat espagnol […] et d'un certain flux blanc qu'on regarde comme un empêchement à la génération. Mais on se flatte qu'à son retour en Allemagne, sa nature rentrera dans l'ordre [3] ».

À son retour à Vienne en 1713, après deux ans passés loin de son mari en Catalogne pour y conserver le trône d'Espagne, la question est plus brûlante que jamais. Le climat germanique ne semblant pas avoir les heureux effets escomptés, Charles VI prend une

---

1. De Pastor à Torcy, Vienne, 20 juin 1713, *CP Autriche*, vol. 92, f. 109 r-v. Pastor ajoute : « Comme on dit qu'on a fait mourir […] la seconde épouse de l'empereur Léopold à l'insu de ce prince. Il est certain que l'impératrice Amélie a craint d'avoir ce sort. » Souligné par nous.
2. Archives du Land de la Basse-Saxe (Wolfenbüttel), 1 alt 24, n° 274, Barcelone, 2 juillet 1709, et n° 269, 18 mars 1710.
3. *CP Autriche*, vol. 90, Vienne, 1er novembre 1711, f. 152 r.

étrange et secrète décision. Alors qu'il n'a pas encore le moindre enfant, il décide de changer l'ordre de succession voulu par son père. Au cas qu'il n'aurait eu, comme son frère, que des filles, ce ne serait plus l'aînée de Joseph, mais la sienne qui hériterait du trône [1]. La lignée féminine de Charles aurait dorénavant la préséance sur celle de son frère. Cette décision prise alors que son épouse n'a que vingt-deux ans et que nul ne sait encore si elle peut avoir des enfants paraît aussi inattendue que prémonitoire.

Enfance et adolescence

La naissance de Marie-Thérèse le 13 mai 1717 est une immense déception. C'est une fille et le malheur a voulu qu'elle naisse un an après la mort d'un petit prince [2] de sept mois. Cette première naissance tant attendue avait suscité autant de bonheur que de fierté chez ses parents. Elle apportait une légitimité et une nouvelle autorité à Élisabeth-Christine et assurait enfin à Charles VI une succession mâle. Ce ne furent que

1. Ce bouleversement de l'ordre de succession fut entériné dans le plus grand secret par ses ministres le 19 septembre 1713. Cet édit de Charles VI, connu sous le nom de « Pragmatique Sanction », l'autorisait à transmettre le pouvoir à sa fille aînée. Voir Charles Ingrao, « Empress Wilhelmine Amalia and the Pragmatic Sanction », *Mitteilungen des Österreichischen Staatsarchivs*, Horn, 1981, vol. 34, p. 333-341.
2. Léopold (13 avril-4 novembre 1716).

réjouissances à la cour de Vienne, auxquelles succéda peu de temps après une immense affliction. Le représentant de la France à Vienne écrit : « L'empereur la supporte avec cette fermeté qui lui est naturelle, mais la douleur de l'impératrice est si vive qu'on craint pour l'enfant qu'elle porte [1]. » On est en droit de penser que le chagrin naturel de la mère se doublait du dépit d'avoir à regagner sa légitimité perdue. C'est dire à quel point tous, et elle en particulier, attendaient que la perte fût réparée par la naissance d'un second fils.

Lorsque Marie-Thérèse naît, il n'y aura point de réjouissances publiques comme pour un archiduc. L'empereur écrit à sa belle-mère : « Mon épouse n'est pas satisfaite de n'avoir eu cette fois qu'une fille, mais moi je dis que c'est toujours un enfant et j'espère que des fils et des filles suivront [2]. » Vaines espérances puisque après Marie-Thérèse ne naîtront encore que deux filles, Marie-Anne et Marie-Amélie [3].

On sait très peu de choses de la prime jeunesse de Marie-Thérèse, sinon qu'on développa de bonne heure sa foi religieuse. Très tôt, elle accompagne ses parents dans leurs pèlerinages et leurs nombreuses dévotions. Elle est élevée pour être une bonne chrétienne et une princesse accomplie plutôt que comme

1. *CP Autriche*, vol. 117, Vienne, 7 novembre 1716, f. 103 v.
2. *Ibid.*, vol. 121, Vienne, 9 juin 1717, f. 125 v.
3. Marie-Anne (14 septembre 1718-16 décembre 1744) ; Marie-Amélie (5 avril 1724-19 avril 1730).

la future souveraine de terres immenses. Bref, on s'attache davantage à cultiver ses vertus privées – droiture, honnêteté, générosité – qu'à lui enseigner l'art et la manière de régner.

Instruite par des jésuites, elle saura tout de l'histoire de la Bible et des empires de l'Antiquité, mais à peu près rien de la diplomatie, du droit, des finances, de l'histoire et de la géographie contemporaines, toutes disciplines si nécessaires au souverain. En revanche, un soin tout particulier est consacré à l'enseignement des langues et des arts. Elle parlera le français couramment [1] – certains disent mieux que l'allemand, sa langue maternelle –, l'italien assez bien et un peu l'espagnol. On lui a également appris le latin, langue politique officielle des Hongrois. Si Marie-Thérèse ouvre rarement un livre et montre peu d'intérêt pour les idées philosophiques, elle passe un temps considérable à s'initier aux arts. Dès l'âge de cinq ans, elle apprend à dessiner, peindre et danser avec les meilleurs maîtres italiens. Très bonne musicienne – comme son père –, elle joue du clavecin comme une professionnelle et chante comme un ange. À sept ans, elle interprète un petit opéra devant la cour [2]

1. C'est elle qui impose le français comme langue officielle de la cour de Vienne, à l'opposé de son père qui en interdisait l'usage en sa présence. On notera qu'elle parle un français inhabituel à l'oreille du lecteur moderne et fait couramment des fautes de syntaxe qu'on a choisi de conserver.
2. Sous Charles VI s'instaura une tradition poursuivie par Marie-Thérèse : les enfants du couple impérial offraient à l'occasion d'une fête ou d'un anniversaire de leurs parents un

en l'honneur de ses parents qui lui vaut tous les applaudissements. Plus tard, un voyageur ayant eu la chance d'assister à l'un de ces spectacles écrivit, non sans lyrisme : « Je n'ai jamais vu de ma vie entière quelque chose d'aussi beau, d'aussi émouvant et d'aussi parfait que son Altesse royale quand elle chante et danse [1]. » Mais là où elle excelle absolument, c'est sur une scène de théâtre. C'est une magnifique comédienne que sa mère, plutôt avare de compliments, qualifiait tout simplement de « merveilleuse [2] ». Retenons ce détail important : Marie-Thérèse peut jouer tous les rôles, ce qui lui servira grandement dans l'exercice du pouvoir et l'art de la diplomatie.

Parvenue à l'adolescence, Marie-Thérèse est une jeune fille gaie, parfois même exubérante. Elle a de beaux yeux bleus, un visage équilibré, et une grâce naturelle qui frappe ceux qui la rencontrent. Pourtant, elle est peu coquette, indifférente à ses tenues et par trop maigrichonne, au point d'inquiéter ses parents.

L'ambiguïté du père

Charles VI a dépensé une énergie folle à faire reconnaître la Pragmatique Sanction qui légitime le futur

petit spectacle créé pour l'occasion auquel pouvaient assister des membres de la cour.

1. Voir Margaret Goldsmith, *Maria Theresa of Austria*, Londres, 1936, p. 32.
2. Archives nationales autrichiennes (ANA) [Vienne], Archives de la Maison impériale, de la Cour et de l'État

pouvoir de sa fille. Il y a laissé aussi beaucoup d'argent, voire des concessions territoriales, pour convaincre les électeurs de l'Empire germanique, mais aussi les puissances étrangères, de l'entériner. La Pragmatique Sanction les concernait tous, car elle comportait le principe d'indivisibilité de ses États. En acceptant d'y apporter leur signature, ils s'obligeaient – en principe – à reconnaître également les frontières du grand royaume.

Pourtant, durant toutes ces années, ce père aimant n'a jamais renoncé à l'espoir d'avoir un fils auquel transmettre les rênes du pouvoir. D'où les signaux contradictoires qu'il n'a cessé d'envoyer à sa fille et à la cour de Vienne. S'il l'admet bien à son Conseil à l'âge de quatorze ans [1], il exige aussi qu'elle signe la veille de son mariage l'acte de renonciation à la couronne en cas de naissance d'un fils. En vérité, il n'a jamais voulu la préparer à son rôle de souveraine, car il ne pouvait faire le deuil d'une succession mâle.

Des années après la mort de son père et de terribles épreuves, Marie-Thérèse écrira dans un *Testament politique* à l'adresse de ses enfants qu'au décès de Charles VI, elle s'est trouvée la personne « la plus dépourvue de

(AMCE), *Archives de la Maison impériale* (*AMI*), *Correspondance familiale A* 34-1-5, lettre d'Élisabeth-Christine à son neveu Ferdinand de Brunswick, 14 septembre 1740, f. 284 r.
1. Lors des séances du Conseil qui duraient des heures et où l'on ne décidait pas grand-chose, la jeune fille gardait le silence.

l'expérience et des connaissances nécessaires pour gouverner un empire aussi considérable et divers *parce que mon père n'a jamais eu envie de m'initier ou de m'informer dans la conduite des affaires intérieures ou étrangères* [1] ».

Il y a plusieurs explications possibles à la conduite étrange de ce père. La première est une crainte, la seconde un désir inavouable. À l'âge de la puberté, Marie-Thérèse a montré des symptômes inquiétants : À seize ans passés, elle n'est toujours pas réglée en dépit des cures thermales qu'on lui inflige à Graz. D'année en année, on doit retarder l'annonce de son mariage et donc la possibilité d'être mère [2]. Son père pouvait craindre qu'elle ait hérité des difficultés d'Élisabeth-Christine. Plus préoccupant encore est l'état de santé de la jeune fille à la même époque. Elle est d'une extrême maigreur et on dit qu'elle souffre d'étisie [3]. Bussy note : « L'archiduchesse aînée est d'une santé si délicate que l'on craint à tout moment pour ses jours [4]. » Par ailleurs,

1. C.A. Macartney, « Maria Theresa's Political Testament », *The Habsburg and Hohenzollern Dynasties in the Seventeenth and Eighteenth Centuries*, New York, 1970, p. 97. Souligné par nous.
2. Cette aménorrhée de l'héritière est une affaire d'État dont Bussy, le chargé d'affaires français entretient sa cour. Pas moins d'une dizaine de dépêches entre 1732 et 1733 évoquent dans les termes les plus réalistes l'état de Marie-Thérèse. Au passage, il indique que Marie-Anne, la cadette, devint nubile près de deux ans avant l'aînée. Voir *CP Autriche*, vol. 172, 173 et 176.
3. Maladie qui produit un amaigrissement extrême.
4. *CP Autriche*, vol. 173, Vienne, 17 septembre, f. 136 r, et 4 octobre 1732, f. 166 r.

il ajoute dans une autre dépêche : « L'impératrice [Élisabeth-Christine] est retombée dans son premier embonpoint, et donne moins que jamais l'espérance de postérité. » D'autant qu'elle avait déjà dépassé la quarantaine.

Entre sa fille dont il craignait la mort et sa femme dont il n'avait plus grand-chose à espérer, Charles VI pouvait rêver d'un second mariage plus prolifique. Mais pour que le rêve devienne réalité, il eût fallu que son épouse meure. Or jadis très épris de sa belle jeune femme, il l'aimait toujours tendrement. L'ambivalence des sentiments était à son comble, créant pour Élisabeth-Christine et sa fille aînée une situation pour le moins inconfortable. Et ce, d'autant plus que la cour et les ambassadeurs étrangers spéculaient régulièrement sur la possibilité d'un remariage qui laissait planer un désir de mort sur la première épouse. Désir entretenu par la mauvaise santé chronique d'Élisabeth-Christine, que les traitements aberrants [1] qu'on lui appliquait pour stimuler sa fécondité avaient rendue obèse et parfois incapable de marcher. Enfin, peut-être désir secret de l'empereur auquel on aurait prédit peu après son mariage que l'impératrice ne vivrait pas longtemps [2].

1. On lui avait prescrit un régime de liqueurs fortes et de nourritures riches qui non seulement l'avait rendue obèse mais avait coloré son visage d'un rouge peu seyant.
2. Archives bavaroises d'État (Munich), Archives secrètes de la Cour, *Correspondance* 739, compte rendu du baron Mörmann à l'électeur Max-Emmanuel II de Bavière, s.l.n.d. [vers 1720].

Dès 1715, les chancelleries bruirent de la mort prochaine d'Élisabeth-Christine et du remariage de Charles. Il fut d'abord question de la fille aînée de son frère Joseph, Marie-Josèphe[1], puis de l'aînée de la Maison de Lorraine, Élisabeth-Thérèse[2], plus tard de la sœur cadette de celle-ci, Anne-Charlotte[3], et enfin, quelques semaines avant sa propre mort inopinée, de la princesse de Modène[4].

Tout cela pouvait donner à penser à l'archiduchesse Marie-Thérèse qu'elle ne régnerait jamais.

LE MOTEUR DE L'*IMPERIUM*

Dans une telle atmosphère, comment le goût du pouvoir est-il né chez Marie-Thérèse ? Si l'on s'en tient à l'histoire contemporaine, toutes les filles qui ont succédé à leur père ont souvent évoqué l'admiration, l'amour et le respect réciproques qui les unissaient[5]. L'identification à un père puissant et les

1. *CP Lorraine*, vol. 92, 8 août 1715, f. 37 v. Voir aussi dans les Archives de Munich le rapport du baron Mörmann.
2. AMCE, *Archives de la Maison de Lorraine* (*AML*) 79, brouillon de la lettre de Nicolas Jacquemin au duc Léopold de Lorraine, Vienne, 21 mars 1725, f. 21 v. Élisabeth-Thérèse était la sœur du futur époux de Marie-Thérèse.
3. *CP Sardaigne*, vol. 196, Turin, 21 mars 1739, f. 122 v.
4. *CP Autriche*, vol. 226, Vienne, 28 septembre 1740, f. 344 r.
5. Voir les témoignages d'Indira Gandhi, de Benazir Bhutto et de Margaret Thatcher.

sentiments de celui-ci pour sa fille ont fait le reste. Tel n'est pas le cas de Marie-Thérèse. Elle a souvent dit son respect pour son père – comme la piété filiale le commande – mais jamais son admiration pour l'homme. Elle a aussi jugé sévèrement l'empereur, ses choix et sa façon de gouverner.

Un homme sans prestige, un souverain en échec

Père affectueux, ami fidèle et généreux avec ses proches, Charles VI paraît hautain et distant avec tous les autres. De taille moyenne, le visage basané, lent dans ses mouvements, il n'en impose pas par son apparence physique. Les portraits laissés par les diplomates sont au mieux mitigés et pour la plupart très sévères à l'égard de son caractère et de ses capacités. Si on lui reconnaît, jeune, « des mœurs réglées, un certain courage et des intentions droites », le même portraitiste ajoute : « Il fait son possible pour gouverner par lui-même, mais soit que la nature lui ait refusé les lumières pénétrantes pour cela, soit que le crédit de ses ministres l'emporte, il paraît qu'il en passe le plus souvent par où ils veulent [1]. » Autre raison avancée :

1. *CP Autriche*, vol. 103, *Mémoire sur la cour de Vienne de Du Luc*, 1er septembre 1715, f. 49 v-50 r. Le propos est largement partagé par les témoins de l'époque qui soulignent l'inefficacité de son gouvernement : voir la lettre n° 199 de Matthias Johann von der Schulenburg à Leibniz, Vienne, 19 juin 1715, p. 276-277. www.gwlb.de/Leibniz/Leibnizarchiv/Veroeffentlichungen/Transkriptionen1715bearb.pdf [consulté en 2016].

« L'aversion naturelle qu'il a pour le travail [1]. » Au point même de ratifier un traité d'alliance défensive avec le roi d'Angleterre, « qu'il n'a pas eu le temps de lire avec attention [2] ».

La vraie raison de cette inertie abondamment évoquée tient à son tempérament dépressif, que seules la chasse et la musique parviennent à soulager un peu.

Dès 1722, un diplomate souligne « la tristesse naturelle de l'empereur, un nouveau fond de mélancolie et même d'indolence qui ne paraît que trop sur son visage et dans toute sa conduite [3] ». Les années suivantes confirmeront le diagnostic [4]. Les conséquences pour le gouvernement de l'empire furent désastreuses. Les États autrichiens avaient grand besoin de réformes administratives et financières qui ne furent pas faites et l'armée, après la mort du prince Eugène [5], tomba en capilotade. Pour le malheur de ses peuples, Charles entra en guerre contre les Turcs en juillet 1737, alors qu'il n'en avait ni les ressources financières ni les moyens militaires. Résultat : il dut capituler de façon humiliante et céder une partie de son territoire. Le marquis de Mirepoix, ambassadeur

1. *CP Autriche*, vol. 133, *Mémoire sur la cour de Vienne de Du Bourg*, Vienne, 24 mars 1719, f. 185 v.
2. *Ibid.*, vol. 115, Vienne, 11 juillet 1716, f. 91 r.
3. *Ibid.*, vol. 140, *Mémoires de l'abbé Lenglet du Fresnoy*, juillet 1722, f. 332 r-v.
4. *Ibid.*, vol. 172 et 173, année 1732.
5. 18 octobre 1663-21 avril 1736.

de France, note en pleine guerre : « L'empereur n'est point aimé dans sa capitale et les sentiments de ses sujets sont connus [1]. » D'ailleurs, à sa mort deux ans plus tard, ni la cour ni le peuple ne le pleureront.

Marie-Thérèse, qui n'ignorait rien de tout cela, ne s'est sûrement pas identifiée à son père. Son goût du pouvoir lui est venu de la lignée maternelle faite de femmes puissantes, et de son grand caractère.

Une grand-mère ambitieuse

Christine-Louise de Brunswick-Lunebourg [2], la mère d'Élisabeth-Christine, a épousé un cadet, Louis-Rodolphe de Brunswick-Wolfenbüttel [3] dominé par son père et maltraité par son frère. À lire la correspondance suivie d'Élisabeth-Christine avec son père [4], on comprend que c'est un homme faible. À peine est-elle mariée à Charles VI, qu'il passe son temps à pleurnicher sur sa situation et à quémander, de lettre en lettre à sa fille, argent et places. Rien de tel chez Christine-Louise qui s'intéresse d'abord à la fécondité d'Élisabeth-Christine. Son ambition et sa fierté passent par les grands mariages. Elle-même n'a eu que trois filles, mais grâce à celles-ci, elle peut se glorifier d'être « la grand-mère de

1. *CP Autriche*, vol. 214, Vienne, 14 juin 1738, f. 118 r.
2. 20 mars 1671-3 septembre 1747. Elle est née à Brunswick-Lunebourg.
3. 22 juillet 1671-1er mars 1735.
4. Wolfenbüttel, 1 alt 24, nos 269 à 271.

l'Europe [1] ». Pourtant ses ambitions ne s'arrêtent pas là. Elle rêve de l'agrandissement de son petit duché. Lorsque le roi d'Angleterre cherche un allié pour expulser le roi de France d'Allemagne, moyennant une participation aux dépouilles, c'est à elle que l'on s'adresse et non à son mari [2].

Elle n'est pas aimée à Vienne où elle séjourne pour chaque accouchement de sa fille. On la dit « fort ambitieuse et intrigante [qui] tâche de faire goûter ces propositions à l'impératrice, par rapport à l'agrandissement de sa Maison, et l'impératrice par l'empereur [3] ».

Intrigante ou pas, cette grand-mère est particulièrement fine et intelligente. Durant la guerre de Succession d'Autriche, elle entretiendra une véritable correspondance politique et militaire avec son vieil ami le général Seckendorff ainsi qu'avec sa petite-fille Marie-Thérèse [4], qui prouvent que c'est une femme de tête et qui voit loin. Bien que « les liens du sang [la] lient de tous côtés [5] », elle prend délibérément

1. Par la grâce de ses filles, petits-enfants et arrière-petits-enfants, elle vit de son vivant les siens à la tête des Empires russe et germanique, de la Prusse et de la Courlande...

2. *CP Autriche*, vol. 114, 1er avril 1716, f. 25 r. La même dépêche précise que « c'est un prince fort faible qu'elle gouverne », f. 26 r.

3. *Ibid.*, on notera qu'une femme ambitieuse est toujours qualifiée d'intrigante.

4. Wolfenbüttel, 1 alt 23, n° 376.

5. AMCE, *Grande correspondance*, p. 183-6, lettre de Christine-Louise de Brunswick à Friedrich Heinrich von Seckendorff, 21 janvier 1741.

parti pour sa petite-fille contre son petit-gendre, le Prussien Frédéric II.

Une mère guerrière

Personne n'a mieux caché son jeu qu'Élisabeth-Christine. Aux yeux de ses contemporains, elle a tout de l'épouse traditionnelle qui ne se mêle pas de politique. Seuls trois thèmes ont retenu l'attention des chroniqueurs : son infertilité, déjà évoquée, sa beauté et sa santé.

Lorsque Charles fait sa connaissance en Catalogne [1], il est tout simplement ébloui par elle, comme le fut avant lui son frère Joseph. Ce dernier confiait déjà : « Je dois avouer que sa jeunesse, sa beauté, ses charmes dépassent les rêves de mon imagination [2]. » Tel fut aussi le cas de Charles qui écrit à son beau-père, au lendemain de l'arrivée d'Élisabeth : « Maintenant que je la vois, je trouve que tout ce qu'on m'en a conté n'est qu'une ombre auprès de l'éclat du soleil. Les mots me manquent pour

1. Le mariage eut lieu par procuration à Vienne, le 22 avril 1708. En l'absence de Charles, occupé depuis 1704 à reconquérir le royaume d'Espagne aux mains des Bourbons, c'est l'empereur Joseph Ier qui l'épousa au nom de son frère. Ces mariages par procuration étaient fréquents chez les souverains.
2. Lettre au grand-père d'Élisabeth-Christine, le duc Ulrich de Brunswick-Wolfenbüttel, non datée [1707], citée par le comte Antoine de Villermont, *Marie-Thérèse, 1717-1780*, Paris, 1895, t. I, p. 3.

exprimer ses rares et précieuses qualités, comme aussi pour dire convenablement toute ma joie [1]. »

Plus objectif peut-être, mais non moins dithyrambique, est le célèbre portrait tracé par lady Montagu lors de son passage à Vienne à l'automne 1716. Au sortir d'une audience privée avec « la plus belle princesse sur cette terre », elle décrit chaque détail de son visage, sa magnifique chevelure, sa silhouette et ses formes parfaites, comme l'aurait fait le plus amoureux des hommes. Elle avoue même : « Rien ne peut dépasser la beauté de son cou et de ses mains. Jusqu'à ce que je les voie, je n'aurais jamais cru qu'une telle perfection pouvait exister, et je fus presque désolée que mon rang ici ne me permette pas de les embrasser [2]. »

Treize ans plus tard, un autre voyageur évoque « sa bonté, son affabilité [...], un air de modestie, de douceur et de majesté dans toutes ses actions », mais parle de sa beauté au passé. À présent, on souligne « les rougeurs du visage et l'embonpoint [3] » ; on ne parle que de ses maladies et de ses attaques d'érésipèle [4] qui menacent de la mettre au tombeau.

1. *Ibid.*, p. 4.
2. *Letters of Lady Mary Wortley Montagu, written during her travels in Europe, Asia and Africa*, Bordeaux, 1805, lettre IX, 14 septembre 1716, p. 22, et lettre XVIII, 1er décembre 1716, p. 44.
3. *Lettres et mémoires du baron de Pöllnitz*, Liège, 1734, t. I, lettre XII, Vienne, 30 novembre 1729, p. 280.
4. Voir le dictionnaire *Le Robert* : « Maladie infectieuse contagieuse causée par un streptocoque, caractérisée par l'inflammation, la tension et le gonflement de la peau. »

Tous répètent à l'envi que depuis son retour de Barcelone elle n'a plus voix au chapitre et ne se mêle de rien [1]. Telle est du moins l'apparence qu'elle donne à ceux qui ne la connaissent pas et la raison de l'image effacée qu'elle a laissée dans l'histoire.

En réalité, Élisabeth-Christine est une authentique femme de pouvoir qui a affronté la guerre et se passionne pour la politique. On a un peu vite oublié que Charles, élu empereur, dut rentrer à Vienne en 1711, la laissant régente à Barcelone durant deux ans, responsable en titre de la guerre contre Philippe V. Elle était certes entourée de ministres et généraux, mais à lire sa correspondance avec Charles auquel elle rend compte de tout, on constate qu'elle joue un tout autre rôle que celui de potiche. Elle montre une connaissance très précise des forces en présence et des problèmes de ravitaillement pour les militaires. Elle possède un véritable sens de la stratégie et de la politique. On dirait presque qu'elle aime la guerre. On sent son excitation lorsqu'elle lui écrit : « Il ne faut plus laisser un seul instant de répit à notre ennemi. On veut de nouveau triompher de lui et ainsi on aura fait prisonnier le duc d'Anjou [2]. » Comme les lettres, d'ailleurs souvent interceptées par

1. *CP Autriche*, vol. 103, Vienne, 1er septembre 1715, f. 50 v., Pöllnitz, *Lettres et mémoires…*, *op. cit.*, p. 280 : « Elle ne prend nulle connaissance des affaires. »
2. AMCE, *AMI, Recueil* 1, lettre de Barcelone, 20 août 1710, f. 46 v. Le duc d'Anjou est le titre donné à Philippe V avant 1716.

l'ennemi, mettent des mois à parvenir à Vienne, c'est elle qui en réalité a la maîtrise des décisions.

De retour à Vienne, l'impératrice, le ventre vide, est priée de se taire. Mais ici ou là on perçoit les échos de sa frustration. Dès 1715, Du Luc note dans une dépêche : « L'impératrice régnante ne s'était jusqu'à présent mêlée de rien, mais depuis sa grossesse, elle commence à dire ses raisons [...]. Je sais de bonne source qu'elle a dit il y a peu de jours à l'empereur : "Vous défendez à votre dame de vous parler d'affaires quand vous per-mettez à la Badiani [amie intime du prince Eugène] de disposer de l'empire et de toutes vos créatures" [1]. » L'année suivante, Du Bourg écrit, non sans ironie : « L'impératrice qui ne se mêle de rien a écrit à sa mère. Elle l'exhorte à faire en sorte de savoir du roi d'Angleterre ce qu'il pense sur ce traité et sur quoi l'empereur pourra compter de sa part à l'avenir [2]. »

En 1738, dans une note sur la cour de Vienne, l'ambassadeur Mirepoix découvre, grâce aux confi-dences du favori de l'empereur et de l'amie intime de l'impératrice, qu'Élisabeth-Christine « est depuis trois années dans les affaires [...]. Elle a pris parti contre

1. *CP Autriche*, vol. 104, 13 novembre 1715, f. 53 v.
2. *Ibid.*, vol. 117, Vienne, 19 décembre 1716, f. 203 r. Voir aussi pour cette même année une lettre d'Ernst von Essig au comte von Wilhelm, 23 mai 1716, qui souligne l'influence d'Élisabeth-Christine ; voir Munich, *Correspondance* 741/1 ou encore une dépêche de l'envoyé spécial de L'Estang, Vienne, 27 décembre 1735, *CP Autriche*, vol. 183, f. 129 v.

le maréchal Kœnigsegg, qu'elle protégeait autrefois, et contre le maréchal Khevenhüller qui a voulu se démettre de tous ses emplois. [Ils] m'ont assuré qu'elle gouverne son mari [...]. Elle est si fort dans les affaires qu'elle fait venir le premier commis Woeber lorsqu'il lui plaît à l'heure du *Référat* alors qu'il doit être chez le président de guerre comte de Harrach [1] ».

Les diplomates français ne furent pas seuls à découvrir le vrai visage de l'impératrice sous l'apparence de l'épouse soumise. Après la mort de l'empereur, Podewils, l'envoyé du roi de Prusse à Vienne, fin portraitiste, déclare : « L'ambition est sa passion favorite et le principe de la plupart de ses actions [...]. Du vivant de l'empereur Charles VI, elle a eu part aux affaires et sans paraître vouloir s'en mêler, elle les a souvent dirigées à son gré [2]. » Propos confirmé par Khevenhüller [3] précieux témoin de la cour, qui note dans son *Journal* quelques jours après la mort d'Élisabeth-Christine : « Elle avait gouverné en maître absolu les dernières années [du règne de son mari], mais elle le fit d'une façon si indiscernable que l'empereur lui-même croyait

1. MAE, *Mémoires et documents*, Autriche, 9 M.D., n° 7.
2. Adam Wolf, *Tableau de la Cour de Vienne en 1746, 1747, 1748. (Relations diplomatiques du Comte de Podewils, ministre plénipotentiaire, au Roi de Prusse Frédéric II)*, Vienne, 1850, vol. 5, p. 502.
3. Johann Josef Khevenhüller-Metsch (1706-1776). Diplomate, il fut le grand maître des cérémonies de Marie-Thérèse. Il tint son journal de 1742 à sa mort.

que c'était bien lui qui régnait seul, car elle le fit avec une adresse telle qu'il garda constamment cette image à l'esprit [1]. »

MARIE-THÉRÈSE ET SES MÈRES

La mère de sang

Tout le monde s'accorde à dire que Marie-Thérèse ressemble beaucoup à sa mère jeune [2], mais en moins parfaite. Mêmes cheveux, mêmes couleurs, mêmes épaules, même allure. Mais le visage plus rond de la fille n'a pas la perfection de celui de la mère. Une chose est certaine, les deux femmes dégagent une grâce et un charme peu communs. En revanche, le mystère le plus complet plane sur leurs sentiments réciproques. Alors que Marie-Thérèse a laissé des milliers de lettres, certaines fort privées, nul n'a retrouvé à ce jour quelques traces de leur relation intime. Côté Élisabeth-Christine, ne subsistent dans sa correspondance avec sa mère que deux courtes remarques

1. Ce propos ne figure pas dans le *Journal* publié de Kheven-hüller, mais dans les Archives régionales de Moravie en République tchèque (Brno). *Archives familiales Kaunitz*, G 436, 438, n° 4054, f. 12 v. La remarque est datée du 21 décembre 1750.

2. Voir Pöllnitz, *Lettres et mémoires...*, *op. cit.*, lettre XII, 30 novembre 1729, p. 281.Voir aussi Podewils dans Adam Wolf, *Tableau de la cour de Vienne...*, *op. cit.*, dépêche du 22 mars 1747, p. 501.

concernant ses filles encore petites. La première date de 1718, alors que Marie-Thérèse n'a que dix-huit mois et sa petite sœur quelques semaines. « Je crains que la petite ne deviendra pas grande, Dieu la préserve particulièrement. L'aînée est fort drôle et *commence à m'aimer plus que je ne veux* [1], car je voudrais qu'elle préférât l'empereur qui l'aime beaucoup et il témoigne que cela lui est agréable quand elle distingue l'empereur plus que moi. » La seconde allusion à ses filles, l'année suivante, est aussi lapidaire qu'anodine : « L'une [Marie-Thérèse] a un rhume et est extrêmement maigre, l'autre n'est que trop grasse [2]. » Rien là qui nous dévoile ses sentiments maternels.

Il ne reste que de très rares échos de leur mésentente d'adultes dans les correspondances politiques, dont celui-ci sous la plume de Mirepoix en 1738 : « Le public est souvent témoin de la mésintelligence entre elle [Élisabeth-Christine] et la grande-duchesse [Marie-Thérèse] [3]. » En revanche, à la mort de l'empereur, il est clair pour tous que Marie-Thérèse tient fermement sa mère à distance du pouvoir. Bien que cette dernière garde son luxueux appartement à la Hofburg, l'impératrice douairière passera l'essentiel de son temps au château de Hetzendorf [4]. Marie-Thérèse, très

---

1. Wolfenbüttel, 1 alt 24, n° 274. Souligné par nous.
2. *Ibid.*, 19 novembre 1719.
3. MAE, *Mémoires et documents*, Autriche, 9 M.D., n° 7.
4. Le château de Hetzendorf est situé dans la banlieue éloignée du centre de Vienne, mais à courte distance de Schönbrunn, où Marie-Thérèse vivait une grande partie de l'année.

soucieuse des convenances, marque, dit-on, « beaucoup de respect pour sa mère, sans pourtant lui laisser aucune part aux affaires [1] ». Si cette dernière avait toujours montré de l'indifférence pour le pouvoir, ce propos n'aurait pas eu lieu d'être. On dit même que dans ses ultimes volontés, Charles VI aurait évoqué la possibilité d'une corégence temporaire entre la mère et la fille, mais la suggestion, si elle a réellement était faite, ne fut guère rendue publique [2].

Les deux femmes ne s'aimaient peut-être pas d'amour tendre, mais à coup sûr elles se ressemblaient. Il n'y avait pas de place sur le trône pour elles deux.

« Mami », la mère de cœur

Mami est le surnom donné par Marie-Thérèse à sa gouvernante [3], la comtesse Charlotte de Fuchs. Selon le calendrier de la cour, elle entra au service des jeunes archiduchesses [4] le 3 novembre 1728. On sait qu'elle avait entretenu auparavant une relation étroite avec l'impératrice Élisabeth qui s'était prise d'une grande

1. Podewils, dans Adam Wolf, *Tableau de la cour de Vienne...*, *op. cit.*, dépêche du 18 janvier 1747, p. 493.
2. Margaret Goldsmith, *Maria Theresa of Austria*, *op. cit.*, p. 68.
3. Selon la tradition espagnole, on appelait la gouvernante une « Aya ».
4. Née comtesse de Mollart (1681-1754), d'une famille d'ancienne noblesse dénuée de fortune, elle épousa le comte de Fuchs en 1710, qui la laissa veuve avec deux filles neuf ans plus tard.

affection pour elle. Tout naturellement, elle lui confia l'éducation de ses filles. Appréciée et respectée à la cour pour son tact exquis, son humeur égale et sa grande gaieté, Mme Fuchs sut si bien se faire aimer de Marie-Thérèse que l'impératrice en conçut de la jalousie. Dans le cœur de la fillette, « Mami » devint Maman. Mais Charlotte Fuchs, qu'on appelait aussi la *Füchsin*[1], n'était pas seulement une femme délicieuse, elle était également une femme de pouvoir qui sut acquérir une grande influence, sans jamais le revendiquer. En témoignent les conseils, dès 1733, du comte Frédéric-Auguste von Harrach à son jeune frère pour se faire apprécier de la cour :

« On ne saurait, dit-il, avoir assez d'attention pour madame la comtesse Fuchs, Aya des archiduchesses régnantes, car outre qu'elle est parfaitement bien dans les esprits de l'empereur et de l'impératrice, c'est une femme d'un mérite supérieur. Il faut épier les moments qu'elle est visible [...]. Après cela, il faut se faufiler chez les deux filles[2]. »

Après son avènement, Marie-Thérèse nomma Mme Fuchs sa grande maîtresse. Comme telle, elle l'accompagne partout, dans ses fonctions publiques, mais aussi dans sa vie quotidienne. « La reine, dit-on,

1. La « renarde », en allemand.
2. Lettre de Frédéric-Auguste à Ferdinand Harrach, 20 janvier 1733. Voir ANA, Archives générales de l'administration (AGA), *Archives familiales Harrach* 641.

soupe fort souvent chez la Aya avec toute [sa] coterie [1]. » En outre, elle n'aime rien tant que séjourner, avec ou sans son mari, sur les terres de la *Füchsin*, à Summerein ou au château de Mannersdorf [2], domaine dont elle lui a fait cadeau. En revanche, on ne trouve nulle mention de séjours de Marie-Thérèse chez sa mère [3] au château de Hetzendorf, hors des obligations officielles.

Nul doute que Marie-Thérèse eut une relation bien plus étroite et intime avec sa « Mami » qu'avec sa mère. La preuve en est la différence de comportement à l'approche de la mort de l'une et de l'autre. Lorsque Élisabeth-Christine disparaît la première, le 21 décembre 1750, sa fille ne laisse paraître ni avant ni après aucun sentiment particulier, sinon des propos convenus. Mais dès que la Mami tombe malade dans les années 1750, Marie-Thérèse est dans les plus grandes alarmes. Elle ne cesse de montrer sa peur de la perdre et manifeste un immense chagrin lors de sa disparition le 27 avril 1754 [4]. Pour marquer sa

1. Lettre de Rose Harrach à son père, Frédéric-Auguste, Presbourg, 15 octobre 1741. Voir Vienne, *Archives familiales Harrach* 534.

2. Voir *CP Autriche*, vol. 234, Vienne, 12 septembre 1742, f. 279 v. Voir aussi le relevé impressionnant des voyages de Mannersdorf fait par Podewils entre 1746 et 1747.

3. Les correspondances politiques des diplomates de tous pays étaient très attentives au moindre déplacement de la famille impériale.

4. Voir le *Journal* de Johann Josef Khevenhüller-Metsch, *Aus der Zeit Maria Theresias. Tagebuch des Fürsten Johann Josef*

reconnaissance, elle organisa de splendides obsèques dignes d'un membre de la famille impériale, qui furent suivies par une foule immense. Signe d'une faveur suprême, elle exigea que ses restes reposent dans le caveau familial, dans la crypte des Capucins. Elle ne pouvait pas mieux signifier l'intensité de son attachement pour elle [1].

Enfin, sans avoir l'intensité des liens précédents, une autre femme forte de son entourage a peut-être servi de modèle à Marie-Thérèse. Il s'agit de sa tante, l'impératrice douairière Amélie, veuve de Joseph Ier. Mère de deux filles [2], toutes deux écartées de la succession par Charles VI, cette dernière avait presque l'âge [3] de la grand-mère de Marie-Thérèse. Demeurant à Vienne, elle est restée fort proche de la famille régnante et semble avoir pris un soin particulier de sa petite nièce.

Khevenhüller-Metsch, kaiserlichen Obersthofmeister, Vienne, 1910, vol. 3, p. 170-171. La chronique des peurs et du chagrin de Marie-Thérèse est tenue par son ami le plus proche, Emmanuel Silva-Tarouca, auquel elle se confia ; voir AMCE, *Division des provinces (DP), Belgique DD-B blau* : 1-2.

1. *CP Autriche*, vol 253, Vienne, 8 mai 1754 : « L'impératrice a été si vivement touchée de la mort de Mme la comtesse de Füchsin, qu'elle a fait détruire l'appartement qu'elle occupait au palais, pour qu'il ne reste aucun vestige qui puisse retracer sa douleur. »

2. L'aînée, Marie-Josèphe (8 décembre 1699-17 novembre 1757), était mariée au roi de Pologne, électeur de Saxe. La seconde, Marie-Amélie (22 octobre 1701-11 décembre 1756), avait épousé l'électeur de Bavière.

3. 21 avril 1673-10 avril 1742.

Elle « va souvent visiter les jeunes archiduchesses [1] » et donne de leurs nouvelles sur un ton particulièrement affectueux. Lorsque la cadette est atteinte de la rougeole et un an plus tard de la petite vérole, c'est l'impératrice Amélie qui prend soin de Marie-Thérèse au château de la Favorite. On note que « l'empereur a écrit une lettre fort tendre à l'impératrice Amélie pour le soin qu'elle a pris des archiduchesses, ses filles [2] ».

Amélie ne fut pas qu'une tante affectueuse. C'était une personne de grand caractère qui, elle, n'a jamais caché son goût du pouvoir et même son regret de n'être pas née homme. Les différents portraits que l'on a tracés d'elle la décrivent comme une femme intelligente [3], intellectuellement raffinée – elle fut la protectrice de Leibniz –, française de mère, de langue et de manières. Elle était vive et autoritaire, et son mari craignait de s'opposer à elle [4]. Les diplomates soulignent tous son influence, tant sur Joseph Ier que sur son beau-frère Charles VI, surtout au début de son règne. Impératrice régnante, elle a beaucoup pesé sur les affaires de l'État ; impératrice douairière, elle a

1. Lettres à la grand-mère de Marie-Thérèse, Christine-Louise de Brunswick, 24 mai et 16 juin 1721. Voir Wolfenbüttel, 1 alt 24, n° 276.
2. *CP Autriche*, vol. 170, Vienne, 18 juin 1731, f. 130 r-v, et vol. 172, 18 juin et 2 juillet 1732, f. 258 v et 284 r.
3. *Ibid.*, vol. 86, Vienne, 23 juillet 1706, f. 341-342 r ; vol. 87, juillet 1707, f. 175 r-176 r.
4. *Ibid.*, vol. 86, 23 juillet 1706, f. 326 r.

continué de jouir d'un crédit important [1], jusqu'à son installation dans un couvent. Au demeurant, même retirée de la cour, elle a continué d'entretenir les rapports les plus étroits avec Marie-Thérèse et n'a pas hésité à prendre son parti, contre sa propre fille, au moment le plus dramatique de la guerre de Succession.

Ces trois femmes proches de Marie-Thérèse ont certainement laissé une empreinte forte sur celle-ci. Non seulement aucune n'était médiocre, mais toutes ont montré l'exemple d'un caractère bien trempé, pour ne pas dire « viril » en ce qui concerne deux d'entre elles. La petite Marie-Thérèse a pu trouver auprès d'elles un modèle d'identification propre à l'exercice du pouvoir et au désir de l'exercer.

---

1. *Ibid.*, vol. 103, 1er septembre 1715, f. 50 v : « L'empereur écoute souvent l'impératrice Amélie qui est une princesse d'une grande capacité. » Du Luc précise encore : « Il reçoit ses avis sur les plus importantes affaires. »

2

De l'épouse à la reine

L a grande affaire de la jeune Marie-Thérèse fut son mariage avec le duc François-Étienne de Lorraine, son cousin issu de germain [1]. Elle était amoureuse de lui depuis l'âge tendre, et toute la cour de Vienne connaissait ses sentiments pour le jeune homme, de neuf ans son aîné. Cette histoire romantique, aux nombreux rebondissements, a accrédité l'image d'une femme si éprise et admirative de son mari qu'elle ne pouvait jouer que les seconds rôles : ceux d'une épouse charmante, entièrement dévouée à la gloire de son conjoint. Pour tous, avant la mort de son père, si Marie-Thérèse était bien l'héritière en titre de Charles VI, elle laisserait les rênes du pouvoir à François-Étienne. Cela semblait d'une telle évidence

1. François-Étienne de Lorraine (8 décembre 1708-18 août 1765) était le petit-fils, par son père, de l'archiduchesse Éléonore d'Autriche.

47

qu'au début de son règne, et en dépit des faits, certains ambassadeurs d'Autriche adressaient leurs dépêches à François-Étienne [1], oubliant même de la mentionner. Il est vrai que Marie-Thérèse a partiellement cautionné cette fausse apparence. Non qu'elle ait jamais laissé entendre qu'elle renoncerait à gouverner personnellement, mais en instaurant dès son arrivée sur le trône une corégence avec son mari, elle montrait clairement son désir d'un partage du pouvoir. Si les illusions de la souveraine ne durèrent qu'un temps, l'épouse amoureuse fit tout au monde pour conserver à son époux l'apparence de l'autorité et du prestige.

François-Étienne fut le grand et l'unique amour de sa vie. Tant qu'il a vécu, la reine dut négocier avec l'épouse pour ne pas perdre, en dépit de tout, la tendresse de son mari.

UN AMOUR D'ENFANCE

Les circonstances de leur rencontre

Leurs pères [2] sont cousins et furent élevés ensemble à Vienne, à l'époque où la Lorraine était occupée par

1. Voir par exemple les dépêches du comte de Pretlack, envoyé de l'Autriche à Saint-Pétersbourg entre 1746 et 1748 ; AMCE, *AML* 137.
2. Léopold, duc de Lorraine (11 septembre 1679-27 mars 1729), avait combattu dans l'armée impériale avant d'épouser Élisabeth-Charlotte d'Orléans, la sœur du régent, et de récupérer

la France. Léopold, le père de François, n'était pas seulement germanique de cœur, il cherchait par tous les moyens à augmenter le poids et l'importance de son duché. Il pensa donc très tôt à marier son fils aîné à l'aînée des archiduchesses [1]. De son côté, l'empereur Charles VI, qui redoutait l'influence française sur la Lorraine, voyait plutôt d'un bon œil une telle union qui arrimait la Lorraine au char germanique.

Léopold de Lorraine proposa d'envoyer son aîné, âgé de quinze ans, terminer son éducation et ses apprentissages à Vienne, sous le regard de Charles VI. Ce qui fut agréé par celui-ci. Mais le fils aîné n'était pas François-Étienne. Il s'appelait Léopold-Clément et jouissait déjà d'une belle réputation, y compris hors des frontières de la Lorraine. « On ne saurait trop louer la vertu et les grandes qualités de ce prince, rapporte l'envoyé français. Il est parfaitement bien fait, d'une taille avantageuse, l'air grand et digne de sa naissance, l'accès facile et très gracieux, l'esprit juste, solide, une prudence fort au-dessus de son âge, aimant tout ce qui peut l'instruire et le former dans l'art de régner [...]. On peut sans craindre de se tromper en porter le jugement qu'il sera l'un des plus sages princes de son temps [2]. »

son duché. Élisabeth-Charlotte lui donna quatorze enfants dont seuls quatre survécurent.

1. *CP Lorraine*, vol. 110, Nancy, 15 mai 1721, f. 71 r : Audiffret, l'envoyé de la France, note que le duc Léopold « désire passionnément ce mariage ».

2. *Ibid.*, Nancy, 28 juillet 1722, f. 270 r-v. Le prince Léopold-Clément mourut à seize ans, pleuré de tous.

Ce prince qui promettait tant fut emporté par la variole le 4 juin 1723, alors qu'il se préparait à partir pour Prague afin d'assister au couronnement de Charles VI roi de Bohême. Sans perdre un instant, le duc Léopold décida de lui substituer le nouvel aîné, François-Étienne, âgé de quinze ans, et dont personne n'avait entendu parler. Il quitta Nancy le 2 août, porteur de présents magnifiques pour la cour impériale, mais les gentilshommes de sa suite eurent « défense absolue, sous peine d'exil perpétuel, de ne rien dire qui regarde le mariage de ce prince avec l'archiduchesse aînée, ni de son espérance d'être élu roi des Romains [1] ». Arrivé neuf jours plus tard, Charles VI, faisant contre mauvaise fortune bon cœur, alla à sa rencontre et « embrassa le jeune prince fort tendrement en l'appelant "mon fils [2]". » Il exigea que toute sa cour vînt rendre ses devoirs au prince de Lorraine et il lui donna l'ordre de la Toison d'or dès le lendemain.

C'est dans ces circonstances que la petite Marie-Thérèse, âgée de six ans, venue assister au couronnement de son père, rencontra celui que l'on fêtait comme son promis. La légende veut qu'en découvrant ce jeune homme de quinze ans, plutôt bien de sa personne, elle en tomba sur-le-champ amoureuse. Cependant, si Charles VI avait accueilli chaleureusement François à Prague, il ne s'était nullement engagé

1. *Ibid.*, vol. 111, Nancy, 4 août 1723, f. 130 r-v.
2. *Ibid.*, Nancy, 20 août 1723, f. 142 r.

à le garder à Vienne ni à faire pour lui ce qui avait été prévu pour son frère. Plusieurs raisons à cela. D'abord Élisabeth-Christine était officiellement enceinte et Charles VI pouvait enfin espérer un héritier. Il n'y avait donc plus d'urgence à s'occuper du sort marital de Marie-Thérèse. Ensuite toute la cour de Vienne ne voyait pas d'un bon œil le mariage de l'aînée des archiduchesses avec un prince lorrain, étranger à l'Empire germanique. Enfin, l'arrivée de François à Prague avait donné une extrême jalousie au roi de Pologne et à l'électeur de Bavière qui espéraient l'un et l'autre marier leur fils avec l'héritière des Habsbourg. La déception fut grande à la cour de Lorraine quand on apprit que le projet de faire passer l'hiver à François à Vienne n'était plus d'actualité et qu'il devait rentrer à Nancy au commencement de novembre [1].

Il fallut plusieurs semaines de tractations et une demande officielle du duc Léopold à son cousin de garder François à Vienne, en lui abandonnant « tout le pouvoir et autorité qu'il a sur lui [2] », pour que l'empereur se résolve à accepter. Le moins que l'on puisse dire est qu'on lui avait forcé la main. Il est vrai que François était un jeune homme gai, plein de vie et surtout un parfait compagnon de chasse pour Charles VI dont c'était la passion.

1. *Ibid.*, Nancy, 7 septembre 1723, f. 165 r.
2. AMCE, *AML* 79, lettres des 4, 5, 9 et 14 septembre 1723 de Nicolas Jacquemin au duc Léopold.

En revanche, il n'était plus question de prendre le moindre engagement de mariage pour sa fille. C'était le début de multiples revirements et atermoiements, car nombre de princes – espagnol, bavarois, polonais – se pressaient pour demander la main de la petite Marie-Thérèse pour leur fils sans que jamais l'empereur puisse se décider. Ce manège dura de longues années, causant à la cour de Lorraine et à l'adolescente amoureuse angoisses et désespoirs.

Portrait de François-Étienne

C'est un joli jeune homme aux yeux bleus et à l'allure sportive. Volubile, direct et à l'aise dans le monde, c'est un bon danseur, un bon épéiste et un chasseur particulièrement doué. En revanche, c'est un élève dissipé dont le niveau est quasiment nul. Il sait à peine lire – ânonne à haute voix – et ne connaît que l'écriture phonétique, si bien qu'il faut lire ses lettres à voix haute pour les déchiffrer. L'histoire et le droit qu'on lui enseigne, à la demande de l'empereur, l'ennuient à mourir. Inattentif à l'extrême, il apprend peu et décourage ses maîtres. En outre, le représentant de Léopold à Vienne, prompt à excuser François, signale « que ce prince, hors le temps de ses études, est peu dignement occupé [1] ». Début février 1725, on envisage la possibilité de l'envoyer faire ses études à

1. *Ibid.*, lettre de Vienne du 13 août 1724.

Sienne, plutôt que de le laisser à Vienne où il est trop dissipé pour pouvoir s'appliquer[1].

Il semble que la menace eut quelque effet, puisque le même écrit quelques mois plus tard : « L'empereur m'a entretenu sur le sujet du prince royal ; il m'a dit sa satisfaction de son application aux études, de tout son comportement[2]. » Mais l'éclaircie fut de courte durée puisqu'un an plus tard on envisage de nouveau son départ. Il fallut encore une fois l'intervention pressante de Léopold pour qu'on gardât son fils à la cour de Vienne[3].

Durant tout ce temps, François vit dans une aile de la Hofburg – opposée à celle des archiduchesses – où il occupe l'appartement de feue la mère de l'empereur. Si, à dix-huit ou vingt ans, il prête encore peu d'attention à la fillette de dix ou douze ans, Marie-Thérèse, qui le voit à l'occasion des nombreuses cérémonies de la cour, n'en perd pas une miette. Mme Fuchs et sa mère sont dans la confidence et savent qu'elle ne pense qu'à François et ne rêve que de lui. À la mort de son père, le duc Léopold[4], celui-ci

1. *CP Autriche*, vol. 147, Vienne, 23 février 1725, f. 47 v.
2. AMCE, *AML* 79, lettre du 18 août 1725, f. 59 v.
3. *Ibid.*, 108, lettre de Jacquemin à Léopold du 10 novembre 1726 et lettres du duc Léopold à Jacquemin du 19 octobre et 10 décembre 1726.
4. Le duc de Lorraine mourut le 27 mars 1729, laissant François-Étienne héritier du duché de Lorraine. On peut être surpris que ce dernier ait attendu plus de sept mois avant de rejoindre Nancy pour mettre ses affaires en ordre et retrouver sa famille.

dut quitter Vienne pour organiser la régence de sa mère, Élisabeth-Charlotte. L'adolescente de douze ans et demi lui offrit son portrait enrichi de diamants [1]. Façon de lui montrer qu'elle ne voulait pas qu'il l'oubliât.

Parti le 9 novembre 1729 de Vienne, il n'était pas près de revoir la jeune fille. L'empereur et l'impératrice eurent beau, paraît-il, verser quelques larmes lors de la séparation [2], ils n'étaient guère pressés de le retrouver. Âgé à présent de vingt et un ans, le nouveau duc de Lorraine ne jouit pas d'une réputation enviable. Le chargé d'affaires Bussy le décrit ainsi : « À mesure que ce prince avance vers la liberté, son génie se déploie par degré, mais il ne gagne pas, semble-t-il, à se faire connaître. On lui trouve de la dureté dans le cœur, plus brillant que solide dans l'esprit, beaucoup de goût pour la raillerie, de grands préjugés d'avarice, de la hauteur, principalement d'une ambition démesurée, de la dissimulation et de l'artifice [3]. »

Telle est peut-être la raison pour laquelle l'empereur lui a préparé, après le séjour lorrain qui va durer plus d'un an, un long voyage d'apprentissage – le grand tour – qui le mènera des Pays-Bas autrichiens en Hollande, puis en Angleterre et en Prusse. Au total

1. *CP Autriche*, vol. 164, Vienne, 12 novembre 1729, f. 91 v.
2. *Ibid.*
3. *Ibid.*, Vienne, 10 octobre 1729, f. 23 r.

une absence de deux ans et demi. Lorsqu'il arrive à Nancy, suivi d'une suite nombreuse de Lorrains et surtout d'Autrichiens, chargés de le surveiller, sa famille et ses proches ne reconnaissent pas le jeune homme parti six ans plus tôt. L'ambassadeur Audiffret raconte : « Je l'ai trouvé fort changé. La beauté de son visage est beaucoup flétrie et son humeur bien différente. Il est devenu fort sérieux, de vif et d'enjoué qu'il était avant que d'aller à Vienne. Sa conversion est totale en air et en manières allemandes […]. Il semble qu'il veut copier la façon de vivre de l'empereur, en se montrant très peu en public et en communiquant encore moins avec les courtisans qu'il paraît vouloir tenir dans une grande soumission, n'ayant accordé audience à aucun, quoique plusieurs l'aient demandée [1]. »

Avec sa mère, son frère Charles et sa sœur Élisabeth-Thérèse, il affiche une froideur et une hauteur insupportables et ne fait exception que pour Anne-Charlotte, sa petite sœur chérie. Apparemment, il préfère la compagnie de ses valets de chambre et de ses musiciens.

Après avoir réorganisé d'une main de fer les finances en fort mauvais état du duché, et vidé meubles et tableaux de ses châteaux pour les expédier

---

1. *CP Lorraine*, vol. 121, Nancy, 5 décembre 1729, f. 270 v-271 r. Voir aussi les dépêches du 24 décembre 1729, des 25 février, 5 mai, 3 juin, 29 juin, 12 juillet et 7 août 1730.

à Vienne, François quitta la Lorraine le 25 avril 1731 pour ne plus jamais y revenir. Il laissait la régence à sa mère, refusant obstinément de la céder à son frère Charles, très aimé dans le pays, malgré les supplications de celle-ci qui se disait trop vieille et en mauvaise santé. On présume déjà, il est vrai, que le prince Charles ira bientôt à Vienne, car l'empereur voudrait, dit-on, lui faire épouser la seconde archiduchesse, après le mariage de l'aînée.

Arrivé à Bruxelles avec trois officiers allemands, François montre un visage tout différent. On le décrit affable, charmant, recevant fort bien le monde. On souligne sa politesse et sa popularité[1]. Il en sera de même à La Haye, Londres et Berlin où il est reçu comme le futur gendre de l'empereur. Pourtant François ne fait ce long périple que pour se conformer aux vœux de Charles VI, « et s'il ne dépendait que de lui, il préférerait retourner dans ses États[2] ». À plusieurs reprises, il laisse entendre que l'empereur veut le tenir hors de Vienne[3]. Au cours de son voyage, François

1. *CP Pays-Bas*, vol. 114, Bruxelles, 1er et 4 mai 1731. À Londres, de Broglie note : « Il a charmé tout le monde, les uns par sa politesse et son esprit, les autres par ses libéralités. » *CP Angleterre*, vol. 374, Londres, 26 novembre 1731, f. 185 v.
2. *Ibid.*, 14 juin 1731.
3. AMCE, *AMI, Correspondance familiale A 25-2*, lettre de François au prince Eugène, avril 1731. Au baron Jacquemin le 1er mai 1731, il écrit : « Je vois la répugnance que l'on a de m'avoir quelque temps à Vienne, laquelle je ne puis comprendre. »

fait trois rencontres qui pèseront lourd sur ses options politiques futures. En Hollande, lord Chesterfield l'initie à la maçonnerie et le reçoit apprenti, puis compagnon. Persécutés en Autriche, les maçons pourront toujours compter sur sa protection. À Londres où il séjourne près de trois mois, il se fera recevoir « maître » et partagera le secret avec le roi George II. Enfin, à Berlin, il assiste aux fiançailles du futur Frédéric II, lui aussi initié. Un vrai courant de sympathie s'instaure entre les deux jeunes hommes, en particulier de la part de François. En dépit des deux guerres qui vont les opposer, François a toujours conservé pour Frédéric une forme d'amitié difficilement explicable.

Sur le chemin du retour, il apprend que l'empereur l'a nommé vice-roi de Hongrie avec trente mille florins d'appointements et une résidence à Presbourg où il a obligation de demeurer. Arrivé le 16 avril 1732 à Vienne, il y séjourne quelques semaines, le temps que sa cour de Presbourg soit mise sur pied. Il retrouve une Marie-Thérèse devenue jeune fille, mais pas encore nubile. On n'attend plus qu'elle ait ses règles pour célébrer leur mariage. Marie-Thérèse est toujours très amoureuse de son prince. Mme Fuchs confie qu'on obtient tout ce que l'on veut d'elle en lui parlant de François et qu'elle « s'y prenait en toutes choses de telle façon qu'elle fera certainement la félicité de [son] époux [1] ». Il n'en est pas de même de

1. AMCE, *AML* 45, lettre de Jacquemin à François, Vienne, 18-22 octobre 1730, f. 60 r.

la part de François qui, à peine arrivé, commence à montrer son faible pour le beau sexe. « Il paraît, note Bussy, que le duc de Lorraine fortifie de jour en jour le mécontentement impérial. On parle de certaine affaire de cœur, où le duc n'a de rival que le public. Outre ce qu'est la chose elle-même, cela passe à cette cour pour des infidélités anticipées faites à l'archiduchesse Thérèse. Cette conduite, par sa durée pourrait bien devenir dans la suite pernicieuse aux espérances du duc de Lorraine [1]. »

Par ailleurs, l'empereur a bien d'autres motifs de mécontentement. Janus *bifrons*, François a retrouvé son visage d'antan. Il est si dissipé et déluré que le général Neipperg qui veille sur lui depuis des années menace de démissionner. En Hongrie depuis quelques mois il se fait déjà haïr par sa hauteur, son manque d'application et ses mauvaises dispositions [2].

Mais tout cela ne décourage pas Marie-Thérèse qui regarde cet homme de vingt-quatre ans comme un héros. Elle le trouve beau et admire son expérience du monde. Comme le rapporte l'ambassadeur anglais

1. *CP Autriche*, vol. 172, Vienne, 5 juillet 1732, f. 294 r-v. Hélas, le chargé d'affaires, ne mentionne pas le nom de la belle.
2. *Ibid.*, vol. 173, 4 et 29 octobre 1732. Tout cela explique la rumeur qui court et dont Bussy se fait l'écho : « L'empereur, dit-on, ne lui réserverait d'autre dignité que celle d'étalon de la Maison autrichienne. Cela ne doit pas beaucoup piquer son goût, ni le porter à se donner des peines infinies pour contenter son beau-père. » *Ibid.*, 26 novembre 1732, f. 273 *bis*.

Robinson à son ministre : « Malgré son noble aspect le jour, elle soupire et se languit toute la nuit pour son duc de Lorraine. Si elle dort, elle ne rêve que de lui ; quand elle se réveille, elle ne parle que de lui à sa dame de compagnie [1]. »

À quelques jours du mariage, elle et lui semblent sur la même longueur d'onde. L'échange de billets [2] conservés témoigne, dans les termes et les codes de l'époque, d'une véritable impatience amoureuse. Il l'assure d'abord qu'« il n'y a pas le moindre des fiancés sur cette terre à avoir dévouement et respect plus profond pour ma fiancée et mon ange [3] ». Le même jour, elle lui répond : « Je vous suis infiniment obligée pour votre attention de m'écrire de vos nouvelles, car j'étais en peine comme une pauvre chienne […]. Adieu ma petite souris, je vous embrasse de tout mon cœur. » Le lendemain, il lui avoue : « Je me languis de ces jours insupportables où je n'ai pas la joie de me jeter aux pieds de ma fiancée bien aimée. Je ne pourrais m'en consoler si je n'avais constamment en tête la grâce d'être auprès de vous dimanche aux Augustins

1. Lettre de Thomas Robinson à William Stanhope Harrington, 5 juillet 1735, citée par William Coxe, *The History of the House of Austria*, Londres, 1873, vol. 3, p. 189.

2. Durant les quelques jours que durèrent les fiançailles, François avait dû retourner à Presbourg attendre le jour du mariage, le 12 février 1736.

3. Lettre du 8 février 1736, ainsi que les suivantes. Voir Alfred von Arneth, *Histoire de Marie-Thérèse*, Vienne, 1863, vol. 1, p. 356-357.

et de voir que mon plus grand plaisir aura ainsi atteint sa perfection. »

Deux jours plus tard, le mariage fut consommé dès la nuit de noces. Il semble que la découverte de la sexualité par la jeune fille de dix-neuf ans dans les bras de François fut une grande révélation dont elle ne se lassa pas. Contrairement aux usages, ils feront lit commun jusqu'à la mort du prince.

LE HÉROS HUMILIÉ

Le grand bonheur du mariage fut comme une parenthèse dans une période éprouvante pour le jeune couple, et en particulier pour François. En effet, de 1734 à la mort de Charles VI en 1740, les humiliations publiques se succèdent, donnant de ce prince une image désastreuse. L'épouse aimante doit souffrir mille morts de la réputation de son mari qu'elle partage avec lui. En maltraitant François, l'empereur et ses ministres ont blessé Marie-Thérèse jusqu'à l'os. Si elle encaisse silencieusement les coups portés, elle n'aura de cesse, le moment venu, de vouloir réparer les injustices et de rendre son honneur et sa fierté à l'homme qu'elle aime. Nul ne se doute à l'époque à quel point ce désir de réparation va peser sur sa politique durant de longues années. Au point parfois qu'elle prendra sciemment de mauvaises décisions pour ne pas froisser son époux.

Le chantage au mariage

François fut la victime collatérale de la guerre de Succession de Pologne[1], alors qu'il n'avait *a priori* rien à voir dans ce conflit. Dès septembre 1734, se répandent les bruits qui alertent sa mère, la régente Élisabeth-Charlotte. Elle écrit à son fils : « On travaille à la paix actuellement, mais on le cache à Son Altesse royale, on la trahit[2]. » Effectivement, les négociations de paix qui s'ouvrent à Vienne en août 1735 entre Français et Autrichiens s'apprêtent à sacrifier purement et simplement les intérêts de la Maison de Lorraine, sans même en avoir dit un seul mot au principal intéressé. Les préliminaires furent signés en

1. À la mort d'Auguste II en 1733, son fils Auguste III et Stanislas Leszczyński, ancien roi de Pologne déchu en 1709, se disputent le trône. Le premier est soutenu par l'Autriche et la Russie, le second, beau-père de Louis XV, par la France, l'Espagne et la Bavière. Louis XV déclara la guerre à l'empereur Charles VI en septembre 1733 et envahit la Lorraine. Il s'ensuivit une guerre européenne qui se déroula en Pologne, en Rhénanie et en Italie. Les opérations militaires suspendues en 1735 laissèrent place à la diplomatie. Stanislas renonçait au trône de Pologne et devenait duc de Lorraine et de Bar jusqu'à sa mort. Après quoi les duchés devaient revenir à la France.
2. Lettre du 5 septembre 1734. Citée par Francine Roze dans « Les relations entre Élisabeth-Charlotte d'Orléans, régente de Lorraine, et son fils le duc François III, entre 1729 et 1737. Remarques d'après quelques documents de leur correspondance », in Renate Zedinger et Wolfgang Schmale (dirs), *L'Empereur François Ier et le réseau Lorrain*, Bochum, 2009, vol. 23, p. 69.

octobre 1735 mais il fallait encore convaincre le duc de Lorraine d'accepter d'être dépouillé, au profit de la France. Pour lui faire avaler cette couleuvre, les accords prévoyaient de lui donner le grand-duché de Toscane à la mort du vieux souverain, Jean-Gaston de Médicis, resté sans héritier [1]. En outre, la France s'engageait à respecter la Pragmatique Sanction qui entérinait la succession de Marie-Thérèse et donc son futur pouvoir.

Le malheureux François « était pris dans un engrenage fatal, dont il savait qu'il ne sortirait pas. Pressé par l'empereur de signer, harcelé par sa mère de n'en rien faire, il vécut des moments de doute très douloureux [2] ». Son frère et ses amis lorrains le supplient également de résister à l'empereur. Alors que son mariage est déjà fixé deux mois plus tard, les pressions se font de plus en plus fortes. Bartenstein fut envoyé par l'empereur pour lui mettre le marché en main : « Point de renonciation, point d'archiduchesse [3]. » Il avait le choix entre trahir sa patrie et les siens ou renoncer à elle et à l'Empire romain germanique. En

---

1. En attendant que le dernier des Médicis décède, François-Étienne perdait toute souveraineté. De surcroît, si Charles VI avait enfin un fils, Marie-Thérèse était exclue du trône. Il perdait tout.

2. Francine Roze, « Les relations entre Élisabeth-Charlotte d'Orléans... », art. cité, p. 69.

3. William Coxe, *The History of the House of Austria...*, *op. cit.*, vol. 3, p. 195.

vérité, il n'avait même pas le choix : s'il continuait de résister, on se passerait de son accord et il perdrait tout.

Le mariage eut lieu dans cette atmosphère délétère, bien que François n'ait toujours pas donné son accord à la cession de Lorraine. Les Lorrains qui entourent François à Vienne parlent de sa « profonde neurasthénie [1] », laquelle fut encore avivée par l'arrivée d'un dénommé Bourcier envoyé par sa mère pour convaincre son fils une dernière fois de ne rien signer sans une garantie de souveraineté. Le clan lorrain tenta une ultime négociation avec les ministres de l'empereur pour obtenir une souveraineté effective sur les Pays-Bas ou le Milanais, États autrichiens, en attendant d'être le maître de la Toscane. Mais la Pragmatique Sanction interdisait toute cession de souveraineté sur les biens des Habsbourg et le jeune couple avait prêté serment de respecter cet édit. Lassé de la résistance de François, Charles VI décida de passer outre l'accord de son gendre et signa le 13 avril 1736 le traité de paix qui cédait les duchés de Lorraine et de Bar à Louis XV. Aux dires de Bourcier, lorsque François prit connaissance de cette trahison,

---

1. Hubert Collin, « Cas de conscience dynastique, ambition personnelle et raison d'État : pourquoi le duc François III dut se laisser arracher la Lorraine et l'échanger contre la Toscane », in Alessandra Contini et Maria Grazia Parri (dirs), *Il Granducato di Toscana e di Lorena nel secolo XVIII*, n° 26, Biblioteca Storica Toscana, Florence, 1999, p. 50.

« malgré tous les efforts qu'il faisait pour se contenir, il paraissait comme un homme hors de lui-même et dans une situation si affreuse qu'il nous pénétrait l'âme de la plus vive douleur [1] ». Du Theil, le plénipotentiaire français, négociateur des accords, parle d'une scène dramatique qui eut lieu à la Hofburg ce 23 avril, quand on présenta à François la convention de l'abandon de ses duchés de Lorraine. Il est note-t-il, dans une « prostration effrayante [2] ».

Durant ces mois si pénibles, le comportement de Marie-Thérèse fut exemplaire. Alors que ses parents exerçaient toutes sortes de pressions sur elle pour qu'elle convainque François de signer le traité, elle refusa obstinément de se désolidariser de lui. L'ambassadeur de Venise en témoigne : « Ce qu'il y a de plus singulier et qui revient de plusieurs endroits, c'est que l'archiduchesse non seulement refuse d'employer ses offices pour persuader son mari, mais que prenant conjointement avec lui ses intérêts à cœur, elle représente à son père les circonstances fatales où par plusieurs accidents il peut se trouver [3]. »

Pour apaiser le conflit familial, Charles s'engagea le 4 mai suivant à donner au jeune couple le gouvernement

1. Le compte rendu de Bourcier de ces deux mois de pénibles négociations est publié par Hubert Collin, *ibid.*, p. 51-52.
2. *CP Autriche*, vol. 189, Vienne, 13 et 21 avril 1736.
3. Cette lettre de l'ambassadeur Erizzo au doge de Venise, datée du 23 avril 1736, figure dans *CP Autriche*, *ibid.*, f. 251 v.

général des Pays-Bas et à l'y maintenir jusqu'à ce qu'il pût entrer en possession du grand-duché de Toscane. Mais outre que ce n'était pas là une souveraineté effective, les patentes de gouverneur se firent attendre plus d'un an, alors que Jean-Gaston de Médicis se mourait [1]. En dépit de ce geste d'apaisement paternel, Marie-Thérèse conserva un profond ressentiment contre son père. L'humiliation de son mari lui avait été insupportable et l'atmosphère familiale n'était pas des meilleures en 1737, si l'on en croit une dépêche de Du Theil : « On dit beaucoup que le duc de Lorraine pourrait partir comme gouverneur des Pays-Bas […], qu'il partirait avec l'archiduchesse […] et même avec satisfaction […] jusqu'à croire et dire que l'empereur et l'impératrice d'un côté, le duc et la duchesse de Lorraine de l'autre seront médiocrement touchés de la séparation ; que les jeunes époux ne sont point fâchés de vivre un peu plus suivant leur âge et d'être les premiers représentants ; que d'autre part Leurs Majestés impériales ont été un peu refroidies dans leur tendresse pour leur fille par les instances qu'elle a souvent réitérées pour qu'il fût fait quelque chose en faveur du duc son époux et par la mauvaise humeur qu'elle a souvent marquée quand il était question des

1. Les patentes de gouverneur général furent publiées en juin 1737 et Jean-Gaston de Médicis s'éteignit le 9 juillet 1737, laissant la Toscane à François-Étienne. La promesse de Charles VI n'avait plus d'objet.

actes qui confirmaient la cession de la Lorraine. On prétend que l'empereur s'est écrié : "*Qui se serait jamais attendu aux humeurs de cette petite Thérèse*[1] *?*" »

« La petite Thérèse » n'est pas celle que son père croit. Ce dernier est moins perspicace que les observateurs étrangers. Dès 1735, l'ambassadeur anglais Robinson vante son « esprit très élevé » et sa capacité de raisonnement. Il ajoute : « Elle est si bien faite pour régner qu'on voit déjà qu'elle ne regarde [son père] que comme l'administrateur des États qui lui appartiennent [...]. On peut être certain qu'elle ne renoncera jamais ni au gouvernement ni au mari qu'elle croit fait pour elle, pas plus qu'elle ne pardonnerait à celui qui les lui ferait perdre[2]. »

Même son de cloche du côté de l'ambassadeur vénitien Foscarini : « Ce qu'il y a de plus remarquable, à mon sens, dans cette princesse, c'est l'élévation de son esprit, joint à une certaine virilité de l'âme qui la rend admirablement propre à la direction des affaires d'État[3]. »

Autrement dit, Marie-Thérèse a un sacré caractère qui ne se confond pas avec des humeurs de jeune

1. *CP Autriche*, vol. 205, Vienne, 18 février 1737, f. 252 v-254 r. Souligné par nous.
2. William Coxe, *The History...*, *op. cit.*, vol. 3, p. 189 et suiv.
3. 1735. Texte cité en italien par Alfred von Arneth, *Histoire de Marie-Thérèse*, *op. cit.*, vol. 1, p. 356. Traduction d'Antoine de Villermont, dans *Marie-Thérèse*, *op. cit.*, t. I, p. 31. Foscarini fut l'ambassadeur de Venise à Vienne de 1732 à 1735.

fille. Mais ce caractère dominateur va être mis à rudes épreuves dans les années suivantes. Les échecs et les humiliations de François ne sont pas terminés.

Déceptions militaires et « exil »

Ignorant l'état lamentable de son armée et de ses finances, Charles VI déclara la guerre aux Turcs en juillet 1737[1]. Aussitôt le duc de Lorraine – qui n'avait jamais combattu – se porta volontaire pour servir à l'armée avec son frère Charles. Lors de la première campagne l'été 1737, il assiste impuissant aux revers de l'armée autrichienne sans y prendre la moindre part. Malade, il est de retour à Vienne début septembre. L'empereur l'élève au grade de feld-maréchal et annonce son intention de lui confier le commandement en chef de l'armée lors de la prochaine campagne contre les Turcs. François consacre tout l'hiver 1737-1738 à la réorganisation de l'armée et croit « pouvoir nourrir l'espérance de relever l'honneur des armes et se créer lui-même, par ses succès militaires, une situation personnelle honorée en Autriche[2] ».

1. L'Autriche était liée à la Russie par un traité d'alliance conclu en 1726, raison pour laquelle elle se trouva entraînée à prendre part en 1737 à la guerre entreprise par la Russie contre les Turcs.
2. Antoine de Villermont, *Marie-Thérèse, op. cit.*, t. I, p. 45.

Lors de la campagne de l'été 1738, on lui adjoint le comte de Kœnigsegg, militaire d'expérience et président du Conseil de guerre, pour l'aider de ses conseils. Les tout débuts de la campagne furent prometteurs. Le duc de Lorraine livre sa première bataille à Kornia le 4 juillet 1738. Il bat les Turcs et les repousse au-delà du Danube. À Vienne, on le porte aux nues, d'autant qu'il remporte dans la foulée une seconde bataille [1]. Mais à peine a-t-on eu le temps de se réjouir qu'on apprend que cette même armée est en pleine déroute. C'est une retraite lamentable. Saisi d'un violent accès de fièvre, François-Étienne se retire à Buda pour s'y faire soigner, puis, toujours malade, rentre à Vienne le 30 juillet. En septembre il retourne à l'armée, muni des pleins pouvoirs pour faire la paix avec les Turcs, mais après avoir entamé les négociations avec le grand vizir, il tombe de nouveau malade et rentre à Vienne. Cette fois, il y est mal accueilli. On le tient pour responsable, avec Kœnigsegg, de la déroute, et le désamour des Viennois pour François tourne aux propos méprisants, moqueurs, voire agressifs. Comble de malchance, Marie-Thérèse a accouché le 6 octobre d'une seconde fille [2] et certains ironisent

1. À Vienne, certaines mauvaises langues prétendirent qu'il ne s'agissait que de simples escarmouches et que les Turcs s'étaient enfuis sans combattre.
2. Il s'agit de l'archiduchesse Marie-Anne (6 octobre 1738-19 novembre 1789), une enfant de santé très fragile.

sur la double incapacité de François, tant dans le lit conjugal que sur le champ de bataille.

C'est une gifle pour toute la famille impériale et l'empereur commence à être sérieusement agacé par le comportement de son gendre, comme le rapporte Mirepoix : « Le grand-duc [1] [de Toscane] a quitté l'armée sans ordre [...]. J'ai su que l'empereur avait fort désapprouvé la démarche précipitée de ce prince. La bonne intelligence est un peu altérée entre le beau-père et le gendre. Le grand-duc depuis quelque temps s'est émancipé à parler un peu trop naturellement à l'empereur de la mauvaise situation de ses affaires et du dérangement qu'il y a dans toutes les dispositions qui se font. L'empereur souffre intérieurement fort impatiemment le crédit que ce prince veut affecter avec lui, mais il n'ose pas le réprimer [2]. » Charles VI décide donc d'éloigner le couple, sous l'excellent prétexte d'aller prendre possession en personne du grand-duché de Toscane dont François est le maître depuis un an et demi. « On peut présumer, ajoute Mirepoix, que lorsqu'il y sera, l'empereur ne le fera pas revenir de longtemps. »

1. Depuis la mort du dernier Médicis, on appelle Marie-Thérèse et François par leur nouveau titre : grand-duc et grande-duchesse de Toscane. Mais il arrive encore souvent qu'on nomme François, le duc de Lorraine.
2. *CP Autriche*, vol. 215, Vienne, 2 octobre 1738, f. 90 r-v. Il ajoute : « Ce prince est persuadé qu'ayant épousé l'archiduchesse, il doit jouer ici un archiduc, et qu'à la mort de l'empereur, il recueillera la succession de la Maison d'Autriche avec la même facilité et tranquillité que s'il était lui-même fils de l'empereur. » Voir f. 91 r.

Accompagnés du prince Charles de Lorraine, Marie-Thérèse et François quittent Vienne le 15 décembre et n'arriveront à Florence que le 20 janvier 1739. Les chroniqueurs racontent qu'ils y ont été accueillis au bruit des canons et des acclamations du peuple, encouragées par les largesses faites pour leur arrivée. On avait pris soin de distribuer du pain, du vin et de l'argent, et d'accorder le pardon à quelques criminels pour changer l'aversion du public pour le nouveau gouvernement en amour pour le souverain [1]. En dépit de cet accueil chaleureux, le grand-duc et la grande-duchesse ont le pénible sentiment d'être en exil, sans connaître la date de retour. Si le grand-duc reprend les rênes de l'administration et met de l'ordre dans les finances du grand-duché, le prince Charles n'hésite pas à dire qu'on s'y ennuie. Il y a bien la chasse, l'opéra, les bals et le théâtre, mais Florence paraît fort provincial à côté de Vienne. La fière Marie-Thérèse, toujours très gracieuse, tient salon deux fois par semaine et se distrait « d'un certain jeu de ballon, particulier à la noblesse de cette ville [2] ».

En vérité, les nouveaux arrivants brûlent de rentrer à Vienne. Moins pour cause d'ennui que par fierté. François est tenaillé par l'envie de faire la campagne de 1739 et de montrer de quoi il est capable. Pour cela, il doit convaincre l'empereur de lui confier le

1. *CP Toscane*, vol. 90, Florence, 24 janvier 1739, f. 34 r-v.
2. *Ibid.*, Florence, 31 janvier 1739, f. 48 v.

commandement effectif de l'armée, et d'abord de l'autoriser à rentrer. « Ce prince a dépêché il y a quelque temps un courrier pour informer Sa Majesté impériale qu'il serait en état de partir le 20 [avril] et pour le supplier de vouloir bien ordonner du jour de son départ qu'il ne déterminerait pas sans ses ordres. L'empereur ne lui a répondu là-dessus que vaguement, lui laissant la liberté de partir quand il voudrait. » Et Mirepoix d'ajouter : « Je crois qu'il est bien décidé que ce prince n'ira point à l'armée de cette campagne et il passe pour constant que le maréchal Wallis a déclaré à l'empereur, dans son audience de congé, qu'il quitterait l'armée si le grand-duc y venait [1]. »

De retour à Vienne fin mai, on dit à la cour que « le grand-duc n'a point regagné son crédit auprès de l'empereur, ni sa confiance pendant son absence et qu'il aurait pu différer et retarder même longtemps son retour sans crainte de déplaire à Sa Majesté impériale [2] ».

Quelques jours plus tard, on apprend que ses espérances de commander l'armée sont détruites. Il n'a pas l'autorisation de partir et en témoigne beaucoup de chagrin. Pour ne pas heurter son gendre et sa fille de front, Charles VI a un prétexte tout trouvé : « La grande-duchesse est grosse [...]. [Il] lui a représenté que dans l'état où se trouvait cette princesse, la moindre inquiétude pourrait avoir pour elle de dangereuses suites ; que la tendresse que cette princesse

1. *CP Autriche*, vol. 221, Vienne, 29 avril 1739, f. 138 v.
2. *Ibid.*, 27 mai 1739, f. 176 v.

avait pour lui poserait de vives alarmes pendant cette campagne […], surtout la peste fermant la communication entre l'armée et la ville de Vienne, que dans ces circonstances, si le grand-duc tombait malade à l'armée […], il ne pourrait revenir à Vienne sans faire quarantaine […]. C'est [de] ces raisons et d'autres aussi spécieuses que l'empereur s'est servi pour voiler au grand-duc la constante résolution qu'il a formée de ne le point envoyer cette année en Hongrie et d'y laisser le maréchal Wallis libre dans ses opérations [1]. »

En dépit des formes mises à l'interdiction de faire campagne, l'humiliation n'est pas lavée et la réputation du prince en souffre de plus en plus. D'autant que l'électeur de Bavière, qui n'a jamais caché ses prétentions à la succession de Charles VI, commence au même moment une entreprise de séduction des peuples autrichiens. Le prétexte de son voyage est une visite à sa belle-mère, l'impératrice douairière Amélie. Charles-Albert, venu avec son épouse, est un homme affable et charmant. Son séjour qui dure près de deux mois est un triomphe, aux dires de Mirepoix : « L'électeur a bien réussi personnellement dans ce pays

---

1. *Ibid.*, 8 juin 1739, f. 181 r-v. Durant cette campagne, l'Autriche est à nouveau battue par les Turcs. En manque dramatique d'argent et de soldats valides, elle est contrainte de signer une paix séparée (sans la Russie) à Belgrade, le 18 septembre 1739. L'Autriche cède au vizir de l'Empire ottoman rien moins que la Valachie occidentale, le nord de la Serbie et Belgrade.

[…]. Ce prince n'a perdu aucune occasion de combler de politesses et de prévenances toutes les personnes d'ici qui lui ont fait leurs révérences. Il y a adjoint beaucoup de présents, ce qui est encore ici beaucoup plus agréable que les politesses […]. À son retour dans ses États, les peuples de Haute- et Basse-Autriche s'attroupèrent sur son passage et tout ici retentit de ses louanges. C'est peut-être la première occasion depuis des siècles où les Autrichiens aient témoigné de la vivacité et de l'empressement. Il est vrai de dire que ces démonstrations d'attachement pour l'électeur de Bavière sont excitées par la haine qu'on a pour la personne du grand-duc. Rien n'égale la façon dont on pense ici et dont on y parle publiquement et hautement sur le compte de ce dernier prince. Il est l'objet de l'aversion et du mépris général de tout le public [1]. »

Cette dépêche de l'ambassadeur de France est à prendre avec précaution. Non seulement la Bavière est l'alliée traditionnelle de la France, mais Mirepoix ne cache pas son mépris pour la cour de Vienne et de tous ceux qui la composent. Le portrait qui suit de François-Étienne fait douter de son objectivité.

« Selon la réputation du public et le rapport des gens qui le voient de plus près, ce prince est non seulement un des plus médiocres, mais un des plus mauvais sujets qui aient paru en Europe depuis longtemps. Incapable, inappliqué, ennemi-né des honnêtes gens ou de ceux

1. *Ibid.*, vol. 222, Vienne, 16 juillet 1739, f. 20 r-v.

qui se peuvent distinguer par quelques talents, il n'accueille que les jeunes gens sans mérite ni considération et n'admet à sa confiance que des gens de la lie du peuple. La tournure de l'esprit que les sots ou que les gens avides d'applaudir aux princes peuvent lui trouver n'est qu'une mauvaise plaisanterie aussi basse qu'offensante pour tous ceux qui l'approchent. Ses amusements sont les plus frivoles et les plus puérils. Il est de plus intéressé, avare et emporté jusqu'à la plus roturière brutalité [...]. Il est très inconstant et léger. Il est faux et se fait un mérite de l'être ; et jamais on ne pourra compter sur les engagements de ce prince. Il est ici sans nulle considération, méprisé et haï également du peuple, de la noblesse et des gens de guerre. L'impératrice ne pense pas mieux sur son compte et même ne feint pas de le dire. Il se flatte d'être un peu mieux dans les bonnes grâces de l'empereur, mais ce prince qui le voit tel qu'il est, ne lui permet de se flatter sur sa façon de penser que par sa faiblesse naturelle [...]. Après l'entrevue qu'eurent l'empereur et l'impératrice avec l'électeur de Bavière, ils dirent devant le grand-duc beaucoup de bien de ce prince, le louant sur son maintien noble et sur ses qualités personnelles. Ces louanges mortifièrent au dernier point la vanité du grand-duc qui [...] ne put s'empêcher d'en montrer son ressentiment par une bouderie qui dura près de trois jours. Ces bouderies sont assez fréquentes [1]. »

1. *Ibid.*, 26 novembre 1739, f. 209 r-211 v.

Cette charge caricaturale relève moins du portrait que de l'exécution. Rien ne trouve grâce chez François qui montrera par la suite de grandes qualités humaines. Aveuglé par ses sentiments et préjugés, l'ambassadeur de France trahit sa mission et son devoir de neutralité. Au demeurant, il faut bien reconnaître que les portraits du grand-duc par les ambassadeurs étrangers sont rarement dithyrambiques, même s'ils s'améliorent avec le temps.

Par ailleurs, durant les trois ans qu'il passe à Vienne [1], le marquis de Mirepoix s'aperçoit à peine de l'existence de Marie-Thérèse. Pas un mot sur le caractère et la personnalité de la grande-duchesse. Il se contente de signaler ses grossesses et accouchements [2]. Manifestement, il ne la voit pas jouer un rôle décisif après la mort de son père. Tout juste notera-t-il quelques jours après la disparition de Charles VI qu'elle « a beaucoup plus de talent que le grand-duc [3] », mais qu'elle le laissera gouverner par amour. Seconde méprise de l'ambassadeur qui n'a rien compris au personnage de Marie-Thérèse. Il est vrai que peu de gens à cette époque peuvent imaginer que cette jeune femme amoureuse, au ventre fécond, cache une âme d'acier et un goût irrépressible du pouvoir.

---

1. Du 14 janvier 1738 au 10 décembre 1740.
2. Les naissances de Marie-Anne le 6 octobre 1738 et de Marie-Caroline le 12 janvier 1740.
3. *CP Autriche*, vol. 225, Vienne, 26 octobre 1740 ; f. 72 r.

LA PRISE DE POUVOIR
ET LA PREMIÈRE CORÉGENCE

La mort de Charles VI le 20 octobre 1740, d'un empoisonnement aux champignons [1], prit tout le monde de court. Sauf peut-être Marie-Thérèse. Malgré son chagrin, elle observe scrupuleusement le protocole. Quelques heures après le décès de son père [2], elle reçoit au château de la Favorite les ministres de la Conférence et les chefs de tous les conseils : « Elle était debout, s'appuyant contre la table avec le dos. Le duc était à sa gauche, éloigné à deux ou trois pas du coin de la table. Le grand maître a fait le compliment de condoléances au nom de tous et a souhaité un heureux règne à la nouvelle reine. Sur quoi elle a répondu, accablée de tristesse et avec des sanglots entrecoupés [3]. » Elle les a tous confirmés dans leurs charges et emplois, pour les six semaines à venir. Dès le 23 octobre, est placardée sur les murs de Vienne l'annonce de la mort de Charles VI et la

1. L'empereur ingurgitait des quantités impressionnantes de nourriture qui lui causaient de violentes indigestions, lesquelles faisaient l'objet de commentaires dans les autres cours européennes.
2. À la demande de Charles VI, elle n'a pas assisté à ses derniers moments. Marie-Thérèse étant enceinte de trois mois (du futur Joseph II), il craignait que l'émotion lui cause une fausse couche. Pour la même raison, elle n'assista pas à son enterrement.
3. Lettre du comte Ferdinand-Bonaventura II Harrach à son frère, le comte Frédéric-Auguste, Vienne, 20 octobre 1740, Vienne, *Archives familiales Harrach* 528.

succession de sa fille aînée, « régente de tous les royaumes ».

Le 24 octobre la procession des funérailles offre le triste spectacle d'un désordre et d'une confusion inhabituels à cette cour. Les ambassadeurs qui y assistent en témoignent dans les mêmes termes. Ni larmes, ni chagrin, dit l'un, « le bon empereur a été oublié le surlendemain de sa mort [1] ». « L'empereur n'est regretté, dit l'autre, que par quelques particuliers qui par l'accès au prince en tiraient des sommes immenses [2]. » Apparemment, l'ambassadeur de France était moins bien renseigné que celui de Frédéric II, puisqu'il note : « Tout est tranquille » ; alors que Borcke ajoute : « La populace ne témoignait non seulement aucun regret, mais elle commettait même des insolences en voyant enterrer son maître. On s'applaudit de sa mort [3]. »

Pour l'heure, Marie-Thérèse se plie aux trois principes qu'elle s'est donnés : assiduité, humilité et fermeté. Elle assiste tous les jours aux interminables

1. Archives d'État secrètes de Prusse (Berlin), *I. HA Rep. 81 Légation de Vienne I* (*LdV*), n° 14, f. 36 v, lettre de Kaspar Wilhelm von Borcke à Frédéric II, Vienne, 26 octobre 1740.

2. *CP Autriche*, vol. 225, f. 69 v, lettre de Mirepoix à Amelot, Vienne, 26 octobre 1740.

3. Dans une seconde lettre du 26 octobre, Borcke décrit l'insolence des paysans qui vont jusqu'à jouer une comédie qui ridiculise l'empereur défunt : « Ces mutins, dit-il, prétendent être *in statu naturali* et n'avoir plus de maître. » Berlin, *LdV*, n° 14, f. 44 v.

conférences et prend connaissance de l'état de faillite de son pays. Dès le 26 octobre, on annonce qu'elle se fera couronner en janvier à Presbourg [1] reine de Hongrie et reine de Bohême après ses couches prévues en mars. On murmure déjà qu'elle prendra avant cela le duc, son époux, *in consortium regni,* c'est-à-dire en corégence. Sentiment confirmé une semaine plus tard lorsqu'elle bouscule l'étiquette pour lui.

En effet, le 2 novembre, pour son premier dîner en public, le duc a été placé à sa gauche, suscitant ainsi nombre de commentaires. « Les ministres ont fait de fortes représentations à la reine sur l'intention où elle était de faire manger avec elle le grand-duc en public. Cette princesse leur a fermé la bouche en déclarant qu'elle le voulait absolument. » De là à imaginer qu'elle veut lui donner le titre de roi de Hongrie, il n'y a qu'un pas. Ce qui fait ajouter à Mirepoix : « La reine pourrait bien prendre le ton absolu [...], de tout temps cette princesse a passé ici pour être fort décidée et entière dans ses résolutions [2]. » Mais le même se trompe quand il affirme : « Elle est absolument soumise à toutes [les] volontés du grand-duc et lui renouvelle à chaque instant combien elle est peinée de ne pouvoir lui céder directement ses droits et son autorité [3]. »

1. Presbourg, située à 60 kilomètres de Vienne, fut la capitale royale de la Hongrie de 1536 à 1783. Aujourd'hui la ville, connue sous le nom de Bratislava, est depuis 1993 la capitale de la Slovaquie.
2. *CP Autriche*, vol. 225, Vienne, 2 novembre 1740, f. 94 v.
3. *Ibid.*, 12 novembre 1740, f. 118 r.

Le bienveillant Emmanuel Silva-Tarouca est plus près de la vérité lorsqu'il affirme : « La reine et le grand-duc n'ont qu'un cœur et un esprit [1]. » Ils travaillent de concert et avec assiduité, « d'une douceur et attention avec tous les ministres et sujets comme s'ils se trouvaient bien servis et au comble des prospérités [2] ».

Les ambiguïtés de la corégence

La Pragmatique Sanction ne prévoyait pas ce mode de gouvernement. Au contraire, elle supposait l'indivisibilité de la souveraineté, comme celle de tous les États de la monarchie. Pour contourner l'obstacle constitutionnel, Marie-Thérèse en appelle à son double statut de femme et de mère. Dans le document qui déclare François corégent, elle affirme ses droits entiers et imprescriptibles à la souveraineté, mais elle ajoute qu'« à cause de son sexe, elle a besoin de son aide pour gouverner [3] ». En tant que femme, elle ne peut pas mener ses troupes au combat ; en tant que mère, les

1. Lettre d'Emmanuel Silva-Tarouca à Frédéric-Auguste Harrach, Vienne, 2 novembre 1740. Vienne, *Archives familiales Harrach* 598.
2. *Ibid.*, 14 décembre 1740.
3. Derek Beales, « Love and the Empire : Maria Theresa and her co-regents », in R. Oresko, G.C. Gibbs et H.M. Scott (dirs), *Royal and Republican Sovereignty in Early Modern Europe*, Cambridge, 1997, p. 486.

grossesses et accouchements peuvent l'empêcher momentanément de gouverner. Pourtant, le 22 novembre 1740, jour de la déclaration officielle de la corégence devant les États d'Autriche, venus l'assurer de leur soumission et fidélité, Marie-Thérèse proclame qu'elle gouvernera ses peuples « en mère de la patrie ». D'une « faiblesse féminine », elle fait le premier principe de son gouvernement. « La reine prit la parole et prononça une belle harangue avec une grâce infinie […]. Elle déclara à ses États que *par l'amour maternel qu'elle avait pour ses peuples* et par l'attachement pour le grand-duc, qui était *le père de ses enfants*, ce sont ses propres termes, elle nommait ce prince pour corégent et que son intention était qu'il fût reconnu en cette même qualité dans tous ses États et possessions et *qu'il participât à tout le pouvoir et à tous les droits qu'elle pourrait lui donner sans déroger à la pragmatique sanction* [1]. »

Cette première déclaration officielle, le jour de sa prise de serment, recèle toutes les ambiguïtés de la corégence et révèle les désirs contradictoires de Marie-Thérèse. Se présenter comme la mère de ses sujets n'est ici ni une banalité [2] ni la simple promesse d'un gouvernement bienveillant. C'est son premier statut,

1. Borcke à Frédéric II, 23 novembre 1740 ; Berlin, *LdV,* n° 14, f. 168 r, et Mirepoix à Amelot, 23 novembre 1740, *CP Autriche*, vol. 225, f. 205 r. Souligné par nous.
2. Les tsarines, Élisabeth Ire et Catherine II, se définissaient de même, bien que la maternité ait peu ou pas compté du tout dans leur vie personnelle.

tant dans sa vie privée[1] que politique. Jusqu'à sa mort, elle se considérera et sera considérée comme la mère de la nation. Mais par ailleurs, elle justifie la corégence en intronisant « le père de ses enfants », jouant de l'analogie entre sujets et enfants. Or le père a toujours été le détenteur reconnu du pouvoir dans la famille. La formule finale a beau poser les limites du pouvoir, « sans déroger à la pragmatique sanction », les termes sont suffisamment vagues et abstraits pour que l'on s'y trompe. En réalité, cette formule signifie qu'il est le premier *après* elle.

Il semble que François-Étienne, comme le peuple, s'y soit laissé prendre. Avant même la déclaration de la corégence, l'époux de Marie-Thérèse se comporte comme le maître. Il se prend, dit-on, pour feu l'empereur. On note avec ironie qu'il a paru à l'enterrement de ce dernier « comme grand maître de la Toison d'or et qu'il a pris ce titre sans qu'on ait tenu chapitre ni qu'il y eût aucune cérémonie pour son installation[2] ». On souligne son arrogance et son goût des grandeurs, notamment après la naissance de son fils Joseph en 1741. « Le grand-duc, accompagné du même cortège qui suivait feu l'empereur quand il sortait en public, s'est rendu à la Maison des Jésuites pour y entendre sermon. Il y reçut les mêmes honneurs qu'on rendait à feu l'empereur [...] et se plaça à la tribune de Sa

1. Elle est alors enceinte de cinq mois.
2. *CP Autriche*, vol. 225, 29 octobre 1740, f. 79 r.

Majesté impériale. On dit que les grands officiers de la Maison de la reine, comme le grand maréchal, le grand écuyer et les deux capitaines des gardes ont fait quelques difficultés de suivre à cheval le carrosse de Son Altesse royale, mais qu'ils ont été obligés d'obéir. Tout le monde est étonné de ce que le grand-duc a paru en public avec cet appareil, et cela donne lieu à bien des discours qui ne lui sont pas avantageux. Il devient tous les jours plus fier depuis la naissance du jeune archiduc, et on prétend qu'il lui a échappé de dire "nos vassaux", en parlant des sujets de la reine [1]. »

Si Marie-Thérèse ne laisse entendre aucune récrimination et accepte de se retrouver parfois à la gauche de son époux, voire derrière lui dans des cérémonies officielles, il n'en est pas de même du peuple de Vienne ou des paysans qui le haïssent. Pour eux, l'affaire est entendue, c'est bien lui qui sera le vrai maître. Dès le soir de l'intronisation de François, « la populace effrénée, se mit à commettre des insolences. On cassa les carrosses qui passèrent par là et on rompit toutes les glaces. Le peuple donna un assaut à la Maison du chancelier de guerre [...] et lui enfonça toutes ses fenêtres. On ne respecta pas même le portrait de la reine sur le balcon qui fut souillé avec de la boue. Quelqu'un s'était avisé de jeter quelques poignées de monnaie [bavaroise] parmi la populace et il y en eut qui haranguèrent même le peuple en faveur

1. *Ibid.*, vol. 227, 22 mars 1741, f. 288 r-289 r.

de l'électeur de Bavière, leur véritable légitime maître et le peuple fit publiquement retentir ses louanges [1] ».

Cette détestation populaire n'a pas pour seul motif le comportement maladroit de François-Étienne, ni même son illégitimité, comme celle de la reine, aux yeux des partisans du Bavarois. Il y a dans toutes ces démonstrations hostiles une sorte de haine de l'intrus, de l'étranger, bien perçue par Zeno, l'ambassadeur vénitien : « La Maison de Lorraine est *persona non grata* à l'empire, parce qu'elle lui semble étrangère et à moitié française [...]. Tout l'empire ne le ressent, ne le souffre qu'avec indifférence, alors que la reine aspire à lui imposer ce prince étranger qu'il ne connaît pas et qui peut à peine se déclarer de leur giron. N'ayant d'autre titre que celui d'entrer dans les séances de l'empire grâce au [petit] duché qui lui vient d'une principauté de Silésie [Teschen] [2]. » Si l'on ajoute à cela l'arrogance et les prétentions de la camarilla lorraine, sa garde rapprochée, qu'il couvre de grâces, on a tous les ingrédients qui expliquent le profond rejet du prince privé de son duché.

Marie-Thérèse qui sait bien tout cela ne cède pas un pouce de terrain. Elle a pour ce faire de solides raisons politiques et d'impérieuses motivations personnelles.

1. Borcke à Frédéric II, 23 novembre 1740 ; Berlin, *LdV,* n° 14, f. 169 r.
2. Alfred von Arneth, *Histoire de Marie-Thérèse, op. cit.,* vol. 1, p. 388 : dépêches du 26 novembre et du 7 janvier 1741.

Raisons et motivations de la corégence

La raison politique essentielle est la dignité de Saint Empereur romain germanique, constitutionnellement interdite aux femmes. Or ce titre ayant appartenu à tous les prédécesseurs de Marie-Thérèse, en tant que souverains de la monarchie autrichienne depuis 1438, il semblait impensable de renoncer à ce statut prestigieux. Comme le dit Derek Beales, « l'abandon de cette couronne était regardé à Vienne comme extrêmement dommageable tant pour la dynastie que pour la monarchie [1] ». Ce titre n'était pas héréditaire, mais le résultat d'un vote par ses pairs, les principaux électeurs de la « Germanie », au nombre de neuf à cette époque. La seule chance de conserver cette dignité dans le giron des Habsbourg était de faire élire François-Étienne. Or ce dernier, n'ayant quasiment pas de terres dans l'empire, et ne possédant que le modeste grand-duché de Toscane, ne pouvait espérer y réussir que par le rehaussement de son statut et de ses fonctions.

Le titre de corégent lui donnait un poids significatif au sein de l'empire et lui permettait en outre de voter, le cas échéant, à la place de Marie-Thérèse, en particulier en Bohême qui ne reconnaissait pas le vote d'une femme aux élections impériales. Ces petits arrangements avec la tradition ne plaisaient guère aux

1. « Maria Theresa and her co-regents », art. cité, p. 487.

autorités de l'empire, mais Marie-Thérèse était bien décidée à les faire admettre.

Si elle s'est tant démenée pour faire élire son mari empereur, ce n'était certainement pas pour devenir elle-même impératrice consort, ni même pour lui offrir un réel pouvoir, car « la cour impériale était une "dignité vide[1]" ». Outre les raisons politiques évoquées, elle voulait plus que tout laver l'humiliation de la perte de la Lorraine dont elle se sentait quelque peu responsable et lui apporter une considération et une reconnaissance publiques qu'il n'avait pas, ni en tant que personne, ni en tant que souverain de la Toscane. Situation douloureuse qui devait être incompréhensible pour elle qui l'aimait passionnément, l'admirait et lui faisait une totale confiance. Ce qu'a très bien vu l'ambassadeur vénitien lorsqu'il écrit au doge : « L'archiduchesse l'aime tendrement et recherche à sa manière que l'exaltation qu'elle lui confère soit aussi partagée par l'empire[2]. » Ce qu'a bien compris également Rose Harrach, une femme de sa cour, qui ne manque pas de perspicacité lorsqu'elle évoque le « grand chagrin de la reine [de la haine et du mépris qu'on porte à son mari] qui souhaiterait

---

1. Victor Tapié, *L'Europe de Marie-Thérèse du baroque aux Lumières*, Paris, 1973, p. 76. Sans finances, sans véritable armée, doté d'un Conseil aulique pur actif à Francfort, l'empereur ne valait que par son titre prestigieux.
2. Alfred von Arneth, *Histoire de Marie-Thérèse, op. cit.*, vol. 1, p. 371, lettre du 29 octobre 1740.

que tout le monde pensât pour lui comme pour elle, car elle cherche en toute occasion à l'élever [1] ».

Et alors même que Frédéric II a envahi sans prévenir la chère Silésie de Marie-Thérèse et que la guerre s'étend à l'Europe, la fidèle Mme Fuchs confie : « Tout l'état présent des affaires n'est pas si sensible à la reine que ce qu'on n'aime pas le duc [2]. »

Malgré tous ses efforts pour le faire élire empereur en janvier 1742, c'est le rival détesté, l'électeur de Bavière [3] qui portera le titre, jusqu'à sa mort prématurée en 1745. C'est seulement alors qu'elle réalisera son dessein. En attendant, la corégence a commencé au lendemain de la mort de Charles VI, pour ne finir officiellement que vingt-cinq ans plus tard, à la mort de François-Étienne. Mais en dépit de son amour pour lui et de sa bonne volonté, Marie-Thérèse pouvait-elle réellement partager son pouvoir ?

1. Lettre de Rose Harrach à son père, le comte Frédéric-Auguste, Vienne, 17 mai 1741 ; Vienne, *Archives familiales Harrach* 534.
2. *Ibid.*
3. L'électeur Charles-Albert de Bavière (6 août 1697-20 janvier 1745) fut élu empereur le 24 janvier 1742 sous le nom de Charles VII. Allié et dépendant de la France, il fut en guerre avec l'Autriche dont il revendiqua l'héritage jusqu'à sa mort.

3

La reine nue

À peine son père est-il mort que Marie-Thérèse se voit la proie de toutes les ambitions, à l'intérieur de l'empire, puis très vite à l'extérieur. Frédéric II, qu'elle croyait « son meilleur ami », s'empare, sans déclaration préalable, et en quelques jours seulement, de son État le plus riche, la Silésie [1]. L'électeur de Bavière conteste haut et fort sa légitimité et prétend à son héritage. Bientôt la France va s'en mêler en envoyant ses troupes soutenir les revendications bavaroises. C'est le début de la guerre de Succession d'Autriche qui va impliquer de près ou de loin toutes les grandes puissances et ravager les terres d'Europe centrale et méridionale. Sans argent, ni armée digne de ce nom, Marie-Thérèse assiste, la rage au ventre, au dépeçage de ses États. Nul doute que son sexe n'est pas pour rien dans ce maelström. Si

1. Voir la carte, p. 335.

chacun connaît l'état de faiblesse dans lequel Charles VI a laissé l'Autriche, le fait que son successeur est une femme ajoute une touche de vulnérabilité. Une reine, jeune, toujours enceinte, sans expérience du pouvoir ni connaissances militaires ne pouvait être qu'un souverain politiquement faible. C'était du moins l'avis de ses contemporains.

Le défi jeté à cette femme est immense. Lors de cette première guerre de sept ans, Marie-Thérèse va être confrontée à plusieurs reprises à des situations quasiment désespérées. Occasions pour elle de montrer un esprit de résistance et un courage hors norme qui feront l'admiration de ses pires ennemis. Occasion de démontrer aussi que non seulement sa féminité n'est pas un obstacle à l'exercice du pouvoir, mais une carte maîtresse dont elle saura magnifiquement jouer.

HANDICAPS ET ATOUTS PERSONNELS

Le premier handicap de Marie-Thérèse est d'appartenir au sexe féminin. Dès le jour de sa prise de fonction, des voix tumultueuses protestent contre le fait qu'une femme est à la tête du pays. On affirme « qu'il ne convient pas au décorum de la nation d'être gouverné par une femme [1] ». Autrement dit, le corps et la

1. Alfred von Arneth, *Histoire de Marie-Thérèse, op. cit.*, vol. 1, p. 371, lettre de l'ambassadeur vénitien Zeno, 20 octobre 1740.

personnalité féminine manquent de grandeur et n'en imposent pas. Femme, on ne la prend pas au sérieux. Beaucoup veulent croire que, « fille obéissante et épouse complaisante[1] », elle rentrera dans l'ombre aussi vite qu'elle est apparue dans la lumière. Ils appellent notre régnante : « la reine d'hiver qui finira avec le printemps[2] ».

Selon Borcke, l'ambassadeur prussien, même les vieux ministres de son père qu'elle a conservés au début de son règne la considèrent sans respect excessif. À vingt-trois ans, le fait qu'elle est une jolie femme et gracieuse, n'arrange pas son cas, comme le montrent les propos suivants : « La nouvelle reine a été l'autre jour, pour son coup d'essai, quatre heures de suite à la Conférence. Le chancelier de la cour, en sortant de ce Conseil, se mit à dire en grande compagnie : "Notre reine, je vous dis, est trop belle pour assister à une Conférence." Les éclats de rire furent bien grands à ce propos que la beauté de la reine pût causer des distractions à ses ministres octogénaires[3]. »

1. AMCE, *DP, Belgique DD-B blau* : 1-2. Expressions de Tarouca dans une lettre à Marie-Thérèse, s.l.n.d. [début des années 1750]. On sous-entend ici qu'elle rentrera dans l'ombre de son mari.
2. Vienne, *Archives familiales Harrach* 534. Rose Harrach à son père Frédéric-Auguste, 22 octobre 1740. On sous-entend là qu'elle cédera la place à l'électeur de Bavière.
3. Berlin, *LdV*, n° 14, lettre de Borcke à Frédéric II, Vienne, 26 octobre 1740, f. 38 r.

Son second handicap est son inexpérience. Aux dires, cette fois, de Robinson, l'ambassadeur d'Angleterre, les ministres, au début de son règne, se permettent de lui dicter leurs avis avec une autorité révoltante[1]. Consciente de son ignorance, notamment en politique étrangère, elle pense sage de suivre leurs conseils, quitte à le regretter plus tard. En pleine guerre, quelques mois après sa prise de pouvoir, elle confiera à l'ambassadeur de Venise qu'elle a toujours été d'un sentiment contraire à celui de ses ministres sur l'alliance avec l'Angleterre, « mais que comme elle était femme et peu expérimentée, elle avait cru devoir s'en rapporter au sentiment de quatre personnes qui étaient depuis si longtemps dans les affaires[2] ».

Son humilité de départ n'est pas feinte, mais elle se rend compte rapidement que ses ministres ne sont pas à la hauteur d'une situation aussi complexe que périlleuse. Dès juin 1741, elle prend de la distance à l'égard de la vieille garde de son père. En dépit de toute la diplomatie dont elle use, les ministres se plaignent beaucoup et accusent implicitement sa jeunesse : « On n'aime pas entendre les vérités, ni prendre conseil de ceux qui ont l'expérience[3]. » Il est vrai que Marie-Thérèse s'entoure d'une cour plus jeune, met à mal la

1. William Coxe, *The History...*, *op. cit.*, vol. 3, p. 257.
2. *CP Autriche*, vol. 229, 20 septembre 1741, f. 93 v-94 r.
3. Vienne, *Archives familiales Harrach* 526, lettre du comte Aloys Harrach (1669-1742) à son fils Frédéric-Auguste, Presbourg, 19 juin 1741.

rigide étiquette espagnole et entend s'amuser quand l'occasion lui en est donnée. Toutes choses qui lui sont reprochées par les serviteurs de feu l'empereur.

Enfin le troisième handicap de Marie-Thérèse est la détestation que l'on porte à son mari et qui rejaillit sur elle. Dès la mort de son père, Mirepoix constate : « la grande-duchesse n'est point aimée et une partie de la haine et de l'éloignement que l'on a pour le grand-duc retombe sur elle. Tous les vœux sont pour l'électeur de Bavière [1] ». On lui reproche d'être plus préoccupée du sort de son mari que de la Silésie. Alors que les caisses sont vides pour soutenir la guerre, elle chercherait partout de l'argent pour le faire élire empereur [2]. Leurs moindres faits et gestes sont matière à critiques. Veulent-ils s'absenter quelques jours, que les ministres grondent et on crie au scandale. Rose Harrach témoigne : « Toutes les histoires que le peuple invente contre la reine et encore plus contre le grand-duc ne sont pas croyables [3]. »

Pour surmonter ces lourds handicaps, Marie-Thérèse ne manque pas d'armes, et paradoxalement celle de sa féminité. Tous ceux qui l'approchent ne parlent que de son charme et de sa grâce. Les ambassadeurs sont unanimes à saluer son pouvoir de séduction.

1. *CP Autriche*, vol. 225, 22 octobre 1740, f. 54 r.
2. Vienne, *Archives familiales Harrach* 534, Rose Harrach à son père, 24 décembre 1740.
3. *Ibid.*, 26 août 1741.

On dit même que Robinson est tombé amoureux d'elle. Elle séduit hommes et femmes avec la même maestria. « Elle est belle comme le jour, souligne Rose Harrach, pourtant assez critique avant de la connaître [...]. Elle gagne tous les cœurs [1]. » Séduite, elle aussi, Rose Harrach conclut quelques mois plus tard : « Elle est vraiment charmante. Je crois que si ses ennemis la connaissaient comme nous, ils deviendraient bientôt ses amis. Tout ce qu'on peut dire d'elle n'est rien en comparaison de ce qu'on trouve en la voyant. Pour moi, je donnerais pour elle mes biens et ma vie de tout mon cœur [2]. » Ce qui fait dire à Tarouca : « Vous n'avez rien vu de plus doux et de plus ferme en même temps [...]. C'est un plaisir de voir nos femmes, jeunes et vieilles, toutes amoureuses et remplies de respect [pour] cette jeune reine [3]. »

Marie-Thérèse est dotée du talent de se faire aimer. Elle le cultive avec un art consommé de la psychologie et une belle intuition politique. À l'opposé de son père qui imposait une stricte distance avec ses sujets et paraissait froid, comme rigidifié par l'étiquette espagnole, elle promeut la proximité et la simplicité. C'est une véritable révolution à la cour de Vienne. Première entorse au protocole, la reine descend dans

1. *Ibid.*, 5 avril et 5 juillet 1741.
2. *Ibid.*, 13 décembre 1741.
3. Archives régionales de Moravie (Brno), *Archives familiales Tarouca*, G 445, 12, n° 82 23-A-1, lettre d'Emmanuel Tarouca à la duchesse d'Arenberg, Vienne, 25 juillet 1742, f. 258 r-v.

la rue et se montre au peuple : « Je l'ai vue hier à pied, dit Tarouca, par les rues de Vienne, visitant les églises du jubilé. Je ne puis m'empêcher de vous dire que j'observais avec plaisir que nos bons froids bourgeois avaient tous pour elle des yeux africains. On ne saurait être plus généralement aimée [1]. »

Elle ouvre les portes de la Hofburg et accorde audience, chaque semaine, aux particuliers qui en font la demande. Elle écoute et conseille avec affabilité, et tous en ressortent conquis. Elle allège le protocole en simplifiant les tenues de cour, en dînant aux tables de ses dames d'honneur et en s'adressant à chacun. Bref, elle a entrepris une opération de séduction tous azimuts dont on ne sait pas bien si elle est totalement spontanée ou préméditée. Zeno opte plutôt pour la seconde hypothèse : « La reine se montre vraiment grande et possède une réelle âme. On y voit un contraste particulier dans les attentions qu'elle pratique, mais qui ne lui épargne pas pour autant les tourments et vigilances afin de contenter ses sujets et se faire aimer d'eux. Menant une culture similaire pour l'intérieur du pays, car nécessaire et utile à elle-même, et cette clémence gracieuse et continuelle de la souveraine lui forme les auspices favorables à la continuation de son règne [2]. »

1. Vienne, *Archives familiales Harrach* 598, lettre de Tarouca à Frédéric Harrach, Vienne, 22 février 1741, f. 78 v.
2. Alfred von Arneth, *Histoire de Marie-Thérèse, op. cit.*, vol. 1. p. 371.

Au demeurant, Marie-Thérèse sait bien que la séduction ne suffit pas pour gouverner. En ce début de règne, elle montre une étonnante lucidité sur elle-même, ignorée de nombre de ses homologues masculins. La preuve en est la relation très particulière qu'elle instaure avec un homme de vingt ans son aîné, le comte Emmanuel Silva-Tarouca [1]. En dépit de certains commérages, il s'est noué entre eux une relation d'intimité et de confiance qui ne recèle aucune ambiguïté. Le pacte qui les lie repose sur une franchise réciproque dont il y a peu d'exemples, laquelle n'est possible que parce qu'il est homme de secret [2]. À lui, elle confie ses insuffisances, ses déceptions et ses remords. Elle lui demande conseil sur tout sujet qui la concerne personnellement, du plus prosaïque au plus moral. C'est ainsi qu'il lui dicte son emploi du temps, heure par heure, et selon les jours de la semaine. Plus surprenant, elle lui « commande en reine de lui dire ses défauts, comme à une simple particulière [...] et daigne souffrir des représentations

1. (17 septembre 1696-8 mars 1771). Tarouca est le fils d'un ambassadeur portugais arrivé à Vienne avant la naissance de Marie-Thérèse. Il servit dans l'armée sous Charles VI et resta au service de la monarchie autrichienne. Marié en 1740 avec une princesse de Holstein qu'il adorait, il fut nommé en décembre de la même année gouverneur du Conseil des Pays-Bas, fonction qu'il exerçait à Vienne.
2. On ne connaît ce qui suit que par leur riche correspondance qui subsiste tant dans les Archives de Vienne que dans celles de Brno.

qui ressembleraient à des réprimandes [1] ». Selon les lettres, il se nomme « le vieux maître », « le petit pédagogue », « le grondeur », « le bon vieux mari ». On l'appelle aussi le confident le plus proche, l'éminence grise ou tout simplement l'« *ami* [2] ».

Si l'on ignore le poids réel de son influence politique, la présence à ses côtés de ce directeur de vie et de conscience laisse penser à un désarroi de la jeune reine. Elle signifie qu'elle doute d'elle-même et cherche les clés pour s'affirmer comme une « bonne » souveraine. Les années passant, elle s'émancipera du « vieux grondeur », mais il gardera une liberté de parole sans pareille et sera l'un des rares à oser lui dire ses quatre vérités. Cette humilité servira grandement Marie-Thérèse. Même si, en vieillissant, elle montrera parfois un entêtement absurde, un esprit obtus et

1. Theodor Georg von Karajan, *Maria Theresia und Graf Sylva-Tarouca. Ein Vortrag gehalten in der feierlichen Sitzung der kaiserlichen Akademie der Wissenschaften am 30. Mai 1859*, Vienne, 1859, p. 3 à 9. Extraits de deux longues lettres de Tarouca à Marie-Thérèse, s.l.n.d. [années 1740].

2. *Journal* de Johann Josef Khevenhüller-Metsch, Vienne, vol. 3, 1910, 8 mai 1753, p. 105. « Le crédit du duc Tarouca est si important que l'on peut effectivement dire qu'il est reconnu *comme l'ami de l'impératrice*, si bien que l'impératrice m'a donné la preuve que Tarouca était considéré comme le *succédané* de la comtesse Fuchs, par conséquent *déclaré* comme étant l'ami à qui elle donnait sa plus grande confiance, et grâce auquel elle avait découvert les tréfonds de son cœur, et lui autorise d'être toujours franc avec elle. » Les parties soulignées sont en français dans le texte.

autoritaire, elle conservera jusqu'au bout une certaine faculté d'autocritique, celle de reconnaître ses torts, notamment politiques.

L'humilité de la jeune reine ne doit pas faire oublier son atout majeur si bien détecté par l'envoyé vénitien dès le milieu des années 1730. « Une certaine virilité de l'âme qui la rend admirablement propre à la direction des affaires d'État [1]. » Elle va en faire la démonstration dès la première année de son règne.

SEULE CONTRE TOUS

L'électeur de Bavière n'avait pas attendu la mort de Charles VI pour affirmer son droit à l'héritage. Non seulement il avait toujours refusé de reconnaître la Pragmatique Sanction, mais, dès juillet 1740, il avait écrit à l'empereur sur le ton « le plus amical » pour contester la renonciation de la Maison de Bavière à ses droits de succession [2]. Nul ne fut donc étonné lorsque l'envoyé de la Bavière à Vienne, au lendemain de l'enterrement de Charles VI, fit de multiples démarches auprès des ministres du gouvernement ct

1. Dépêche de Foscarini, s.l.n.d. [juillet 1735], publiée par Alfred von Arneth, *Histoire de Marie-Thérèse, op. cit.*, vol. 1, p. 356.
2. *CP Bavière*, vol. 90, 6 juillet 1740, f. 19 r-20 v. Charles VI n'avait daigné répondre que le 30 septembre par une fort longue missive qui démontrait le contraire. *Ibid.*, f. 41 r-49 v.

des ambassadeurs étrangers pour démontrer le bon droit de son maître [1], notamment, à se faire élire empereur. Mais personne ne semblait s'inquiéter des prétentions d'un électeur sans véritable armée ni argent. De surcroît, la France, l'alliée historique de la Bavière, avait entériné la Pragmatique et Louis XV, dans sa lettre de condoléances, avait assuré Marie-Thérèse de sa loyauté.

Le coup de tonnerre vint du nord et non de l'ouest, de là où on l'attendait le moins.

L'attaque surprise de Frédéric II

La surprise fut si grande à Vienne que durant plusieurs semaines Marie-Thérèse, son époux et la plupart des ministres eurent quasiment une attitude de déni. Comment imaginer que celui qui se dit ami et protecteur du nouveau couple souverain se prépare au même moment à envahir leur pays ? L'amitié de la cour de Vienne pour le jeune Frédéric persécuté par son père ne datait pas d'hier. C'était bien Charles VI qui avait plaidé sa cause, dix ans plus tôt, auprès de son père, Frédéric-Guillaume, pour qu'on adoucisse son sort [2],

1. *Ibid.*, lettre de La Pérouse au comte de Törring, Vienne, 27 octobre 1740, f. 53 v.
2. À dix-huit ans, Frédéric (24 janvier 1712-17 août 1786) avait tenté de s'enfuir en Angleterre avec un ami très cher, von Katte, pour échapper aux traitements indignes qu'il subissait de la part de son père. Ils furent arrêtés, soumis à la question, accusés de haute trahison, puis mis en prison, passibles de la

et qui lui faisait verser un peu d'argent par son envoyé. On supposait une certaine complicité amicale entre Frédéric et François-Étienne qui s'étaient connus à Berlin lors des fiançailles du premier.

Ils étaient tous deux Francs-Maçons contre la volonté de leur entourage, et Frédéric n'était pas le dernier à lui écrire des lettres remplies de ses assurances d'amitié. Enfin, dès qu'il eut connaissance de la mort de Charles VI, le nouveau roi de Prusse s'était empressé d'assurer au grand-duc et à Marie-Thérèse qu'il leur reconnaissait la qualité royale et engageait le roi de Pologne à suivre son exemple. Bref, il réitérait l'assurance de son amitié et de son soutien. Mais au même moment, Frédéric écrivait à Voltaire : « L'empereur est mort […]. Cette mort dérange mes projets pacifiques [littéraires] et je crois qu'il s'agira, au mois de juin, plutôt de poudre à canon, de soldats et de tranchées que d'actrices, de ballets et de théâtres […]. C'est le moment du changement total de l'ancien système politique [1]. »

En fait, tout laisse penser que Frédéric avait déjà conçu ses plans avant la mort inopinée de l'empereur. Dès qu'il apprend la nouvelle, il s'enferme à Rheinsberg sept à huit heures par jour avec Podewils, son ministre

---

peine de mort. Frédéric dut assister à l'exécution de son ami, depuis sa cellule.

1. Voltaire, *Correspondence and Related Documents*, Théodore Besterman (dir.), Genève, 1970, vol. VIII, D 2352, lettre du 26 octobre 1740.

des Affaires étrangères, et le feld-maréchal Schwerin. Immédiatement se répand le bruit d'une attaque prussienne imminente, d'autant que le baron Pöllnitz, alors à Rheinsberg, écrit à Berlin : « Tout respire ici la guerre [1]. » Si l'envoyé français rapporte cette nouvelle, comment imaginer qu'elle ait été ignorée de son collègue autrichien ? À la mi-novembre, Valory confirme au cardinal de Fleury que la Silésie est l'objectif du roi de Prusse [2]. Le 15 novembre, Frédéric envoie ses instructions à Borcke, son représentant à Vienne, pour lui annoncer sa résolution de faire entrer ses troupes en Silésie, sous prétexte de sauver la Maison d'Autriche de la ruine. Il trace l'argumentaire que Borcke devra suivre à la lettre. Vu la fâcheuse situation de l'Autriche, elle n'a « d'autre ressource que d'opter entre le parti désespéré de se jeter entre les bras de la France [sa grande rivale] et celui de s'en remettre à moi [...]. Voici ce que j'offre de faire pour le bien de la reine de Hongrie et de Bohême et le duc de Lorraine son époux :

« 1. Je suis prêt à garantir de toutes mes forces tous les États que la Maison d'Autriche possède en Allemagne, contre quiconque voudra les envahir.

« 2. J'entrerai là-dessus dans une alliance étroite avec la cour de Vienne, celle de Russie et les Puissances maritimes.

1. *CP Prusse*, vol. 112, lettres de Valory au cardinal de Fleury des 1er et 5 novembre 1740, f. 76 v et 85 v.
2. *Ibid.*, 14 novembre 1740, f. 118 v-119 r.

« 3. J'emploierai tout mon crédit à faire parvenir le duc de Lorraine à la dignité impériale [...]. Je me fais fort d'y réussir.

« 4. Pour mettre la cour de Vienne en état et bonne posture de défense, je lui fournirai en argent comptant deux millions de florins [...].

« Vous sentez bien que pour des services aussi essentiels [...], il me faut une récompense proportionnée [...]. En un mot, c'est la cession entière et totale de toute la Silésie [...] pour prix des dangers que je vais courir [...] pour le service de la Maison d'Autriche [...]. Si on n'accorde pas purement et simplement ce que je demande, je m'en lave les mains [...] et nous verrons comment la cour de Vienne se tirera d'affaire [...]. Si elle prend le parti désespéré de se jeter entre les bras de la France [...], elle peut être assurée qu'il y a déjà un plan tout prêt pour l'empêcher d'une manière qui pourrait entraîner sa destruction totale [1]. »

Ce chantage que l'on ne peut appeler une négociation est simplement la politique du fait accompli. Frédéric précise bien à son envoyé qu'il ne doit exposer ce plan au duc de Lorraine – et non à la reine – que lorsqu'il aura appris que les troupes prussiennes sont déjà entrées en Silésie. En attendant, le secret le plus total est requis [2].

---

1. *Correspondance politique de Frédéric le Grand*, Johann Gustav Droysen (dir.), Berlin, 1879, vol. 1, p. 103-106, lettre 159, Berlin, 15 novembre 1740.
2. À la fin de sa lettre, Frédéric évoque le cas où son dessein serait soupçonné à Vienne avant qu'il frappe le coup : « Vous

Le lendemain, 16 novembre, alors que cette lettre de Frédéric II n'est évidemment pas encore arrivée à Vienne, Borcke est reçu par la reine pour lui présenter ses nouvelles lettres de créance. Il en rend compte en ces termes : « Sa Majesté [Marie-Thérèse] était obligée d'avouer que Votre Majesté en agit envers elle le plus galamment du monde, avec toute la gentillesse d'un véritable gentilhomme envers une dame[1]. » Le 17 novembre, c'est au tour de François-Étienne de se confondre en remerciements : « Le roi en agit véritablement en père envers la reine et moi, et jamais nous ne pourrons nous acquitter de toutes les obligations que nous avons à Sa Majesté[2]. »

Il faut attendre le 26 novembre pour que Borcke avise son maître que l'« on sent ici déjà la mèche, on se doute de quelque chose depuis quelques jours et le public en parle tout haut : il se peut même que l'on ait déjà pris quelques mesures[3] ».

Curieusement, alors que toutes les chancelleries ne parlent que de cela et que la cour de Vienne a tant d'objets qui la menacent, l'envoyé de l'Angleterre, allié de l'Autriche, se plaint à Borcke de la « nonchalance

n'avez qu'à feindre de l'ignorer entièrement, en contestant [...] que vous étiez informé de mes bonnes intentions pour la cour de Vienne, mais que vous ignoriez les routes que je prendrais pour leur en témoigner les effets. »
1. Berlin, *LdV*, n° 14, f. 153 r.
2. *Ibid.*, f. 157 r.
3. *Ibid.*, f. 190 r.

inconcevable que l'on voit régner ici [1] ». Pour l'heure, on s'est contenté d'expédier à Berlin le marquis de Botta, ambassadeur en Russie, pour en savoir plus de la bouche même de Frédéric. Le diplomate dut attendre huit jours avant d'être reçu pour entendre Frédéric expliquer qu'il « entre en Silésie en bon ami, moins pour faire valoir quelques droits que je puis avoir, que pour défendre les droits héréditaires de la reine contre tous ses ennemis, notamment la Saxe et la Bavière ». Quand Botta fit observer que « ni la Saxe, ni la Bavière ne font mine de nous attaquer [...], ma souveraine est de force à se défendre », le roi répliqua : « Mes troupes sont bonnes et vous vous en apercevrez [2]. » Puis il rompit brutalement l'entretien.

Le lendemain, 6 décembre, le roi de Prusse eut l'audace d'écrire à la reine de Hongrie en ces termes : « J'ai donné les ordres nécessaires à mon ministre de Borcke d'instruire Votre Majesté de la pureté de mes intentions. Je me flatte qu'elle sera contente de ma façon d'agir, et qu'elle verra là que je me ferai un vrai plaisir d'entrer dans ses vues, espérant que cela sera réciproque de son côté [3]. » Le message de Frédéric est

1. *Ibid.*, 30 novembre 1740, f. 195 r.
2. Propos cités par le duc Albert de Broglie, « Études diplomatiques. La première lutte de Frédéric II et de Marie-Thérèse d'après des documents nouveaux », *Revue des Deux Mondes*, 1er décembre 1881, vol. 48, p. 490.
3. *Correspondance politique de Frédéric le Grand, op. cit.*, vol. 1, p. 123, lettre 184.

si ambigu et les démentis de Borcke si persuasifs que celui-ci peut encore affirmer le 10 décembre que le duc de Lorraine et le ministre d'Angleterre Robinson sont dans la même « incrédibilité » sur la « prétendue » marche de la Prusse. C'est peut-être moins le cas de Marie-Thérèse qui convoque prélats et clergé pour demander un emprunt volontaire, et se préparer à se défendre. Le 12 décembre, François-Étienne, rempli de doutes, convoque Borcke : « Dites-moi, lui dit-il, ce que c'est que la marche des troupes du roi de Prusse en Silésie. J'ai été le dernier à le croire et j'ai toujours renvoyé ceux qui ont voulu m'en avertir, les croyant mal intentionnés, comme s'ils ne cherchaient qu'à semer la discorde et la méfiance entre les deux cours [...]. Je vous avoue en honnête homme que je suis au dernier désespoir de voir cette cour forcée de se brouiller avec votre maître, et que c'est lui, le premier, qui veut nous faire la guerre [...], lui que je regardais, s'il m'est permis de le dire, comme le seul véritable ami que j'avais au monde [1]. » Pour la dernière fois, Borcke put nier toute intention hostile de son maître ; car le lendemain 13 décembre, le roi de Prusse avait quitté Berlin pour se mettre à la tête de ses troupes et envahir la Silésie, sans la moindre déclaration de guerre préalable [2].

1. Berlin, *LdV*, n° 14 a, f. 35 r, lettre de Borcke à Frédéric II, Vienne, 12 décembre 1740.
2. Les cours européennes se dirent très choquées, moins parce que Frédéric s'en prenait à la reine de Hongrie, sans raison valable, que parce qu'il faisait fi d'une longue tradition.

La chose faite, le grand-duc reçut Borcke qui énonça pour la première fois le plan de Frédéric. À quoi il répondit : « Il veut garantir les possessions de la reine en Allemagne, et il veut lui en arracher la meilleure province qui lui reste. La reine ne pourra jamais, au grand jamais, céder une pousse de terre [*sic*] de tous les états Héréditaires, dût-elle être écrasée avec tout ce qui lui restait. Non, l'injustice est trop grande. La Saxe pourra demander la Bohême, la Bavière l'Autriche ; la France les Pays-Bas ; l'Espagne l'Italie et les Turcs la Hongrie. Leurs droits seraient les mêmes et peut-être mieux fondés [1]. » Borcke tenta bien d'amadouer le grand-duc en lui rappelant la promesse de le faire élire empereur. Mais celui-ci eut ce cri ulcéré : « Pour moi qui suis le mari [de la reine], je serais le plus lâche et le dernier des hommes, si je voulais établir ma fortune sur sa ruine. Non il ne sera pas dit que j'ai balancé un moment à prendre mon parti, quoiqu'il puisse arriver, quand même je devrais être écrasé sous la chute du monde [2]. » En même temps, il fit savoir à Frédéric qu'il n'y avait rien à négocier, quand on entrait chez son ami les armes à la main [3].

1. Berlin, *LdV*, n° 14 a, f. 55 r, lettre de Borcke à Frédéric II, Vienne, 17 décembre 1740. François-Étienne n'avait pas tort d'annoncer un prochain partage des dépouilles, car c'est exactement ce qui devait arriver, excepté pour les Turcs.
2. *Ibid.*, f. 55 v., lettre de Borcke à Frédéric II, Vienne, 17 décembre 1740.
3. AMCE, *Chancellerie d'État, Correspondance politique diplomatique de Prusse, Correspondance de la Cour* 1, f. 1 r-v,

Quand Frédéric, fut en possession de la grande et riche Silésie, il jugea prudent de trouver un accommodement avec la cour de Vienne. Il y envoya donc un ambassadeur extraordinaire pour renouveler ses offres. Le comte de Gotter reçut pour instruction de s'adresser exclusivement au grand-duc et d'éviter Marie-Thérèse. L'audience eut lieu le 1er janvier 1741 [1]. De nouveau, il fit miroiter le titre d'empereur, l'argent donné par Frédéric et le reste. Mais François-Étienne resta ferme. Ce que Gotter ignorait, c'est que Marie-Thérèse écoutait la conversation derrière la porte entrouverte. Au moment où François-Étienne sembla marquer une pause dans sa résistance, déclarant que toute espérance d'accommodement n'était peut-être pas perdue, Marie-Thérèse frappa doucement à la porte et le duc se retira tout de suite.

Marie-Thérèse versus *Frédéric II*

Ils sont de la même génération et sont montés sur le trône à quatre mois d'intervalle [2]. Mais leurs personnalités, leurs valeurs et leurs goûts sont aux antipodes. Nul n'est plus opposé à ce prince homosexuel

brouillon d'une lettre de François-Étienne à Frédéric, 15 décembre 1740.

1. Borcke, qui accompagnait Gotter à cette audience, rédigea un compte rendu minutieux de toute la conversation avec le grand-duc. Berlin, *LdV*, n° 14 a, f. 86 r à 90 v.

2. Frédéric-Guillaume de Prusse est mort le 31 mai 1740, alors que Frédéric a vingt-huit ans.

qui méprise les femmes comme personne que Marie-Thérèse, toujours grosse et qui ne pense qu'à promouvoir son mari. Il a la passion de la littérature, de la poésie et de la philosophie, pas elle. C'est un protestant qui proclame son matérialisme, voire son athéisme. Elle est une fervente catholique qui consacre une bonne partie de son temps à la prière. À peine roi, il est le maître absolu et gouverne seul. Les ministres obéissent à ses ordres et sont au garde-à-vous. Il fait peu de cas de leurs conseils, et encore moins de leurs avertissements quand ils ont l'audace d'en donner. C'est un grand joueur d'échecs qui a toujours dix coups d'avance, un stratège hors pair aux objectifs ambitieux. À l'inverse, Marie-Thérèse, jeune reine, paraît démunie. Avide d'aides et de conseils, elle suit l'avis de ses ministres même quand elle semble d'une opinion différente. En 1740, elle a deux objectifs : faire reconnaître sa légitimité et préserver l'héritage paternel. Rien de tel pour Frédéric, dont la légitimité n'est pas en cause et qui n'a que faire de l'amour de son peuple. Il n'a qu'une obsession : la grandeur et l'élargissement du modeste royaume de Prusse. Il veut l'étendre au-delà de ses frontières et en faire une puissance avec laquelle il faudra compter. Il veut conquérir, elle veut conserver. D'aucuns verront peut-être là les marques distinctives de la féminité de l'une et de la virilité de l'autre. Frédéric n'aurait pas étonné grand monde s'il s'était emparé des duchés de

Berg et de Juliers [1], dont ses ancêtres revendiquaient depuis longtemps la propriété. Mais la Silésie, bien plus grande que les deux duchés réunis, avait une frontière commune avec la Prusse. Elle représentait de surcroît le grenier de l'empire. C'était l'État le plus peuplé et le plus riche de la monarchie autrichienne [2]. Pour justifier son brigandage, Frédéric parlait de « ses justes droits sur une grande partie de la Silésie [3] ». La Maison d'Autriche, disait-il, s'était emparée de cette province à l'extinction des derniers mâles des princes de Silésie sous prétexte que leurs pays ne sauraient « tomber en quenouille [4] ». À présent, selon lui, le même argument était opposable à Marie-Thérèse. Argument irrecevable aux yeux de cette dernière puisque le père de Frédéric avait approuvé la Pragmatique Sanction.

1. Le duché de Berg, dont la principale ville est Düsseldorf, se situait sur la rive droite du Rhin. Celui de Juliers était bordé par la Gueldre et les duchés de Clèves et de Cologne.
2. Jean-Paul Bled, dans *Marie-Thérèse d'Autriche* (Paris, 2001, p. 78), précise que la Silésie, territoire depuis deux siècles en la possession de la Maison d'Autriche, fournissait jusqu'à 20 % des recettes du gouvernement de Vienne.
3. *Correspondance politique de Frédéric...*, *op. cit.*, vol. 1, p. 163, lettre 235 à Gotter et Borcke, Berlin, 30 décembre 1740. Il y évoquait « le traité de 1686 qui n'aurait été qu'un contrat simulé, une supercherie inouïe [...] où l'on extorqua secrètement au fils ce qu'on avait cédé en public au père ».
4. *Ibid.*, p. 164. « *Tomber en quenouille* se disait d'une succession qui tombait entre les mains d'une femme », dictionnaire *Le Robert*.

Outre la profonde misogynie de Frédéric, ce qui l'oppose le plus radicalement à Marie-Thérèse est une conception de ses devoirs de souverain à l'opposé de la sienne. Reniant son *Anti-Machiavel*[1], sitôt édité, le roi de Prusse est tout politique et n'a qu'une seule boussole : l'intérêt. Ce qu'il juge bon pour la Prusse est assimilé au bien. La fin justifie les moyens : ruse, mensonge, trahison, cynisme, droit du plus fort. Bref toutes les vertus du souverain machiavélique sont les siennes. À l'inverse, la jeune Marie-Thérèse est kantienne avant l'heure. Élevée dans la morale chrétienne, elle pense que la politique ne justifie ni le mensonge ni la déloyauté. En 1741, on a raison d'affirmer que « la reine ne sera jamais la première à s'éloigner d'aucun traité conclu avec une puissance, où quelque onéreux qu'il puisse paraître, sa piété et sa bonne foi la rendent extrêmement délicate et scrupuleuse à cet égard, se faisant gloire d'être esclave de sa parole[2] ».

On l'aura compris, les deux adversaires n'ont pas les mêmes règles du jeu. Il incarne la figure du réalisme politique où la morale n'a guère de place. Elle se targue d'appliquer les lois de la morale individuelle aux relations entre États, avec les résultats que l'on

1. Écrit avant la mort de son père et publié quelques mois plus tard par Voltaire sans nom d'auteur, *L'Anti-Machiavel* s'opposait fermement aux guerres de conquête.
2. *CP Autriche*, vol. 228, lettre de la cour de Vienne à celle de Londres, 3 avril 1741, f. 14 r.

sait. Antigone perd toujours la partie face à Créon. Au demeurant, les deux ennemis partagent un courage et une faculté de résistance hors du commun. Ils nourrissent aussi une même passion, sans limite, pour la grandeur de leur pays.

L'état des lieux

Alors que Frédéric a hérité non seulement d'une armée florissante et parfaitement entraînée par feu son père, mais aussi des caisses de l'État bien pleines, Marie-Thérèse n'a reçu en partage qu'une armée décimée par la dernière guerre et un trésor vide. La dette publique est estimée à 100 millions de florins et il n'en reste dans les caisses que cent mille, alors qu'il en faudrait plusieurs millions pour soutenir une guerre. Marie-Thérèse taxe et mendie autant qu'elle peut, avec ses propres armes. Elle convoque les prélats de ses États héréditaires pour leur demander à chacun un prêt volontaire. Borcke raconte que l'un d'eux, lors de son audience, accorda en son nom et celui de sa communauté 60 000 florins. « En sortant de chez elle, ses confrères lui ont demandé :

— Eh bien, qu'avez-vous fait ?

— J'ai offert à la reine tout l'argent que j'ai, savoir 60 000 florins.

— Comment, se sont écriés les autres, vous avez eu la faiblesse de donner tant, et pourquoi ?

— Entrez seulement vous autres chez la reine et allez voir si vous pouvez rien lui refuser.

En effet, continue Borcke, les autres ont fait la même chose, tant la reine leur a demandé de bonne grâce [...]. On compte en tirer jusqu'à 1 200 000 florins pour les besoins les plus urgents[1]. »

Les richissimes princes des États héréditaires, tels les Starhemberg, Liechtenstein, Kinsky, Esterházy, furent également sollicités[2], mais l'on était encore loin du compte pour remettre sur pied une armée digne de ce nom. Quelques mauvais esprits notèrent que Marie-Thérèse et sa mère auraient dû commencer par vendre leurs bijoux. D'autres soulignèrent que François-Étienne, qui tirait beaucoup d'argent de la Toscane, et était largement rémunéré à Vienne en tant que lieutenant général, défrayé de toute sa cour, aurait pu mettre la main à la poche.

Durant toute la guerre de Succession, le manque d'argent de la cour de Vienne explique en partie la dépendance de Marie-Thérèse à l'égard de l'Angleterre, l'alliée traditionnelle de la monarchie autrichienne.

1. Berlin, *LdV*, n° 14 a, lettre de Borcke à Frédéric II, 12 décembre 1740, f. 32 r.
2. Rose Harrach à son père Frédéric-Auguste, Vienne, 24 décembre 1740 ; Vienne, *Archives familiales Harrach* 534. Voir aussi *CP Autriche*, vol. 227, Vienne, 4 janvier 1741 : « Le jeune prince de Liechtenstein a déjà fait remettre 500 000 florins, le comte de Kinsky, chancelier de Bohême, doit en donner autant, et les autres à proportion », f. 11 r. C'est dire l'immense richesse des grands seigneurs de la monarchie.

L'Angleterre donnait plus volontiers des subsides que ses soldats. Mais à supposer même que les caisses fussent pleines, l'absence d'officiers et de généraux compétents, l'incroyable lenteur des décisions et de leur exécution auraient suffi à faire la part belle à Frédéric. Les trois généraux en chef, Neipperg, Wallis et Seckendorff, qui avaient commandé contre les Turcs, avaient été mis aux arrêts par Charles VI pour leur incompétence militaire et leurs négociations de paix indignes. Marie-Thérèse n'eut d'autre choix que de leur rendre leur liberté [1], leur titre et leur fonction. En attendant que ces messieurs passent à l'action – Marie-Thérèse ayant courageusement décidé de défendre la Silésie par les armes –, c'est le lieutenant général von Browne qui fut chargé de repousser les troupes prussiennes. Arrivé sur place début décembre, il ne disposait que de 6 000 hommes au total pour protéger une province de 40 000 kilomètres carrés, contre 25 000 Prussiens [2]. En attendant les renforts qui tardaient à venir, Browne fit tout ce qu'il put pour ralentir l'offensive ennemie. Mais à la fin janvier, les Prussiens tenaient la plus grande partie de la Silésie.

Il ne suffisait pas au malheur de Marie-Thérèse de n'avoir ni argent ni armée, il fallait encore qu'elle héritât d'un conseil peuplé de ministres vieux, paresseux ou corrompus. Leur moyenne d'âge est proche de

1. Ce fut fait le 6 novembre 1740.
2. Robert B. Asprey, *Frédéric le Grand, 1712-1786*, Paris, 1989, p. 165.

soixante-dix ans et leur application au travail à peu près nulle. « Les affaires n'avancent pas [...]. Ils ne donnent point au travail la moitié du temps que l'on donne en France quand on est employé aux affaires du roi. M. de Bartenstein lui-même qui est sans contredit celui qui travaille le plus, l'heure du dîner venu, emploie le reste de la journée à ses amusements[1]. » Quant au grand chancelier, Philippe Sinzendorf, c'était pire encore. « La paresse l'a tellement gagné, note Mirepoix, qu'il ne peut plus souffrir d'entendre parler affaires. Au premier mot qu'il entend dire, ou il dort, ou il change de conversation par des interruptions les plus singulières[2]. » Le résultat était accablant : une confusion énorme et le chaos règnent dans ce gouvernement marqué par « la faiblesse du prince, l'incapacité et la négligence de ses ministres, le sordide intérêt qui domine tous ceux qui sont employés au service de l'empereur[3] ». À part le très vieux Starhemberg[4],

1. *CP Autriche*, vol. 221, dépêche de Mirepoix, Vienne, 2 juin 1739, f. 184 v-185 r. Johann Bartenstein (1689-1767), le plus jeune de la Conférence, était le secrétaire du Conseil et l'homme de confiance de Charles VI. Chargé des Affaires étrangères, il servira Marie-Thérèse jusqu'en 1753.
2. *Ibid.*, vol. 226, Vienne, 10 août 1740, f. 263 r. Philippe Sinzendorf (1671-1742) : ministre d'État et membre du Conseil privé depuis 1705. C'était un grand jouisseur, un homme dur et l'un des plus corrompus du gouvernement.
3. *Ibid.*, vol. 222, Vienne, 16 juillet 1739, f. 15 v.
4. Gundacker Starhemberg (1663-1745). Il s'opposa souvent, dit Villermont, aux projets fantaisistes et ruineux de l'empereur. *Marie-Thérèse, 1717-1780, op. cit.*, t. I, p. 265.

honnête homme, chargé des finances, et Bartenstein, la plupart de ceux qui avaient du pouvoir étaient vénaux, et cela se savait dans les chancelleries [1].

Marie-Thérèse ne fut guère longue à s'apercevoir de tout cela, mais au début de son règne elle n'avait pas d'hommes à elle pour les remplacer. Elle devait surtout faire preuve d'une grande diplomatie pour ne pas se faire des ennemis des ministres de son père, venant des quatre coins de l'Autriche et régnant sur les États héréditaires. En attendant qu'ils meurent, elle les éloigna avec doigté et de belles pensions [2]. Mais pour l'heure, les intrigues et l'argent de Frédéric font bon effet sur la plupart de ses ministres, déjà fort inquiets des victoires prussiennes. Fin février 1741, Marie-Thérèse, soutenue par Starhemberg et Bartenstein, affiche une résistance sans concession à toute idée de négociation. Rien, même l'élection promise à son mari, ne peut lui faire

---

1. Ce que confirme Frédéric II : « Si par des libéralités on peut mettre dans mes intérêts le ministère de Vienne, il [Gotter] verra [...] que j'ai autorisé Borcke d'offrir jusqu'à 200 000 écus au grand-chancelier, comte de Sinzendorf, et 100 000 écus au secrétaire d'État du duc de Lorraine, le sieur Toussaint, et s'il en fallait gagner d'autres, le comte de Gotter n'a qu'à me mander. » *Correspondance politique de Frédéric...*, *op. cit.*, vol. 1, p. 134, lettre 192 de Frédéric à Gotter, Berlin, 8 décembre 1740. Toussaint était le secrétaire, l'homme à tout faire et quasiment le Premier ministre de François-Étienne.
2. Dans son premier *Testament politique* (1751) [voir C.A. Macartney, *op. cit.*], Marie-Thérèse a tracé le portrait de chacun avec un remarquable réalisme.

abandonner un pouce de la Silésie. Mais on apprend à Londres que « le Conseil de Vienne est divisé [...] et qu'il paraît que le parti de la conciliation y prévaudra [1] ».

Plus préoccupant pour le parti de la résistance est l'attitude de François-Étienne qu'on soupçonne à présent de vouloir négocier avec l'ami Fritz. Comme le dit Victor Tapié, pour certains ministres et peut-être le grand-duc lui-même, « une rupture avec le roi de Prusse semblait la pire solution. Ils persistaient à croire que son alliance pour la défense du territoire et sa voix pour l'élection impériale valaient bien les sacrifices qu'on avait d'abord repoussés avec scandale [2] ». Ce point de vue peu courageux n'était pas pour autant absurde, mais la situation de François-Étienne était fort embarrassante, car il était juge et partie. On pouvait le soupçonner de faire passer son intérêt personnel avant ceux de son épouse. Raison pour laquelle il se garda de prendre une position publique claire. C'est Marie-Thérèse qui fut l'âme de la résistance et resta inflexible jusqu'au bout. C'était pour elle une affaire d'honneur et de politique. Si elle cédait une parcelle de territoire à Frédéric II, elle contrevenait à la Pragmatique Sanction et donnait le signal du partage des dépouilles aux autres puissances [3].

1. *CP Angleterre*, vol. 411, lettre de Bussy à Amelot, 20 février 1741, f. 130 r-v.
2. Victor Tapié, *L'Europe de Marie-Thérèse...*, *op. cit.*, p. 49.
3. *CP Autriche*, vol. 227, Vienne, 11 janvier 1741, f. 109 r : « La fermeté de la reine est d'autant plus grande [...] que les

ANNUS HORRIBILIS : 1741

L'année 1741 commença dans le fracas des armes. Elle débuta aussi par une douleur profonde et intime pour Marie-Thérèse. Sept mois après le décès de son aînée, Marie-Élisabeth, âgée de trois ans, elle voit mourir sa petite dernière, Marie-Caroline qui a juste un an [1]. Le deuil maternel n'est pas à prendre à la légère chez cette femme, même s'agissant d'une fille. Mais nul ne s'en préoccupe, d'autant qu'elle est à présent enceinte de sept mois.

Le seul moment heureux de cette année tragique fut la naissance de l'héritier, l'archiduc Joseph. Le 13 mars, la mise au monde d'un fils met fin à la malédiction des Habsbourg et donne à la mère une popularité et un poids nouveau. L'envoyé français parle « d'une joie inexprimable » du peuple, jamais manifestée lors de la naissance d'une fille. Marie-Thérèse a gagné en légitimité pour affronter la tempête qui va s'abattre sur son pays.

Lâchée par ses alliés

L'Angleterre et la Hollande sont les alliées de l'Autriche. Le traité défensif de 1731 oblige les uns en

troupes prussiennes vont toujours en avant et toutes les lettres de Silésie marquent qu'elles menacent de vouloir entrer en Bohême. »

1. Marie-Élisabeth (5 février 1737-7 juin 1740). Marie-Caroline (12 janvier 1740-25 janvier 1741) décéda des suites

cas d'attaque de l'autre. La cour de Londres a bien entendu reconnu la Pragmatique Sanction et promet dès le 30 novembre à l'envoyé autrichien de respecter intégralement ses obligations [1]. En vérité, elle est fort mal à l'aise car le roi d'Angleterre est aussi l'électeur de Hanovre, à la frontière de la Prusse. Et il veut éviter à tout prix de se faire un ennemi de son voisin Frédéric.

Avant même que l'Autriche ait pu livrer une bataille décisive en Silésie [2], l'envoyé français s'empresse d'écrire à son ministre Amelot : « On m'a assuré que le roi d'Angleterre avait répondu d'une manière peu satisfaisante à la lettre que la reine de Hongrie lui a écrite sur l'entrée des troupes prussiennes en Silésie et qu'il s'est contenté, en promettant ses bons offices à cette princesse, de l'exhorter à chercher à s'accommoder avec le roi de Prusse [3]. »

L'Angleterre pense se tirer de cette délicate situation en proposant sa médiation à Marie-Thérèse et au roi de Prusse. Ainsi, elle pourrait envoyer des subsides, mais pas de troupes sur le continent. Frédéric accepte immédiatement la proposition anglaise, déclarant même qu'il pourrait se contenter de la Basse-Silésie,

---

d'un empoisonnement accidentel au vert-de-gris, probablement dû à une timbale en argent mal nettoyée.

1. *CP Angleterre*, vol. 411, Londres, 2 janvier 1741, f. 3 r.

2. Il faudra plusieurs mois à Neipperg pour réunir son armée et se décider à quitter Vienne pour la rejoindre.

3. *CP Autriche*, vol. 227, Vienne, 28 janvier 1741, f. 186 r-v. L'envoyé français anticipait un peu sur la réalité !

mais Marie-Thérèse la refuse, « représentant que ce serait infirmer la garantie de ses États et donner un pernicieux exemple aux autres garants [1] ». La cour d'Angleterre temporise tant qu'elle peut. Elle envoie un nouveau diplomate, lord Hyndford, auprès du roi de Prusse et pratique la politique des belles paroles et fausses promesses à l'égard de Marie-Thérèse [2]. Celle-ci

1. *CP Angleterre*, vol. 411, Londres, 17 février 1741, f. 106 v.
2. *Ibid.*, traduction de la lettre de Harrington, ministre des Affaires étrangères, le 27 février 1741, f. 156 v-158 v, lue par Robinson au ministère autrichien : « On se propose en premier lieu de tâcher par des représentations amiables [...] à porter le roi de Prusse à se désister de son entreprise ; si cela ne réussissait pas, de l'intimider en lui déclarant [notre résolution] de remplir nos engagements envers la cour où vous êtes [...] sinon de procéder conjointement avec la reine de Hongrie et d'autres puissances [...] pour obliger ce prince par la force des armes à retirer ces troupes de Silésie [...]. En attendant Sa Majesté britannique se met, sans perte de temps en état de remplir ses engagements [...] et a déjà notifié aux cours de Danemark et de Cassel la résolution de prendre incessamment à sa paye les troupes qui lui sont engagées par le traité. Le roi fait aussi tout ce qui est en son pouvoir pour encourager la Russie à faire une diversion sur les États [de Frédéric] et engager le roi de Pologne du côté de la reine de Hongrie [...]. Si la cour [de Vienne] était déterminée à n'entrer dans aucun accommodement avec le roi de Prusse et l'obliger par la force à retirer ses troupes en Silésie, dans ce cas elle trouvera le roi disposé à se concerter avec d'autres puissances inclines à coopérer et ajuster un plan convenable d'opérations [...]. Si au contraire la cour de Vienne croyait qu'il était de son intérêt de rechercher un accommodement avec le roi de Prusse, Sa Majesté britannique, si on le souhaite, ne refusera pas d'employer ses bons offices auprès de Sa Majesté prussienne. »

n'a pas le temps de répondre, que Londres fait monter la pression en évoquant les préparatifs de guerre de la Bavière et la certitude que des orages se forment pour tomber d'un coup sur la Maison d'Autriche [1]. Bref, qu'il est indispensable d'ouvrir des négociations avec Frédéric, à partir de ses propositions. Pour ce faire, il est conseillé à Robinson de parler d'abord, sous le sceau du plus grand secret, au grand-duc et à ceux des ministres dont il aura convenu, et de les convaincre de l'immense danger qui guette l'Autriche si elle ne fait pas de sérieux efforts pour s'accommoder avec le roi de Prusse.

On notera que dans cette nouvelle missive de la cour d'Angleterre, l'avis de Marie-Thérèse n'est jamais évoqué, comme s'il ne comptait pas ou qu'il comptait trop. Pourtant elle se refuse toujours à envisager la cession de la moindre parcelle de la Silésie pour avoir la paix. C'est elle qui répond à la cour de Londres en la rappelant sèchement à ses devoirs : « Après les pertes très grandes de la Maison d'Autriche, vouloir la laisser abaisser encore davantage [...] serait anéantir l'équilibre de l'Europe et la sûreté commune qui en dépend [...]. Le délai à assister la reine, comme les traités l'exigent, produirait des suites plus funestes encore [...]. Le droit de la reine à réclamer la garantie des puissances maritimes et la nécessité que chacune

---

1. *Ibid.*, traduction de la lettre de Harrington à Robinson, Londres, 5 mars 1741, f. 254 r-256 v.

d'elles ne tarde à y satisfaire réellement et efficacement sont prouvées démonstrativement et sans réplique [1]. »

Marie-Thérèse a beau se montrer inflexible, le dieu de la guerre lui est défavorable. Quelques jours plus tard, le 10 avril, lors du premier affrontement décisif entre les deux armées à Mollwitz, les Autrichiens subissent une défaite qui l'affaiblit un peu plus. Si l'on est accablé à Vienne, les ministres anglais ne cachent pas leur colère. Le roi d'Angleterre fait dire « sa grande douleur » que l'on ait méprisé ses conseils d'accommodement et insiste encore plus, vu les nouvelles circonstances, pour qu'on procède à une réconciliation immédiate entre les deux ennemis [2].

Marie-Thérèse ne répond pas, mais force est de constater que tous ceux qui avaient promis leur appui, ou du moins leur neutralité, font marche arrière.

La Russie d'abord, alliée à l'Autriche par un traité depuis 1726. Elle est à présent gouvernée par la régente Anna Leopoldovna, cousine par alliance de Marie-Thérèse [3]. Dès qu'elle apprend la résolution de

1. *CP Autriche*, vol. 228, 3 avril 1741, f. 10 v-11 r. Le même jour, l'envoyé français à Londres écrit : « Ce qui paraît plus certain que jamais, c'est que cette cour ne veut prendre aucun parti violent en faveur de l'archiduchesse pour faire retirer le roi de Prusse de Silésie. » *CP Angleterre*, vol. 411, f. 327 v.
2. *CP Angleterre*, *ibid.*, Londres, 17 avril 1741, f. 325-333.
3. (1718-1746), fille du duc de Mecklembourg-Schwerin et de Catherine Ivanovna, épouse d'Antoine-Ulrich de Brunswick-Wolfenbüttel, elle fut la régente de Russie durant treize mois (octobre 1740-décembre 1741) ; son fils, Ivan VI de Russie, étant encore un nourrisson.

Frédéric d'entrer en Silésie, elle signifie à celui-ci son opposition et sa fidélité à la parole donnée. Elle lui rappelle qu'ils ont tous deux garanti la Pragmatique Sanction et reconnu l'indivisibilité des États héréditaires de la Maison d'Autriche. « Si la fidélité avec laquelle on doit garder les traités et tenir les engagements ne subsiste plus, dit-elle, il n'y aura plus désormais rien de sacré dans le monde [1]. » Elle fait aussitôt savoir à la cour de Londres qu'elle est dans la ferme résolution de remplir ses obligations à l'égard de l'archiduchesse et qu'elle enverrait 30 000 hommes à son secours et plus s'il le fallait [2].

Mais les bonnes intentions ne furent pas suivies d'effet. Les menaces des Suédois, les troubles et intrigues à l'intérieur de la cour de Russie contraignirent la régente à garder ses troupes pour sa propre défense. Elle ne pouvait agir en même temps, comme elle y était disposée, en faveur de la reine de Hongrie [3].

Quant à la Saxe, signataire de la Pragmatique, terrorisée par ses deux puissants voisins, elle jouait comme d'habitude double et triple jeu, prenant

1. AMCE, *AML* 189, f. 371-372 : traduction de la lettre d'Anna Leopoldovna de Russie à Frédéric II, Pétersbourg, 16 décembre 1740.
2. *CP Angleterre*, vol. 411, Londres, 26 janvier 1741, f. 43 r. À l'instigation de la France, la Suède déclarera la guerre à la Russie le 4 août 1741.
3. *Ibid.*, lettres des 6 et 27 avril 1741.

toujours soin de s'allier au plus fort. On ne pouvait pas compter sur elle.

La trahison de la France

La France est depuis longtemps la grande rivale de l'Autriche sur le continent. Elle s'est alliée à la Bavière pour avoir son mot à dire dans les élections impériales et faire contrepoids au pouvoir de Vienne. Les deux pays se sont affrontés en Espagne, mais aussi à l'occasion de la succession de Pologne. Pour clore ce dernier contentieux et s'emparer de la Lorraine, la France a accepté de garantir la Pragmatique. Pour autant, elle ne veut à aucun prix de François-Étienne comme empereur, jugeant que ce serait là renforcer le pouvoir de l'Autriche sur l'Empire allemand.

Si, à la mort de Charles VI, Louis XV et son Premier ministre, le cardinal de Fleury, ont manifesté leur sympathie et l'assurance de la loyauté de la France à sa fille, ils restent singulièrement silencieux après l'agression prussienne. Dès le 29 décembre 1740, Marie-Thérèse appelle à l'aide Louis XV qui ne répond pas. Le 10 février suivant [1], elle s'en inquiète auprès du chargé d'affaires français. Enfin, le 26 février, le roi se décide à lui répondre, non sans ironie. Il semble justifier l'incursion annoncée depuis longtemps du roi de Prusse en Silésie avec ce propos : « Votre Majesté n'ayant pris

---

1. *CP Autriche*, vol. 228, Vienne, 11 février 1741, f. 202 v.

dans les commencements aucune mesure pour s'y opposer a fait conjecturer qu'elle n'en concevait aucune inquiétude [1]. » C'est une douche froide, mais Marie-Thérèse fait mine de n'avoir pas compris.

En mai, elle reçoit une bonne et une mauvaise nouvelle. La bonne : le Parlement anglais a voté un secours financier de 300 000 florins [2]. La mauvaise, c'est que le 28 mai s'est tenue à Nymphenbourg une conférence entre les envoyés de France, de Bavière et d'Espagne (à laquelle se joindra la Saxe) pour la répartition des dépouilles de Marie-Thérèse [3]. En outre la France et l'Espagne s'engageaient à soutenir l'élection de Charles-Albert de Bavière comme empereur. Marie-Thérèse ignore encore que la France et la Prusse sont secrètement en train de finaliser leur alliance [4]. Elle continue d'appeler la France au

1. *Ibid.*, f. 208 r. Le même jour, en toute naïveté, Marie-Thérèse avait écrit au cardinal de Fleury pour lui renouveler sa confiance et lui demander l'élection impériale du grand-duc. *Ibid.*, f. 234 r-239 r. Le 2 avril, le cardinal l'assure encore du soutien de la France à la Pragmatique et à l'élection de François-Étienne. *Ibid.*, f. 295 r.

2. *CP Angleterre*, vol. 412, Londres, 4 mai 1741, f. 9 v. La somme allouée était une misère par rapport aux besoins de l'Autriche.

3. Antoine de Villermont, *Marie-Thérèse, op. cit.*, t. I, p. 70 : « Il y fut réglé que la Bohême, la Haute-Autriche, le Tyrol et le Brisgau constitueraient la part de la Bavière ; que la Saxe aurait la Haute-Silésie et la Moravie ; la Prusse, la Basse-Silésie ; l'Espagne, la Lombardie, Parme et Plaisance ; la France, les Pays-Bas autrichiens. »

4. Ce sera fait le 5 juin 1741.

secours, mais le cardinal de Fleury lui répond une fois sur deux et toujours à côté. En août, il lui annonce que la France soutiendra la Bavière. En septembre, elle lui écrit une dernière fois : « Quoique toutes tentatives pacifiques aient été infructueuses depuis le mois de mai, je fais aujourd'hui la dernière dans la confiance [...]. Vous voudrez bien au moins vous expliquer à moi seule et au plus tôt... pour savoir s'il y a encore moyen de pacifier les choses ou non. Vous pouvez vous imaginer que je ne prends cette grande résolution [faire la paix avec la Bavière] que pour l'amour de mes pauvres sujets que je voudrais sauver, même au prix de mon sang. *Quoique femme, le courage ne me manque pas.* Si cette dernière tentative ne réussit pas, il faudra venir à des extrémités bien cruelles, et j'ai bien des sujets qui avec moi sauront soutenir mes droits, et plutôt que de me voir avilie, tout hasarder et même périr [1]. »

Dos au mur

Le grand tournant a lieu en août et septembre 1741. Jusque-là, Marie-Thérèse, qui s'est fait couronner le 25 juin « roi » de Hongrie à Presbourg, croit encore pouvoir récupérer la Silésie. Sous la pression anglaise, elle a accepté de négocier avec Frédéric. C'est

1. *CP Autriche*, vol. 229, 27 septembre 1741, f. 110 r-v. Souligné par nous.

Robinson qui est chargé à deux reprises de porter ses propositions au Prussien [1]. Négociations vouées à l'échec, puisque ni elle ni lui ne veulent entendre parler d'abandonner la Silésie. Tout ce mois d'août, pressée de toutes parts de céder au vainqueur, Marie-Thérèse fait preuve d'un entêtement héroïque qui frôle l'inconscience. En effet, elle n'est guère en état de tenir tête au roi de Prusse qui est dans une position de force sans précédent, puisqu'il est allié à présent à la France et à la Bavière.

Dès le 9 août, 40 000 soldats français sont entrés en Allemagne pour appuyer les prétentions de l'électeur de Bavière qui a déjà ouvert les hostilités. Le lendemain, 10 août, Frédéric s'est emparé de Breslau, la capitale de la Silésie. Le 31 juillet, les Bavarois avaient déjà pris la ville de Passau qui est sur la route de Vienne [2], bientôt à portée de leurs armes. C'est la panique dans la capitale qui n'est pas en état de s'y opposer. Là non plus, Marie-Thérèse ne parvient pas à faire l'union sacrée derrière elle. Contrairement à la noblesse, le peuple de Vienne dit publiquement qu'il souhaite l'arrivée de l'électeur de Bavière « pour le délivrer de la domination du Lorrain, comme ils

1. Une première fois elle propose une forte somme d'argent pour racheter la Silésie ; une seconde fois de l'échanger contre un équivalent dans les Pays-Bas.
2. *Ibid.*, 5 août 1741, f. 12 v : « On a appris que les Bavarois, entrés dans la Haute-Autriche, s'avancent de ce côté-ci, ce qui donne beaucoup d'inquiétude à cette cour. »

appellent le grand-duc [1] ». *Last, but not least*, le gouvernement anglais lui signifie à la mi-août qu'il ne lèvera pas le petit doigt pour elle et la somme brutalement de s'accommoder avec Frédéric, *à quelque prix que ce soit* [2].

Abandonnée de tous, Marie-Thérèse, dos au mur, continue de résister tout ce mois d'août. Mais dès les premiers jours de septembre, l'avancée des troupes bavaroises sur Vienne remet tout en cause. Arrivé devant Linz, l'électeur de Bavière a sommé la ville de se rendre volontairement, sous peine d'être traitée avec la dernière rigueur à la moindre résistance [3]. Les Viennois redoutent de plus en plus d'être assiégés. On remplit les magasins de munitions et de nourriture. C'est très vite la débandade et tous ceux qui le

1. *Ibid.*, Vienne, 12 août 1741, f. 35 v. Pour autant, on travaille à relever les fortifications de Vienne qui n'avaient pas été réparées depuis le dernier siège par les Turcs.

2. *Ibid.*, 16 août 1741, f. 42 v. Voir aussi les propos qu'aurait tenus Horace Walpole à l'envoyé de Vienne venu réclamer des secours : « Si cette cour voulait absolument perdre tous ses États, c'était son affaire ; c'est vrai que le roi d'Angleterre lui en avait garanti la possession, mais ces sortes d'engagements avaient comme toute autre chose leurs justes bornes, et qu'on n'était pas obligé de se jeter au feu pour en tirer quelqu'un qui voulait se brûler. » *CP Hollande*, vol. 439, La Haye, 11 août 1741, f. 53 r. Souligné par nous.

3. *CP Autriche*, vol. 229, 6 septembre 1741, f. 73 v-74 v. Linz est à 185 kilomètres de Vienne, à deux journées de marche.

peuvent font leurs paquets pour s'enfuir. Marie-Thérèse, déjà à Presbourg pour participer à la diète de Hongrie fait venir d'urgence le petit archiduc de six mois [1]. Le 11 septembre, devant la diète réunie, elle joue le tout pour le tout. Elle s'y présente, coiffée de la couronne de Saint-Étienne, revêtue d'habits de deuil et leur tient en latin le discours pathétique suivant :

« La situation où la divine providence me réduit est si dangereuse et embarrassante qu'il n'y a qu'un prompt secours capable d'y remédier. Abandonnée par mes amis, traitée hostilement par mes proches, poursuivie par mes ennemis, j'ai pris en dernier ressort la résolution de confier entièrement ici, dans ma demeure de Hongrie, aux fidèles États de Hongrie, ma personne, mes enfants, la couronne et le sceptre, dans l'espérance qu'ils emploieront toutes leurs forces pour me défendre aussi bien qu'eux-mêmes, promptement et vigoureusement, avec la fidélité dont ils me donnent présentement des preuves, et la bravoure qui leur est naturelle. »

À cet instant, dirent les témoins présents, tous fondirent en larmes et s'écrièrent d'une voix unanime : « Nous donnerons notre vie et notre sang pour notre reine [2]. »

1. Curieusement, on ne trouve nulle allusion à la petite archiduchesse de trois ans, Marie-Anne.
2. Acclamation du discours prononcé le 11 septembre 1741. Voir Alfred von Arneth, *Histoire de Marie-Thérèse, op. cit.,*

Cette scène, surdramatisée par Marie-Thérèse, excellente actrice, est à l'origine de l'union sacrée entre la Hongrie et elle. Mais on verra que ce grand moment d'émotion qui a marqué l'histoire de l'Autriche et de sa souveraine avait été précédé d'un marchandage très rude. Si elle endossait avec sincérité le rôle de la femme victime, abandonnée de tous, elle savait aussi taper du poing sur la table.

Pour l'heure, si elle veut éviter la prise de Vienne et surtout la perte d'autres États, il lui faut d'urgence négocier avec Frédéric l'échange de la Silésie contre l'assurance de sa neutralité dans la guerre qui l'oppose aux Français, aux Bavarois et bientôt aux Saxons. Frédéric, qui a pourtant signé un traité avec les Français quatre mois plus tôt, accepte le marché, à condition qu'il reste secret. Les jours qui précèdent la signature de ce traité, la reine pleure toutes les larmes de son corps. On la dit dans un « chagrin mortel [1] ». Le 9 octobre, l'accord est signé à Klein-Schnellendorf. Marie-Thérèse a plié par nécessité, mais n'a aucunement abandonné son obsession : reprendre la Silésie à la première occasion. Frédéric, qui ne l'ignore pas, opère moins d'un mois plus tard une nouvelle volte-face en ralliant la coalition de ses ennemis.

vol. 1, p. 300. Cette traduction du discours de Marie-Thérèse est celle reproduite par l'envoyé français, Vincent. Elle diffère quelque peu de celle publiée par Victor Tapié, *L'Europe de Marie-Thérèse...*, *op. cit.*, p. 58-59.
1. *CP Autriche*, vol. 229, 7 octobre 1741, f. 133 r.

Frédéric avait eu beau presser l'électeur de Bavière à plusieurs reprises de s'emparer de Vienne pour porter le coup mortel à l'Autriche [1] et finir la guerre, celui-ci, conseillé par le maréchal de Belle-Isle, préféra prendre le chemin de la Bohême pour s'emparer de ce grand État [2], avec l'aide des Français. Les malheurs qui menaçaient Vienne s'évaporaient, pour laisser place à d'autres.

De la reine qui pleure à la reine nue

Pour barrer la route de la Bohême aux ennemis franco-bavarois, Marie-Thérèse commet l'erreur de confier le commandement de ses troupes à son mari, lequel n'a jamais rien démontré en matière militaire. On ignore si c'est à sa demande à lui, pour retrouver quelque prestige et mettre fin à la détestation qui l'entoure, ou si c'est une idée à elle. Le 11 novembre, l'armée de la reine est entrée en Bohême, mais celle de l'électeur de Bavière est déjà devant Prague. À Vienne, on fustige la lenteur du grand-duc ; on murmure qu'il

1. *CP Prusse*, vol. 117, lettre de Frédéric à l'électeur de Bavière, Breslau, 17 juillet 1741, f. 133 v, et vol. 118, 2 octobre 1741, f. 200 v.
2. Selon Broglie (« Études diplomatiques… », art. cité, vol. 49, p. 517), le bruit courait que Marie-Thérèse rappelait toutes ses troupes d'Italie pour les ramener à Vienne en traversant la Bavière. L'électeur s'effraya en pensant qu'il pouvait être pris à revers. Par ailleurs, les fortifications de Vienne étaient mises enfin en état de défense.

n'a pas envie de se battre [1]. Prague tombe aux mains des ennemis avant qu'il ait eu le temps d'arriver, le 26 novembre. « La cour affecte de garder un profond silence, mais il transpire dans le public que Prague est prise et que l'armée de l'électeur de Bavière, jointe à celle de Saxe, marche contre le grand-duc pour l'obliger à se retirer. On dit que ce prince est dans une assez mauvaise situation, qu'il manque de vivres et que la maladie s'est mise dans ses troupes, ce qui inquiète fort la reine. On fait ici des prières publiques pour l'heureux succès de ses armes. On désespère de garder la Bohême [...]. La reine va vendre ses bijoux et faire fondre sa vaisselle d'argent pour soutenir la guerre. Cette princesse est dans une désolation inexprimable. Elle a pleuré hier toute la journée et n'a voulu voir personne [2]. »

En cet instant, elle ne pleure pas seulement la perte de la Bohême, elle est effondrée à la pensée des dangers que court son mari.

Le moment des larmes passé, Marie-Thérèse prend deux initiatives importantes. La première est d'en appeler au chancelier de Bohême, le comte Philippe Kinsky : « Prague est perdue [...]. Voilà l'époque où il

1. *CP Autriche*, vol. 231, Presbourg, 11 novembre 1741, f. 219 v. Pour sa défense, François-Étienne arguera qu'il avait de graves problèmes de subsistance.
2. *Ibid.*, Presbourg, 2 décembre 1741, f. 205 r-206 v. Le 9 décembre, Vincent constate que les ministres ne savent plus à quel saint se vouer : « Ils changent à chaque instant de résolution, ordres et contre-ordres se succèdent », f. 214 v.

faut du courage et conserver la patrie et la reine [...]. Ma résolution est prise, il faut tout risquer pour soutenir la Bohême [...]. Pour ça, il faut que toutes les armées, tous les Hongrois fussent tués, avant que je céderai quelque-chose [...]. Vous direz que je suis cruelle, cela est vrai, mais je sais fort bien [que le moment venu], je le rendrai au centuple. À cette heure je ferme mon cœur à la pitié et je me fie à vous [...]. Je plains le sort de vous autres que je rends malheureux et c'est un de mes plus grands chagrins, mais vous trouverez toujours un cœur reconnaissant [1]. »

Dans une autre lettre, elle lui recommande de veiller sur son mari, « tout ce que j'ai de plus cher au monde, tant pour sa personne que pour sa gloire dont je suis très jalouse [2] ».

La seconde initiative est le rappel du grand maréchal Khevenhüller [3], alors dans une semi-retraite. Elle lui a donné pour mission de reprendre Linz et la Haute-Autriche. À la veille du combat, elle lui envoie une lettre galvanisante, accompagnée de son portrait

1. ANA, AGA, *Archives familiales Kinsky* 28. Cette lettre non datée doit être de décembre 1741.
2. *Ibid.*, la gloire du grand-duc était au plus bas à Vienne. Le 16 décembre, Vincent écrit : « On crie toujours beaucoup ici contre lui, par rapport à la prise de Prague. » Voir *CP Autriche*, vol. 231, f. 286 v.
3. 1683-1744. Formé par le prince Eugène de Savoie, le comte Ludwig Andreas Khevenhüller fut un grand maréchal qui s'illustra dans toutes les guerres menées par Charles VI. Il partit le 16 décembre se mettre à la tête de l'armée autrichienne.

et de celui du petit archiduc. Elle s'adresse à lui en souveraine et en mère : « Tu as devant les yeux l'image d'une reine et de son fils abandonnés du monde entier. Que penses-tu de l'avenir de cet enfant ? Voici ta souveraine qui se confie à toi, son fidèle ministre, et avec elle sa puissance entière, son autorité, tout ce que notre empire contient et possède. Agis, ô héros et fidèle vassal comme tu sais que tu dois agir devant Dieu et les hommes. Prends la justice pour bouclier […]. Sois aveugle dans la condamnation des traîtres, suis l'exemple de ton glorieux maître Eugène […] afin de mériter pour toi et toute ta famille, maintenant et pour toujours, des droits sacrés à la grâce, à la faveur et à la reconnaissance de Notre Majesté et de ses successeurs […] [1]. »

Marie-Thérèse a beau montrer une détermination sans faille, les derniers jours de l'année 1741 apportent encore leur lot de déconvenues. Non seulement il n'y a plus de vivres à Vienne, car tout venait de la Bohême et de la Moravie ; mais, plus grave, on a appris le 23 décembre le coup d'État en Russie de la princesse Élisabeth [2]. Elle a exilé la cousine bienveillante de Marie-Thérèse, la régente Anna Leopoldovna, ainsi que son époux et leur enfant âgé de

1. Antoine de Villermont, *Marie-Thérèse, op. cit.*, t. I, p. 79-80, lettre du 21 janvier 1742.
2. La tsarine Élisabeth Ire de Russie (1709-1762) était la fille de Pierre le Grand et de Catherine Ire. Son coup d'État eut lieu le 6 décembre, sans la moindre violence.

quinze mois, empereur en titre sous le nom d'Ivan VI. À Vienne, la consternation est générale. On a perdu une alliée sûre et on n'ose plus compter sur les secours qu'on en attendait[1].

Le 31 décembre 1741, le bilan est accablant. Attaquée de partout, Marie-Thérèse doit aussi supporter les moqueries de ses ennemis. À Augsbourg, en Bavière, on a fait une médaille qui la représente au côté du roi de Prusse et de l'électeur de Saxe qui lui coupent une partie de sa robe et derrière elle l'électeur de Bavière qui en coupe la queue[2]. C'est le début de la légende de la « reine nue ». Très vite, le thème est repris un peu partout. À Vienne même, un peintre la reproduit, l'expose et l'illumine. Les variations d'un pays à l'autre sont de plus en plus égrillardes. Début 1742, la Hollande diffuse une gravure qui la représente, les seins, les jambes et les cuisses nus, entourée d'hommes qui la palpent. En janvier, le *Journal* de Barbier rapporte les vers qui courent Paris sur la « pauvre reine de Hongrie » :

En vain pour t'accabler, l'Europe, tout en armes,
De nombreux bataillons inonde tes États,
Belle reine, le Ciel te donnera trop de charmes !
Ils te garantiront de tous leurs attentats !

1. *CP Autriche*, vol. 229, Vienne, 27 décembre 1741, f. 244 r-v.
2. Rose Harrach à son père Frédéric-Auguste, Vienne, 11 mars 1741 ; Vienne, *Archives familiales Harrach* 534.

Laisse-toi dépouiller et cède à leur manie ;
Laisse aller, s'il le faut, et chemise et jupon ;
Cléopâtre autrefois, ainsi que toi jolie,
De ne leur rien cacher te donna la leçon.
Tu paraîtras alors si fraîche, si fleurie,
Que de notre César, l'âme tendre et saisie,
Oubliera tous ses droits pour te prendre [...] [1].

Il ne s'agit de rien moins que d'une femme invitée à se laisser violer.

La prude et pieuse Marie-Thérèse dut se sentir profondément insultée par ces propos et représentations obscènes. Pourtant, quelques années plus tard, en 1745, on l'entendra dire à Francfort à un négociateur anglais : « Je donnerais plutôt ma chemise et mon jupon que la Silésie [2]. »

1. *Journal de Barbier*, Paris, 1885, vol. 3 (1735-1744), p. 332.
2. Victor Tapié, *L'Europe de Marie-Thérèse...*, *op. cit.*, p. 76.

4

Les métamorphoses de la reine de Hongrie et de Bohême

La représentation de la reine nue n'eut pas tous les effets escomptés. Aux rires gras de certains succèdent des réactions d'indignation et de commisération. Elle incarne la femme victime de l'injustice et du droit du plus fort. Grâce à la diffusion de sa lettre enflammée à Khevenhüller dans la presse étrangère, elle n'éveille pas seulement la pitié, mais elle suscite l'admiration. Notamment de la gent féminine anglaise. Peu après sa publication, une douzaine de négociants de Londres se mettent en tête de faire une quête publique pour la reine de Hongrie et publient leur appel dans un grand journal[1] deux jours consécutifs. Le succès est au rendez-vous. En quelques

1. Ce que l'envoyé français a traduit par « avis journalier » renvoie soit au *Daily News*, soit au *London Daily Advertiser*, deux quotidiens de l'époque.

jours 1 500 personnes se sont déjà engagées à donner chacune 30 guinées, et l'on en attend trois fois plus [1]. Les femmes de l'aristocratie se mobilisent. La vieille duchesse de Marlborough, quatre-vingts ans, sort de sa retraite pour donner l'exemple et s'inscrit pour 40 000 livres sterling. D'autres suivront. Cette démarche peu ordinaire à l'égard d'un souverain étranger, Marie-Thérèse la doit en grande partie à sa condition de femme. Mais l'image positive de victime courageuse en proie à la rapacité et à la déloyauté de ses égaux ne dit pas tout de ce qu'elle est à présent. Les épreuves accumulées en cette première année de règne ont profondément changé la reine de Hongrie. Elle a fait l'expérience de la duplicité des politiques, mesuré l'incompétence et parfois la lâcheté de son entourage, et s'est durcie. L'aimable princesse ne dissimule plus ses humeurs, se laisse aller à des colères et affirme de plus en plus son autorité. Autant de caractéristiques qui ne feront que s'accentuer durant les années de la guerre de Succession.

LES ÉCLATS DE VOIX

Ministres et généraux en font les frais. Même son mari adoré n'échappe pas parfois à ses emportements.

---

1. *CP Angleterre*, vol. 414, voir les dépêches des 29 mars, 9 avril et 12 avril 1742. La reine de Hongrie dira toute sa reconnaissance, mais n'acceptera pas le don.

Si Marie-Thérèse a toujours su se montrer reconnais-
sante et généreuse avec ceux qui la servent fidèlement,
comme par exemple le maréchal Khevenhüller qui
réussit en 1742 à chasser ses ennemis de la Haute-
Autriche et à renverser la situation militaire [1], en
revanche elle peut se montrer dure et méprisante avec
d'autres sur un coup de colère. Une fois, c'est le comte
d'Ulfeld, chargé des Affaires étrangères qui, en pleine
conférence des ministres s'entend traiter d'imbécile.
« C'est un âne, aurait-elle dit, et il le restera toujours [2]. » Une autre fois, la foudre s'abat sur le prince
Lobkowitz chargé de la capitulation des Français
assiégés depuis sept mois à Prague. Marie-Thérèse
exige la reddition de la garnison suivie de sa rétention.
Après le coup d'éclat du maréchal de Belle-Isle qui
réussit la nuit du 16 décembre 1742 à traverser les
lignes ennemies avec ses hommes les plus vaillants,
le lieutenant-colonel français Chevert, resté avec les
malades et les blessés, menaça Lobkowitz de faire
sauter la vieille ville si on ne les laissait pas sortir
librement avec les honneurs de la guerre [3]. Lobkowitz

1. Khevenhüller prend Munich le jour même où l'électeur
de Bavière se fait élire empereur à Francfort-sur-le-Main le
24 janvier 1742.
2. Cité par Podewils à Frédéric II ; Berlin, *LdV*, n° 42,
9 août 1747, f. 105 r. Le comte d'Ulfeld (1699-1770) fut
ministre de la Conférence de 1742 à 1753.
3. Selon les sources, le maréchal de Belle-Isle aurait opéré
cette célèbre retraite avec 14 000, 15 000 ou 18 000 hommes.
Mais on estime à 6 000 le nombre des malades et des blessés

cède, à la plus grande rage de la souveraine, violemment irritée contre son général.

Il est vrai que si l'année 1742 a vu l'étau se desserrer sur l'Autriche, Marie-Thérèse a de bonnes raisons d'en vouloir aux Français. Non seulement c'est grâce à eux que l'électeur de Bavière peut se faire couronner roi de Bohême après la prise de Prague, puis empereur des Romains quelques semaines plus tard [1], mais elle a été contrainte de faire de nouveau la paix avec Frédéric durant l'été [2], pour n'avoir plus qu'un front à combattre. Elle y a laissé la quasi-totalité de la Silésie (la Basse et la Haute) et doit se battre pour reconquérir la Bohême. Ses troupes sont épuisées et le peuple, comme la plupart de ses ministres, ne pensent qu'à faire la paix avec les Français à n'importe quel prix. Marie-Thérèse est d'une humeur massacrante. Lorsque Prague se rendit enfin et que la Bohême rentra dans son giron, elle éprouva un court moment de joie et de soulagement. « Le 2 janvier 1743, raconte Robinson, il y eut un grand carrousel en l'honneur de la prise de Prague. La reine y figura en personne avec les dames de sa cour [...]. Les cavalières, superbement habillées, en amazones, faisaient

restés dans Prague sous la responsabilité du lieutenant-colonel Chevert. Ceux-ci quittèrent Prague le 1er janvier sans être faits prisonniers.

1. Charles-Albert de Bavière fut couronné roi de Bohême le 19 décembre 1741 et empereur romain le 24 janvier 1742.

2. Les préliminaires de paix eurent lieu le 11 juin 1742 à Breslau et le traité fut signé à Berlin le 28 juillet.

quatre quadrilles. Sa Majesté la reine était à la tête du premier quadrille à cheval, dont l'habillement était de velours pourpre, l'équipage blanc bordé en or [...]. Sa Majesté, la reine et les chevalières descendirent au manège par l'escalier du château, ayant fait plusieurs tours à droite et à gauche [...]. Tous les spectateurs furent remplis d'admiration pour la dextérité et l'adresse de Sa Majesté [...] [1]. » Mais ni les fêtes ni le bonheur de la victoire ne peuvent faire oublier à la reine son profond ressentiment contre le peuple de Bohême qui l'a trahie.

Colère contre la Bohême

Contre l'avis de ses proches, et en particulier de François-Étienne, Marie-Thérèse cède au désir de vengeance à l'égard de ceux qui ont servi les Franco-Bavarois. Elle ne digère pas que tant de responsables bohêmes – liés aux Habsbourg depuis des siècles – se soient ralliés aussi vite à Charles VII. Avant de se faire couronner, elle veut nettoyer la place et punir les collaborateurs. Au lendemain de la fête, elle nomme une commission d'enquête chargée de rechercher tous ceux qui ont fait acte d'adhésion au gouvernement de Charles VII et de leur intimer l'ordre de quitter Prague. Les dénonciations abondent contre l'archevêque de

---

1. Albert de Broglie, « Études diplomatiques... », art. cité, 1884, vol. 61, p. 754-755.

Prague et les plus hautes notabilités. La reine ordonne qu'on dresse les charges qui pèsent sur eux.

Aussitôt, on dénonce en France la persécution des habitants de Prague « traités avec une cruauté inouïe, sans aucun égard à la capitulation [1] ». Propos bien excessifs, quand on sait que la grande majorité, se confondant en excuses, bénéficièrent de la miséricorde royale, et que de nombreuses grâces furent accordées. Les nobles les plus compromis furent assignés à domicile et l'on ne prononça en tout que six condamnations à mort, dont aucune ne fut exécutée [2]. La plupart de ceux qui avaient été inquiétés retrouvèrent leur poste dans les années qui suivirent.

Finalement la répression fut des plus modérée, tant pour des raisons politiques que personnelles à la reine. Il ne fallait pas entretenir la rancune d'un peuple qui rentrait au bercail, sous peine de graves difficultés à venir. Par ailleurs, au regard des critères de l'époque, Marie-Thérèse n'a rien d'une répressive sanguinaire. Elle est capable de persécuter ceux qui lui déplaisent – tels les maçons, les protestants et les juifs –, mais non de procéder à des exécutions collectives. Son âme de chrétienne l'incline à la clémence et au pardon.

Quand elle quitte Vienne le 25 avril pour se faire couronner reine de Bohême, l'heure n'est pas encore

---

1. *CP Autriche*, vol. 237, lettre du ministre des Affaires étrangères Amelot à Vincent, Versailles, 30 janvier 1743, f. 15 r.
2. Victor Tapié, *L'Europe de Marie-Thérèse...*, *op. cit.*, p. 67.

au pardon. Elle n'a toujours pas mis fin à son ressentiment. En privé, elle ne cache pas sa mauvaise humeur, même si en public elle fait bonne figure. On sent qu'elle a hâte d'en finir au plus vite. Avec le chancelier de Bohême, Philippe Kinsky, elle se moque de la couronne que l'on doit poser sur sa tête et qui ressemble, dit-elle, « à un bonnet de fou [1] ». Pourtant le jour de son couronnement, 12 mai 1743, un événement imprévu met fin à son acrimonie. On lui a apporté la nouvelle de la victoire de son beau-frère, le prince Charles de Lorraine, contre les Bavarois à Simbach [2]. Aussitôt, tout Prague en est informé et la foule se précipite dans ses appartements pour lui baiser les mains. Les acclamations et les larmes émeuvent profondément Marie-Thérèse qui retarde son couronnement pour faire chanter un *Te Deum* dans la cathédrale. Un profond sentiment de fusion avec les Praguois a raison de son ressentiment. Le couronnement a lieu quelques heures plus tard dans une tout autre atmosphère. Elle prolonge son séjour encore de six semaines, accepte les dîners et les bals donnés en son honneur, et multiplie les témoignages de reconnaissance et d'affection à ceux qui lui sont restés fidèles. Le message est clair : elle a tourné la page. Au demeurant, Marie-Thérèse ne portera jamais à égalité

1. Joseph E. Folkmann, *La Branche princière de la mémorable et noble famille Kinsky. Essai historique*, Prague, 1861, p. 63.
2. Le 9 mai 1743.

dans son cœur les Hongrois et les Bohêmes. Comment pourrait-elle mettre sur le même plan la fidélité indéfectible des premiers et les faiblesses des seconds ?

La reine a changé

Les éclats de voix de plus en plus fréquents, notés par les uns et les autres, ne sont pas les seuls signes de sa transformation. Quelques années plus tard, elle éprouve le besoin de demander à l'ami Tarouca un second rapport sans fioritures sur son évolution. Elle veut savoir les raisons « du refroidissement de ses sujets et de ses serviteurs [1] » à son égard.

Malgré toutes ses précautions et circonvolutions oratoires pour ne pas la blesser, Tarouca s'efforce d'être vrai. Il lui reproche d'abord d'avoir rompu la confiance qui l'unissait à ses fidèles serviteurs, par lassitude et goût de la nouveauté. « Si le prince est méfiant, je pense qu'il ne sera pas longtemps aimé. Les continuels changements sont des indices de méfiance. Les bons serviteurs s'en rebutent. Les hommes ont toujours quelques défauts, même le souverain ; s'il ne supporte aucune faiblesse dans les autres, comment se flatter que les

---

1. Ce long texte de Tarouca, non daté, qu'il dit avoir été écrit dix ans après le premier, donc vers 1751, a été publié par Karajan, *Maria Theresia und Graf Sylva-Tarouca, op. cit.*, p. 13 à 25.

autres le supporteront à leur tour [...] ? L'amour et la confiance se refroidiront, faute de retour. »

Du grief général, Tarouca en vient à la critique plus personnelle de ses comportements. Il lui rappelle qu'elle s'est fait aimer en écoutant ses sujets et en se mêlant au public. Puis, elle s'est cantonnée dans un cercle trop étroit d'où se sont répandus des propos qui ont blessé bien des officiers et des honnêtes gens. « Votre Majesté n'a-t-elle pas dit d'un ministre trop soupçonneux, délicat ou plaintif que c'est un "fol" ou chose pareille [...] ? Tout cela vous a enlevé un peu d'affection [...] ainsi que les humeurs ou le goût [qui] font échapper des saillies » et blessent cruellement ceux qui en sont l'objet.

Marie-Thérèse, peut-être naïve et trop spontanée à ses débuts, s'est voulue plus prudente. Mais elle est devenue méfiante, « le contraire de son caractère ; et encore à présent, dans les premiers moments d'une faveur, elle se livre trop, d'où il résulte qu'elle se méfie trop par la suite ».

La reine se lasse maintenant des demandes et suppliques. Or au début de son règne « jamais prince ne refusa de meilleure grâce. On sortait content et consolé, puisque chacun se flattait en particulier de ce que Votre Majesté partageait sa propre peine. Je crains fort que cela ne soit changé [...]. C'est une source continuelle de plaintes et de diminution d'affection [...]. Mais la bonté, la douceur et l'équité diminueraient fort ce mal ».

Enfin il fait une brève allusion aux réformes intérieures souhaitables : « L'abondance des vivres à bon
marché, le trafic [commerce] favorisé, le nombre de
pauvres à qui l'on procure du travail, les spectacles
mêmes et tout ce qui peut divertir [...] de ce qui
nous blesse ou nous incommode, sont et furent en
tout temps les moyens d'attirer et conserver l'amour
des sujets. »

On ignore les effets de cette petite leçon de morale
et de politique. Elle n'a pas dû faire plaisir à Marie-
Thérèse. Pour autant, elle a gardé toute sa confiance
et son affection à son « vieux grondeur », ce qui est
tout à son honneur.

LE CONFLIT
ENTRE L'ÉPOUSE ET LA SOUVERAINE

L'évolution de la reine doit beaucoup au conflit
intérieur qui s'est imposé à elle dès le début de la
guerre. Les intérêts de la souveraine divergent de ceux
de l'épouse amoureuse. La première prend très vite
conscience des limites et des faiblesses du grand-duc,
mais la femme ne peut se résoudre à l'accepter. Il lui
faudra plusieurs années pour en tirer les conséquences. D'un côté, elle veut soutenir les grandes
ambitions de François-Étienne et lui offrir l'occasion
d'acquérir un prestige qu'il n'a pas. De l'autre, il lui
faut bien constater qu'il n'a ni talent militaire, ni

vision politique pour l'Autriche. Les contradictions intimes se superposent. Comment redorer sa réputation de guerrier quand elle meurt de peur qu'il y laisse sa vie et qu'elle le supplie de rentrer à Vienne au moindre danger ? Son obsession de ne jamais l'humilier ou lui faire perdre la face la contraint parfois à prendre des décisions contraires aux intérêts du pays. Mais la lucidité de la souveraine crée chez elle des tensions insupportables qui vont engendrer avec le temps des scènes orageuses au sein du couple. Or Marie-Thérèse ne peut pas se passer de lui et il le sait.

L'incurie militaire du grand-duc

Après ses piètres débuts contre les Turcs, François-Étienne tente d'effacer les mauvaises impressions. Tout naturellement, Marie-Thérèse le nomme au début de la guerre commandant en chef de son armée. Face à Frédéric II qui excelle dans la tactique comme dans la stratégie, aussi rapide qu'audacieux, François fait pâle figure. Lent dans ses déplacements, d'une indécision mortelle, il laisse passer toutes les chances de gagner une bataille. Il se révèle déplorable guerrier, mais n'en convient pas. À Vienne, les mauvaises langues le soupçonnent de ne pas vouloir se battre et de fuir le danger [1]. On le tient pour responsable de la

---

1. *CP Autriche*, vol. 229, 11 novembre 1741, f. 171 v.

chute de Prague. « Les ministres n'osent pas le blâmer directement, mais accusent Neipperg d'être la cause de la perte de cette ville [1]. » La reine affolée lui a aussitôt envoyé un courrier pour le faire revenir. Mais le duc ne l'entend pas ainsi, craignant que son retour à Vienne augmente le mécontentement qui règne au sein de l'armée [2]. Marie-Thérèse insiste : « Mon cher cœur [...], je vous conjure de ne pas retarder un moment votre retour [...]. Ne vous avilissez pas et prenez le bon prétexte de nos conquêtes [en Bavière] [...]. J'ai besoin de votre secours : ne me le refusez pas [3]. »

Aussitôt, de retour à Vienne, il repart prendre le commandement de l'armée de la Haute-Autriche [4] où Khevenhüller fait le siège de Linz. Peut-être a-t-il voulu associer son nom à une campagne qui s'annonce victorieuse. Mais cette fois, Marie-Thérèse est moins inquiète que mécontente : « La reine est dans une extrême consternation, car Son Altesse

1. *Ibid.*, 16 décembre 1741, f. 225 v. Il est vrai que l'armée autrichienne manquait de tout, que les désertions étaient nombreuses et que la plus grande désunion régnait parmi les officiers généraux et principalement entre les deux généraux en chef, Lobkowitz et Neipperg, lequel était soutenu par François-Étienne.

2. Alfred von Arneth, *Histoire de Marie-Thérèse*, *op. cit.*, vol. 2, 1864, p. 7 ; voir aussi la relation de l'ambassadeur vénitien Capello, 23 décembre 1741, note 6, p. 459.

3. *Ibid.*, note 11, p. 468, lettre s.l.n.d. [début janvier 1742].

4. François-Étienne repartit le 19 janvier pour Linz et y arriva le 23 janvier 1742.

royale [le grand-duc], au lieu de faire [se] retirer l'armée du maréchal Khevenhüller dans l'Autriche, s'est entêté de la [faire] avancer de plus en plus dans la Bavière pour la ravager tout à fait [1]. » Le grand-duc n'a qu'une obsession : battre les Français et leurs alliés bavarois et reprendre enfin la Lorraine. Mais pour la reine, l'urgence est ailleurs : empêcher les troupes de Frédéric d'avancer plus avant en Autriche. François-Étienne propose alors de commander l'armée contre celles de Prusse et de Saxe. Cette proposition « épouvanta les ministres de la Conférence [...] parce qu'on pouvait tenir pour perdue immanquablement la bataille avec un si grand capitaine [...]. Ils tâchèrent avec douceur de persuader la reine d'induire son époux à ne point s'exposer aux dangers dans lesquels sa grande valeur et sa fermeté pouvaient l'entraîner. La reine, craintive de ces dangers, s'est conformée à cet avis et n'a point voulu permettre à Son Altesse royale, malgré ses vives instances, de vouloir hasarder sa vie à l'armée. Les ministres unanimes proposèrent

1. *CP Autriche*, vol. 232, *Extrait de la lettre ordinaire de Vienne*, 31 janvier 1742, f. 59 r. Cette lettre anonyme était en fait le compte rendu des espions de la France à la cour de Vienne. On payait cher des membres de l'entourage des souverains et des ministres (serviteurs à divers niveaux) pour rapporter les propos entendus en privé. Il faut prendre ces rapports avec précaution, car rien ne garantit leur authenticité. Mais ils sont intéressants car ils font souvent référence à des sujets ou confidences non traités par les diplomates.

d'en donner le commandement au comte Kœnigsegg [...] [1] ».

Les allers et retours de François-Étienne d'une armée à l'autre, sans jamais gagner la moindre bataille, donnent de lui une image déplorable. C'est un homme frustré et en colère. Selon un espion : « Mon second ami m'a dit que Son Altesse royale devient quelquefois furieux, et qu'on lui entend professer des choses les plus injurieuses contre la France ; que souvent il se lève la nuit sans qu'on sache ce qu'il veut faire ou dire, ce qui cause des angoisses inexprimables à la reine, son épouse [2]. »

Aux affres de la guerre, s'ajoutent les tourments conjugaux. D'autant plus que mari et femme n'ont pas exactement les mêmes objectifs, ni les mêmes ennemis prioritaires. Elle ne pense qu'à récupérer ses États et lui le sien, c'est-à-dire la Lorraine. François veut d'abord se venger des Français. Marie-Thérèse est obsédée par le danger que représente Frédéric à ses frontières. Elle voudrait bien la paix avec la France pour concentrer ses forces contre le roi de Prusse. Lui la refuse absolument.

Les non-dits d'un désaccord politique

Malgré l'invasion de Frédéric II et l'abandon de l'allié anglais en rase campagne, François conserve une

1. *Ibid.*, *Extrait...*, 7 avril 1742, f. 172 v-173 r.
2. *Ibid.*, 13 janvier 1742, f. 31 v.

certaine sympathie pour le premier et une relative confiance dans les seconds. Fin janvier 1742, il croit toujours possible un arrangement avec le roi de Prusse. Il propose une nouvelle démarche auprès de lui à Marie-Thérèse qui accepte du bout des lèvres et le met en garde : « Vous écrirez au roi, mais il n'en est pas digne et fera un mauvais usage de vos paroles. Ne vous avilissez pas [1]. »

Le grand-duc envoie donc à Olmütz son ancien précepteur, Pfütschner, proposer oralement la paix au roi et même mieux, une alliance avec Marie-Thérèse. Le résultat est celui pressenti par celle-ci : une nouvelle humiliation. « Le grand-duc, répondit Frédéric, ne peut prétendre que je quitte une alliance si puissante et en fasse une avec la reine qui est si affaiblie [...]. Il faut que la reine fasse des propositions aux trois alliés [Bavière, Saxe et Prusse] séparément et en même temps. *Il faut qu'elle morde dans une pomme aigre.* Elle offrira à la Bavière, à la Bohême et à la Saxe une partie de la Moravie avec la Haute-Silésie [...]. Quant à moi, après le château de Glatz, je ne demande plus rien [2]. »

La reine doit alors arbitrer un conflit sévère, entre ses ministres et son époux. Les uns veulent signer la

1. Alfred von Arneth, *Histoire de Marie-Thérèse, op. cit.,* vol. 2, note 11, p. 468.
2. *Ibid.,* p. 469-475 : compte rendu de Pfütschner au grand-duc, 6 février 1742. Souligné par nous.

paix avec les Français, empêtrés dans le bourbier praguois, qui font des offres intéressantes. Mais « Son
Altesse royale est fort contraire à la paix et la reine
qui ne voudrait en aucune façon lui déplaire ne sait
pas se résoudre à y consentir [à la paix], quoiqu'elle
en soit fortement pressée par ses plus fidèles ministres.
Le grand-duc va jusqu'à menacer de partir à l'armée
promptement pour ne pas se trouver [face] à des propositions qu'il dit honteuses, dans un temps favorable
pour la reine [...] [1] ». Tout au long de l'année 1742,
plus on voit l'armée française épuisée, plus ministres
et généraux supplient la reine de faire la paix dans ces
circonstances aussi favorables et moins François est
disposé à l'accepter. Plus les Français seront affaiblis
et plus ses chances seront grandes de récupérer la Lorraine. Le peuple est furieux contre lui et le rend responsable de la poursuite de la guerre [2].

Marie-Thérèse est sur des charbons ardents, écartelée entre son désir de ne pas trahir son mari et les
sages conseils de ses ministres. Par moments, elle laisse
voir son irrésolution. Un espion de la France relate
une scène dramatique qui aurait eu lieu fin décembre
1742 entre elle et sa mère, Élisabeth-Christine :
« L'impératrice mère appela dans son cabinet la reine,
sa fille, et les larmes aux yeux lui représenta l'état

1. *CP Autriche*, vol. 232, *Extrait...*, 24 mars 1742, f. 143 r.
2. *Ibid.*, vol. 233, 29 août 1742, f. 192 v, et 15 septembre
1742, f. 248 v.

déplorable dans lequel était réduite la Maison d'Autriche et un si grand nombre de malheureux sujets qui souffraient les dernières extrémités ; que tout venait du caprice de Son Altesse royale, son mari, qui éloignait la paix si désirée [...]. Que son aveuglement de vouloir dépendre uniquement du conseil d'un seul homme et de mépriser ceux d'une mère affectionnée et de plusieurs ministres, devait causer la ruine totale de la Maison d'Autriche, dont présentement la grandeur existait à peine comme une ombre ; que de tout cela, elle en devrait rendre un compte exact à Dieu et aux hommes [...]. Qu'elle la suppliait [...] de prêter l'oreille aux moyens de parvenir à une paix générale. » Le témoin anonyme ajoute « que la reine avait répondu à sa mère en pleurant et soupirant qu'elle connaissait bien la vérité de ce qu'elle lui représentait, mais qu'elle n'avait pas le courage de s'opposer à la volonté de son mari, porté pour la continuation de la guerre ; qu'elle lui promettait cependant de faire tous ses efforts pour vaincre la très grande répugnance qu'il avait à la paix, mais qu'il était nécessaire qu'elle se joignît à elle pour tâcher de le gagner sur ce point [1] ».

On ignore si l'espion dit juste, mais on peut aussi douter que la scène décrite soit simplement l'effet de son imagination. Quelques jours plus tard, il rapporte une nouvelle scène, mais cette fois entre les deux

1. *Ibid.*, *Extrait...*, 26 décembre 1742, f. 422 r-423 r.

époux : « Le grand-duc, sur les propositions de paix que la reine lui a faites, donna dans ses emportements ordinaires, disant que c'étaient des traîtres de la Maison d'Autriche tous les ministres qui adhéraient à la paix dans le temps que la fortune se montrait si favorable ; que jusqu'à présent, il était question de faire la guerre défensive ; depuis que les Français avaient été contraints d'abandonner toute la Bohême, l'on devait faire la guerre offensive, d'autant que le Parlement d'Angleterre avait accordé à Sa Majesté britannique au-delà des subsides nécessaires pour la continuer [...] et que c'était le temps de la porter dans le centre de la France [...], *qu'il espérait* qu'au printemps prochain, *elle soit attaquée du côté de la Lorraine* [...] [1]. »

Une fois de plus, la reine cède ; peut-être moins par faiblesse amoureuse que parce qu'elle sait la responsabilité de son père dans la braderie de la Lorraine à la France et qu'elle a à cœur de réparer l'injustice faite à François. Mais le dilemme moral qui l'habite s'accompagne aussi d'une sorte de ressentiment contre lui. Les rumeurs de disputes se répandent à la cour et au-delà : « Cette princesse lui a reproché qu'elle s'était toujours fort mal trouvée de ses conseils et elle a été jusqu'à lui dire qu'elle ne voulait plus en suivre aucun à l'avenir [...]. Ce qu'il y a de certain, c'est que le

---

1. *Ibid.*, vol. 235, *Extrait...*, 5 janvier 1743, f. 18 r. Souligné par nous.

152

grand-duc a été passer six ou sept jours dans sa terre de Holitsch en Hongrie [...] et que la reine a été de très mauvaise humeur pendant tout ce temps [1]. »

Cela n'empêche pas Marie-Thérèse d'encourager le prince Charles, sur le front de l'ouest, à passer le Rhin pour pénétrer en Lorraine. Déjà le grand-duc crie victoire et annonce à ses amis lorrains qu'ils seront bientôt de retour chez eux. Quand il apprit que son frère, le prince Charles, avait échoué et que son armée rebroussait chemin, il se mit dans une terrible colère, traitant son frère de lâche. Il aurait même déclaré « qu'il importait peu qu'il eût été déclaré corégent de son épouse dans tous ses États, si elle ne voulait pas dépendre de ses conseils [...], mais qu'elle écoutait ceux qui la trahissaient [2] ».

Le rêve de la reconquête de la Lorraine s'éloignant à grands pas, Marie-Thérèse pense avoir trouvé une compensation à offrir à son mari. En 1744, le front de la guerre s'est étendu à l'Italie, où elle possède déjà le Milanais et les duchés de Parme et de Plaisance.

---

1. *Ibid.*, Vienne, 3 avril 1743, f. 156 v-157 r. Le 4 septembre suivant, Vincent note qu'il s'est à nouveau retiré à Holitsch, « qu'il était un peu brouillé avec la reine et qu'il n'a plus le même crédit sur l'esprit de cette princesse [...]. Toussaint dit que la reine n'en faisait qu'à sa tête et n'écoutait plus personne », f. 157 r-v.
2. *Ibid.*, vol. 236, *Extrait...*, 20 septembre 1743, f. 203 v. La reine était de plus en plus disposée à la paix, pensant qu'une guerre avec la France coûtait trop cher. Mais elle aura le temps de changer d'avis.

Attaquée par les Français alliés aux Espagnols, elle envoie son armée les combattre sous le commandement du prince Lobkowitz. Contre l'avis de ses ministres, et à la demande pressante de François, elle expédie une grande partie de ses troupes au sud pour conquérir le royaume de Naples « que ce prince a tant à cœur de posséder [1] », mais qui appartient au roi d'Espagne. L'entreprise se solde par un désastre. Le front du nord est dégarni et malgré les lettres fulminantes du grand-duc à Lobkowitz pour qu'il s'empare de Naples, celui-ci reste prudemment aux frontières du royaume. Une fois encore, la reine se rend compte trop tard qu'elle a fait une erreur et le malheureux Lobkowitz reçoit des ordres contradictoires. Alors que François-Étienne lui écrit secrètement de se tenir prêt à entrer dans le royaume de Naples pour y favoriser la révolte des pro-Autrichiens, il reçoit au même moment ordre du Conseil de guerre de ne rien faire [2]. La France a déclaré la guerre à la reine de Hongrie en avril et la Prusse s'y prépare aussi. Les ministres tentent de convaincre la reine de consentir à un accommodement raisonnable avec la France et de ramener ses troupes au nord, « mais Son Altesse royale veut plutôt tout perdre l'épée à la main que de

1. *Ibid.*, vol. 238, *Extrait…*, 4 janvier 1744, f. 5 r.
2. *Ibid.*, *Extrait…*, 28 mars 1744, f. 115 v. Il est difficile de croire que le Conseil de guerre ait envoyé cet ordre sans le consentement de la reine.

permettre que son épouse s'accommode avec la Maison de Bourbon [...] [1] ».

De toute évidence, la reine joue double jeu, cédant successivement aux pressions contradictoires de son mari et de ses ministres. À en croire les rapports – ou les ragots – des espions, l'atmosphère est irrespirable. Lorsqu'il sut que l'on abandonnait l'idée de conquérir le royaume de Naples, « le grand-duc se rendit aussitôt dans le cabinet de son épouse [...], voulut qu'elle lui signât sur-le-champ l'ordre à Lobkowitz d'entrer avec son armée dans le royaume de Naples [...]. Mais la reine faisant difficulté de donner un tel ordre sans avoir entendu le sentiment de son Conseil intime, Son Altesse royale, éclatant avec violence contre cette princesse, en voulut extorquer de force cet ordre tout écrit de sa propre main et dicté par lui à Lobkowitz. On le lui dépêcha aussitôt par un exprès [...]. Tout cela m'a été confié par une favorite de la reine qui écouta le tout au travers de la porte fermée [2] ».

Ordres et contre-ordres durèrent encore une partie de l'été 1744. Fin août, quand on apprit l'invasion du roi de Prusse en Bohême et en Moravie, puis les pertes considérables de l'armée de Lobkowitz rongée par la maladie et les désertions, et enfin le grand danger de perdre la Lombardie [3], la reine n'eut d'autre

1. *Ibid.*, *Extrait...*, 4 avril 1744, f. 128 r.
2. *Ibid.*, *Extrait...*, 25 avril 1744, f. 173 r-174 v.
3. Sans parler « des misérables restes de la malheureuse armée du prince Charles, décimée dans le combat en repassant le Rhin ». *Ibid.*, 12 septembre 1744, f. 413 r.

choix que de mettre fin aux chimères de son époux. « Une personne bien informée m'assure que Son Altesse royale ne parle presque plus, et que les transports de frénésie se sont changés en une profonde mélancolie, de manière qu'on craint pour sa santé [...]. La reine se repent présentement, mais trop tard, de n'avoir pas voulu écouter ceux qui voulaient lui donner des conseils sages et fidèles [1]. »

FIN DU PARTAGE DU POUVOIR

Officiellement la corégence n'est pas remise en cause et ne le sera jamais. Le grand-duc copréside conférences et conseils et la reine continue de solliciter ses avis. Son profond désir d'élever le statut de son mari n'a pas varié. Elle l'aime toujours autant et voudrait que le monde le regarde avec ses yeux à elle. Si certaines rumeurs de scènes entre elle et lui sont parvenues jusqu'à nous, on ne connaît à ce jour aucun document témoignant de sa déception. La femme amoureuse est la même, mais la souveraine a évolué peut-être plus vite qu'on pourrait le croire. Le tournant a lieu dès 1742 quand elle trouve, on l'a vu, mille prétextes pour l'empêcher d'aller à l'armée. Non seulement il y prend de mauvaises décisions, mais il risque sa vie. Ce qui serait pour elle le plus grand des malheurs. Il faut donc renoncer à cette occasion pour lui redorer son blason, et cela sans lui faire

1. *Ibid.*, f. 414 r.

perdre la face. D'où peut-être, pour compenser, cette apparente entente politique du couple face aux ministres qui prêchent pour la paix. Pourtant, à deux reprises, on constate que la souveraine fait acte de lucidité et d'autorité, même si elle s'emploie à déguiser celles-ci sous le prétexte des circonstances. La raison d'État l'emporte sur la corégence. Elle lui impose silencieusement sa loi.

Le premier coup de canif à la corégence nous est connu par l'extrait de la *Lettre ordinaire de Vienne* du 11 avril 1742. On y lit que la reine a donné audience au vieux maréchal Kœnigsegg « pour lui ordonner de ne faire aucun cas des ordres qu'il pourrait recevoir, bien que signés de sa main et du Conseil de guerre, si en confirmation il n'en recevait des doubles contre-signés d'un chiffre concerté entre elle et lui. Elle a pris ces arrangements *pour éviter les inconvénients* qui pourraient résulter *de quelque ordre que Son Altesse royale pourrait extorquer d'elle ou du Conseil de guerre.* Kœnigsegg, qui n'est pas un sot, a exigé que cette princesse lui donnât cet ordre par écrit, signé de sa main, en cas d'incident [1] ».

L'information ne peut manquer de surprendre. Elle révèle le double visage et surtout le double jeu de la reine. Incapable de résister aux demandes du grand-duc, la souveraine prend des précautions pour pouvoir les contourner derrière son dos. Ce qui prouve

1. *CP Autriche*, vol. 232, f. 175 r. Souligné par nous.

que leur entente politique n'est parfois que de façade et qu'elle sait s'arranger pour garder le dernier mot sans le froisser et en évitant les conflits.

Plus délicat fut d'arriver à le mettre hors-jeu militairement après qu'il eut échoué à Prague. Elle nomma son frère, le prince Charles, commandant de l'armée de Bohême et supplia son mari de revenir auprès d'elle, arguant qu'elle ne pouvait pas vivre sans lui. Mais jamais elle n'eut le courage de lui dire la vérité et le laissa partir, une fois en Bohême, une fois en Bavière, puis de nouveau en Bohême. Pourtant en août 1742, alors qu'il est sur le front en Bohême, elle lui écrit une lettre pleine de tact pour le mettre devant ses responsabilités : « Mon cher Alter, voici donc une lettre qui je crains ne vous plaira point, mais vous verrez que je vous ouvre mon cœur et [mes] sentiments et vous les corrigerez comme il vous plaira […] [1]. » Elle lui propose trois options. À lui de choisir celle qu'il juge la meilleure : soit l'assaut de Prague, soit l'abandon du siège pour aller au-devant de l'ennemi et l'empêcher d'entrer dans le royaume, soit enfin la capitulation et l'évacuation de la Bohême. Qu'il décide mais qu'il décide vite !

Fidèle à lui-même, le grand-duc tergiverse et ne décide rien. D'une certaine façon, il s'est mis hors-jeu tout seul.

1. Alfred von Arneth, *Histoire de Marie-Thérèse, op. cit.*, vol. 2, note 54, p. 490. « Alter » signifie « vieux », mais n'a aucune connotation négative. C'est une appellation affectueuse.

Peu à peu François lâcha prise, ce qui ne l'empêchait pas de temps à autre de désirer retourner à l'armée. Pour l'en empêcher, Marie-Thérèse ne parlait plus en souveraine, mais usait de toutes ses armes féminines, comme elle le raconte à sa sœur, Marie-Anne :

> J'ai par méchanceté causé la fièvre au vieux. Tout à coup l'idée lui est venue d'aller à l'armée [1], mais avec une telle envie qu'il a fait déjà tout cet été [...] raccommoder son équipage, et après que tout cela a été fait, il commença tout doucement à m'y préparer ; au commencement je n'ai fait que badiner, mais à la fin, j'ai vu que c'était tout de bon ; j'ai recouru à nos instruments ordinaires, les caresses, les pleurs ; mais que peuvent ceux-ci sur un mari après neuf ans de mariage ? Aussi n'ai-je rien obtenu, quoique du meilleur mari du monde. J'ai enfin repris ma colère, qui m'a si bien servi que moi et lui sont tombés malades. La saignée m'a remise, et je suis asteur [2] dans l'état d'espérer plus [que] de craindre. Ne pouvant surmonter les raisons qu'intérieurement j'ai dû avouer moi-même plausibles, je commence à ne les plus combattre, à lanterner d'un jour à l'autre et gagner du temps ; mais s'il partait encore, je le suis ou m'enferme dans un couvent [3].

1. Début mai 1744, Frédéric II était reparti en guerre contre l'Autriche, mais cette fois après une déclaration de guerre en bonne et due forme. Le 16 septembre 1744, la Prusse s'était emparée à nouveau de Prague.
2. Marie-Thérèse utilise toujours ce mot pour signifier « à cette heure ».
3. Alfred von Arneth, *Histoire de Marie-Thérèse, op. cit.*, vol. 2, note 126, p. 563-564, lettre du 3 octobre 1744.

Le grand-duc resta auprès de son épouse, non sans quelque mélancolie [1], privé *de facto* de gloire et de pouvoir. Mais trois mois plus tard, un événement inattendu allait ouvrir son horizon : l'empereur Charles VII meurt en trois jours, le 20 janvier 1745, d'une crise de goutte « remontée ». À Vienne, le couple régnant ne pense plus qu'à l'élection du grand-duc au trône impérial, occasion unique de donner à celui-ci un statut prestigieux. L'affaire n'est pas gagnée d'avance, car il a un rival en la personne du roi de Pologne, soutenu par la France, et par certains électeurs [2] affidés à celle-ci. Après bien des péripéties et des intrigues, François fut élu le 13 septembre et couronné empereur des Romains le 4 octobre 1745 à Francfort-sur-le-Main.

Implicitement, le nouveau rôle honorifique du grand-duc de Toscane entérinait de la façon la plus élégante la fin de la corégence. À elle, le pouvoir sans partage sur les États héréditaires ; à lui la gestion d'un empire fantomatique et d'une province italienne.

1. *Journal* de Johann Josef Khevenhüller-Metsch, *op. cit.*, 1908, vol. 2, p. 57, 15 mai 1745.
2. Si les électeurs de Mayence et de Trêves étaient dévoués à François-Étienne qui pouvait également compter sur la voix du roi d'Angleterre, électeur de Hanovre, il n'en était pas de même des électeurs de Cologne et du Palatinat qui ne voulaient pas déplaire à la France. Après le renoncement du roi de Pologne, l'électeur de Saxe et celui de Bavière se tenaient sur une prudente réserve. Quant à Frédéric II, électeur de Brandebourg, il faisait de la paix la condition de sa voix.

Les métamorphoses de la reine de Hongrie et de Bohême

Dorénavant, Marie-Thérèse a les mains libres pour régner de façon absolue, mais d'une manière tout à fait originale.

5

Le gouvernement de l'impératrice reine

P ar son statut de femme, de mère et d'« homme d'État », Marie-Thérèse occupe une place très particulière dans l'histoire des souverains. Dotée d'une intuition psychologique remarquable, elle va jouer de ses différents rôles avec virtuosité. Comme on l'a très bien dit, « elle est passée maître dans l'art d'une transgression permanente du corps politique et du corps naturel [1] ». Celui-ci donne un poids sans pareil à celui-là. En mettant au monde seize enfants, dont cinq fils, Marie-Thérèse a mis fin à l'obsession de l'héritier de ses prédécesseurs et renforcé le pouvoir symbolique des Habsbourg. Mais elle a aussi affermi le sien propre. Son corps presque toujours gros durant vingt ans donne l'image d'une puissance vitale à jamais inconnue du corps du roi. En outre, elle ne s'est pas

1. Regina Schulte (dir.), *The Body of the Queen, Gender and Rule in the Courtly World 1500-2000*, New York, 2006, p. 9.

contentée de mettre des enfants au monde, comme la plupart des femmes de sa caste, elle les a élevés et se montre régulièrement auprès d'eux. Cette image de la bonne mère conforte son autorité tout en suscitant des sentiments de respect et d'affection. De la maternité privée à la maternité politique, il n'y a qu'un pas qu'elle a franchi dès son arrivée au pouvoir. Elle affirme dès le début, et ne cessera jamais de le répéter, qu'elle gouverne en mère bienveillante de son peuple. Image qui tranche agréablement à l'époque avec celle du souverain que l'on voit gouverner « en père sévère ».

Aux rôles de souveraine et de mère, il faut encore ajouter dans son mode de gouvernement celui de femme. Même si avec les années et les grossesses le corps et le visage se sont empâtés, Marie-Thérèse, qui fait pourtant peu de cas de la coquetterie, garde un pouvoir de séduction redouté des diplomates. L'« homme du siècle [1] », comme la nommera son ami Tarouca, est une femme.

LE JEU DE RÔLES

Double jeu ?

On a vu comment, au début de son règne, la jeune et belle Marie-Thérèse savait séduire ceux qui

1. Brno, *Archives familiales Tarouca*, G 445, 12, n° 82 23-A-1, lettre à la duchesse d'Arenberg, Vienne, 6 février 1743, f. 278 r.

l'approchaient. Dès la fin de la guerre de Succession [1], on parle moins de sa beauté que d'un mélange de douceur et d'autorité qui en impose. La plupart des ambassadeurs à Vienne ne cachent pas leur admiration, même si certains l'assortissent de critiques. « Elle est faite pour porter une couronne, dit l'ambassadeur d'Angleterre, et son esprit pour lui donner du lustre. Sa contenance est pleine de raison, d'esprit, de douceur ; ses mouvements pleins de grâce et de dignité. Elle est une personne aux talents supérieurs qui a une grande application aux affaires, avec des passions fortes qu'elle ne cherche pas à dissimuler [2]. »

Alors que France et Autriche sont à présent alliées, le ministère des Affaires étrangères met en garde son ambassadeur contre son pouvoir de séduction : « L'impératrice [...] sait mettre tant de grâce dans ce qu'elle dit et dans ce qu'elle propose, que le roi avertirait son ministre de *se défendre du charme qui est attaché à ses discours*, s'il n'était persuadé que la séduction qu'elle voudra bien employer avec lui n'aura pour objet que le plus grand avantage de deux cours [3]. »

1. La guerre se termina par le traité d'Aix-la-Chapelle signé le 18 octobre 1748.
2. AMCE, *Legs Alfred von Arneth*, 8 b-1, Charles Hanbury Williams au duc de Newcastle, Dresde, 15 juillet 1753.
3. *Recueil des instructions données aux ambassadeurs et ministres de France. Depuis les traités de Westphalie jusqu'à la Révolution française*, « Autriche », introduction d'Albert Sorel, Paris, 1884, p. 347 : au comte d'Estrées, 19 octobre 1756. Souligné par nous.

C'est probablement l'ambassadeur de Frédéric II qui, après six mois d'observation, fait d'elle le portrait le plus précis, alors qu'elle n'a pas trente ans. Le physique d'abord : « Les nombreuses couches qu'elle a faites [1], joint à l'embonpoint qu'elle a pris, l'ont extrêmement épaissie. Elle a cependant la démarche assez libre et le port majestueux. Son air est grand quoiqu'elle le gâte par sa façon de se mettre [s'habiller] […]. Elle a le visage rond et rempli […], les cheveux blonds sans tirer sur le roux. Les yeux grands, vifs et pleins de douceur en même temps, à quoi leur couleur d'un bleu clair, contribue. Le nez petit, sans être aquilin ni retroussé. La bouche assez grande, mais assez belle. Les dents blanches. Le sourire agréable. Le col et la gorge bien formés. Les bras et les mains admirables […]. Sa physionomie est ouverte et heureuse. Son abord riant et gracieux. L'on ne saurait disconvenir que ce ne soit une belle personne [2]. »

Lorsqu'il en vient au caractère, l'ambassadeur de l'ennemi prétend qu'il faut distinguer entre l'apparence qu'elle veut donner et sa véritable nature. La reine est une bonne actrice. En montant sur le trône, elle a trouvé le secret de se faire aimer et admirer de tous, mettant en avant « son sexe, sa beauté et ses

---

1. À cette époque, elle avait déjà huit enfants et en attendait un neuvième.
2. On notera qu'il est rare de lire une description aussi précise du physique d'un souverain masculin, ce qui montre l'intérêt particulier que l'on porte au corps féminin.

malheurs », autrement dit ses caractéristiques féminines. « Elle s'observa et ne se fit voir que du bon
côté, affable, pieuse, libérale, populaire, charitable,
courageuse, magnanime, elle gagna le cœur de ses
sujets [...]. Chacun courut se sacrifier pour la
meilleure des princesses. On l'idolâtra. [Mais] un
caractère emprunté est difficile à soutenir [...]. La
reine ne put se contraindre longtemps. » Après la paix
de Breslau avec Frédéric, elle rentra peu à peu dans
son naturel. « Ses soins de cacher son ambition sous
le voile de ses malheurs se ralentirent. On commença
à s'apercevoir que moins touchée des calamités de ses
peuples que de l'idée de s'agrandir, elle continuait la
guerre sans répugnance. Les éloges que tout le monde
lui avait prodigués et beaucoup d'amour-propre naturel lui donnèrent la plus haute idée de sa capacité et
la rendirent impérieuse. Elle n'écouta qu'avec peine
les avis, ne souffrit point de contradiction, chercha à
se faire craindre plus qu'à se faire aimer, ne montra
pas moins de fierté que ses ancêtres, traita avec hauteur tout le monde, se fit voir vindicative et irréconci-
liable [...]. » Mais l'ambassadeur convient que si la
reine ne possède pas toutes les qualités qu'elle a
d'abord tâché de faire paraître et qui lui ont acquis
l'admiration générale, elle n'en est pas moins digne
d'éloges. « Elle a l'esprit vif, pénétrant, capable de
s'appliquer aux affaires et de les démêler. Elle joint
une mémoire fort heureuse à beaucoup de jugement.
Elle sait dissimuler et se contraindre au point qu'il

est difficile de juger par l'air de son visage et par sa contenance de ce qui se passe dans son cœur. Son abord est presque toujours riant et gracieux et rassure les plus timides. Ses manières aisées et prévenantes [...]. Elle parle bien, s'énonce avec grâce et semble quelquefois s'écouter. Son accès est encore assez facile, quoique moins qu'au commencement de son règne [...]. Elle écoute avec patience et bonté ce qu'on lui propose et reçoit elle-même les requêtes qui lui sont présentées [...] [1]. »

À en croire le comte de Podewils, Marie-Thérèse aurait un double visage. D'un côté, une femme exquise à l'écoute des autres ; de l'autre une personne vindicative et autoritaire qui n'écoute personne. Par ailleurs, l'ambassadeur insiste longuement sur son lien privilégié avec l'armée et l'aspect viril de sa personnalité : « Elle est fort aimée des troupes, dont elle s'est acquis l'estime par le courage qu'elle a affecté dans les plus cruels revers. Il est certain que dans un temps, elle a été sérieusement intentionnée d'aller commander elle-même ses armées. *Elle cherche généralement à s'éloigner des faiblesses de son sexe* et ambitionne des vertus qui lui sont les moins propres et qui en font rarement l'apanage. *Il semble qu'elle soit fâchée d'être née femme.* Elle n'a nul soin de sa beauté [...] et ne donne pas plus de soin à sa parure [2]. »

1. Adam Wolf, *Tableau de la cour de Vienne...*, *op. cit.*, p. 486-489. Lettre du 18 janvier 1747.
2. *Ibid.*, p. 491-492. Souligné par nous. Dans le *Testament politique* (1751), elle écrit : « Sans mes malaises continus [ses

En vérité, la reine alterne féminité et virilité au gré des circonstances, comme des atouts à sa disposition. Au mieux, elle joue les deux rôles en même temps, ce qui trouble et émeut ceux qui en sont témoins. L'opération de séduction des Hongrois en 1741 en est une bonne illustration.

Du « roi de Hongrie » à la mère en détresse

Pour se faire couronner « roi de Hongrie [1] » selon la tradition et non « reine », Marie-Thérèse fit au préalable un grand travail de préparation et de communication. Non seulement elle pouvait craindre l'accueil de ce peuple souvent rebelle aux exigences de Vienne, mais jusque-là elle s'était peu intéressée à eux. Dans la situation désespérée où elle était alors, il lui fallait convaincre la diète et les guerriers magyards de se joindre à elle. L'affaire n'était pas gagnée d'avance. Elle s'entoure donc des conseils du comte Pálffy [2] qui

grossesses], personne au monde n'aurait pu m'empêcher de marcher moi-même contre ce perfide ennemi [Frédéric II]. » Voir C.A. Macartney, *The Habsburg and Hohenzollern Dynasties…*, *op. cit.*, p. 115.

1. Ce qui excluait d'office François-Étienne des cérémonies du couronnement, au plus grand chagrin de Marie-Thérèse. En outre, les Hongrois ne le reconnaîtront corégent de Hongrie – et avec certaines restrictions – qu'en septembre 1741.

2. 1664-1751. Toujours loyal aux Habsbourg, il était devenu à la mort de Charles VI le conseiller de la jeune reine pour les affaires hongroises, tout en étant le président de la Chambre des magnats, les barons du royaume, grands propriétaires terriens.

l'a vue naître et le charge d'organiser son accueil en Hongrie. Pour montrer qu'elle est digne de monter sur ce trône et susciter la confiance, elle est attentive à chaque détail. Les semaines qui précèdent, elle apprend à monter à cheval à califourchon pour se préparer à la cérémonie qui suit le couronnement à la cathédrale et qu'elle ne peut rater sous aucun prétexte. Pour se faire voir et applaudir du peuple, elle choisit de voyager sur le Danube. Les bateaux et les bande-roles sont aux couleurs de la Hongrie. Elle-même a revêtu le costume hongrois. La foule, touchée au cœur, l'acclame tout au long du voyage.

Arrivée à Presbourg le 20 juin 1741, elle reçoit trois jours plus tard les députés de la diète. L'ambassadeur vénitien, présent sur place, décrit la scène : « La reine, utilisant avec une admirable élégance la langue latine, accueillit les députés avec beaucoup d'expressions de bienveillance et de gratitude, afin que toute la nation se réjouisse d'avoir une souveraine dotée de tant de clémence et de grâces [1]. »

Le 25, jour du couronnement, vêtue d'une somp-tueuse robe blanche, brodée d'or et de bleu, elle par-court les rues qui la mènent à la cathédrale dans un carrosse découvert, ce qui lui vaut un triomphe de la population. Quand enfin elle est parvenue à l'église, le primat de Hongrie pose sur sa tête la couronne de Saint-Étienne et sur ses épaules le vieux manteau de celui-ci.

1. Alfred von Arneth, *Histoire de Marie-Thérèse, op. cit.*, vol. 1, note 27, p. 402 ; lettre de Capello du 23 juin 1741.

Dans une main, elle tient le sceptre, de l'autre l'épée avec laquelle elle va prêter serment. À lire le témoignage de Robinson [1] ou celui de l'historien de Broglie cent cinquante ans plus tard, on constate la même émotion au spectacle et à l'idée qu'une femme porte l'épée et assume le rôle le plus symboliquement masculin de guerrier. « Ce fut un charme mêlé d'attendrissement de voir cette généreuse et *faible femme* se prêter sans sourire et sans sourciller à tous les rites belliqueux institués jadis [2]. »

L'office terminé, le plus difficile reste à faire. C'est la cérémonie de la prestation de serment. Elle doit gravir à cheval et au galop une colline, dite le Mont Royal, puis une fois au sommet, tirer l'épée du fourreau et la diriger successivement sur les quatre points cardinaux. C'est ainsi que les maîtres de la Hongrie montrent au peuple leur détermination à les défendre contre l'ennemi d'où qu'il vienne. Marie-Thérèse a exécuté l'exercice avec une maîtrise parfaite, faisant ainsi la démonstration de sa force virile et qu'une reine peut être un roi. D'où le mouvement d'émotion collective qui suivit ce geste entérinant la légitimité de Marie-Thérèse aux yeux du peuple.

Deux mois et demi plus tard, c'est un tout autre rôle qu'elle joue devant la diète. Alors que les négociations traînent entre celle-ci et la cour de Vienne, la

1. William Coxe, *The History...*, *op. cit.*, vol. 3, p. 263-264.
2. Albert de Broglie, « Études diplomatiques... », art. cité, vol. 49, 1882, p. 256. Souligné par nous.

première refusant toujours de lever une armée de 30 000 hommes sans l'assurance de conserver tous ses privilèges et prérogatives, l'ennemi s'approche des portes de Vienne. Dans ce moment désespéré, Marie-Thérèse, on l'a vu, décide de changer de stratégie pour rallier les Hongrois à sa cause. Alors que ses conseillers préconisent de ne rien céder, et de ne surtout pas les armer de crainte d'une insurrection sanglante, elle décide de faire le contraire et de jouer la confiance. Puisque l'épreuve de force est un échec, elle va s'appliquer à les toucher. Le 7 septembre, elle convoque tout le gotha de Hongrie et se présente à eux comme une mère en détresse. Elle leur explique que sans leur aide, c'est tout l'empire et ses sujets qui sont en péril. Elle en appelle à leur esprit chevaleresque et leur offre un véritable partenariat. Ce discours qui ressemble davantage à une supplique qu'à un ordre produit l'effet escompté. Les magnats, souvent arrogants, sont touchés par le courage de cette jeune femme qui leur demande de veiller sur elle et sur son fils et refuse de s'avouer vaincue.

Le 11 septembre, elle réitéra son propos devant toute la diète réunie. C'est la fameuse scène déjà évoquée[1] qui scella l'union de ce peuple et de cette femme. Selon les témoins, à la fin de son discours, lorsqu'elle nomma ses enfants, Marie-Thérèse, prise d'une profonde émotion, tomba en larmes. Elle

1. Voir p. 126-127.

apparut à tous comme « l'innocence blessée ». Aussitôt, retentit d'une même voix : « Nous sacrifierons notre vie et donnerons notre sang [1]. » Ce ne fut que plusieurs jours plus tard qu'on amena le petit Joseph à Presbourg pour qu'il soit présenté aux Hongrois. L'enfant de six mois était la promesse de la longévité des Habsbourg et avec elle du pacte qui venait d'être conclu.

En l'espace de quelques semaines, Marie-Thérèse a joué des rôles bien différents. De la femme à l'épée à la mère en larmes, elle surprend et émeut. C'est le privilège de son sexe dont elle use à bon escient. Il est douteux qu'un homme à sa place eût pu convaincre les Hongrois de le rallier de cette manière. Il faut souligner qu'à l'époque, peu de souverains s'encombrent de préoccupations psychologiques ou de la volonté de convaincre leurs peuples. Marie-Thérèse sait faire de sa faiblesse une force et de son corps un moyen de communication qui parle à tout le monde. On l'a dit, c'est une grande actrice qui sait moduler sa voix, exprimer tous les sentiments et utiliser tous les registres. Au lendemain de la grande scène du 11 septembre, le comte Bonaventura Harrach écrit à son frère : « La reine a fait un discours de quelques minutes en latin d'une façon si majestueuse et gracieuse que tout le monde en a été enchanté et comme

1. Alfred von Arneth, *Histoire de Marie-Thérèse, op. cit.*, vol. 1, p. 300.

elle a le talent de réciter à merveille, l'on dit qu'elle a fait venir les larmes aux yeux à quelques vieux Hongrois. Je vous assure qu'il s'en est peu fallu que cela ne me soit arrivé à moi-même. Aucune actrice ne m'a jamais tant touché aux tragédies de Paris que la reine, en finissant son discours, à peu près en ces termes : "Je ne suis pas habile à régner ni à dominer, et je n'ai rien trouvé d'autre que de me tenir debout" [1]. »

LES PARTICULARITÉS
DE SON GOUVERNEMENT

Si l'on compare sa manière de gouverner à celle de ses commensaux de l'époque, deux traits la caractérisent. Elle est aussi autocrate qu'un Louis XV ou un Frédéric II et se révélera même d'une intolérance insupportable à l'égard de certains sujets, mais sa structure morale et religieuse la retient au bord du pire. Non seulement elle gouverne sous le regard de Dieu, mais elle veut être aimée des hommes comme des femmes. L'affectif joue un rôle prépondérant dans son mode de gouvernement et elle a montré ce talent incomparable de se faire aimer de ceux qui la servent. Elle ignore « l'ingratitude des Grands » et se montre au contraire d'une fidélité exemplaire à leur égard.

1. Vienne, *Archives familiales Harrach* 528, de Bonaventura Harrach à Frédéric-Auguste Harrach, Presbourg, 24 juin 1741.

Elle n'oublie jamais un service rendu et témoigne d'une générosité parfois excessive. Elle est loin de la dureté et du cynisme du roi de Prusse ou de l'indifférence du roi de France. Quand elle veut se débarrasser d'un ministre qui ne fait plus l'affaire, elle ne l'exile pas brutalement dans ses terres, elle le couvre de pensions et de titres honorifiques.

Amitié et fidélité

Parmi ceux qui l'ont servie loyalement toute leur vie, et ils sont nombreux, certains peuvent prétendre au titre d'ami. Même si la familiarité est à sens unique et que son statut impose respect et déférence à l'interlocuteur, Marie-Thérèse entretient une véritable relation d'amitié avec eux. Celle-ci se manifeste par une confiance absolue qui l'autorise aux confidences parfois intimes sur elle-même ou à l'aveu de ses erreurs et de ses fautes. Grâce aux correspondances qui subsistent, on est à même de parler d'« abandon ». La reine n'est plus qu'une femme qui parle à un ami et laisse voir ses failles et ses plaies. Outre Tarouca, son éminence grise, auquel elle a confié la présidence du Conseil des Pays-Bas et la direction des Bâtiments, le comte François-Xavier Rosenberg [1] aura plus tard

1. 1723-1796. Ambassadeur à Londres, Copenhague et Madrid. Marie-Thérèse le nommera en 1766 grand chambellan et président du Conseil des finances auprès de son fils Léopold, devenu grand-duc de Toscane.

l'honneur de figurer parmi ses intimes. C'est l'un de ses plus brillants diplomates, préposé aux missions délicates, notamment auprès de ses enfants devenus adultes. C'est lui qui sera chargé d'apaiser les conflits et de résoudre bien des problèmes qui naîtront entre elle et eux. Il sait tout de ses soucis maternels et politiques.

Pour d'autres, c'est moins l'affection qu'une infinie reconnaissance qu'elle tient à marquer. Après dix ans de règne, avant l'arrivée de Kaunitz aux affaires, Marie-Thérèse rend un hommage particulier à un homme qu'elle avait pourtant détesté [1] dans sa jeunesse : Bartenstein. Ce juriste, simple secrétaire du Conseil de Charles VI, était devenu son *factotum* grâce à ses talents et à ses exceptionnelles facultés de travail. Cet homme rugueux, parfois insolent, ne supportant pas la contradiction, avait été chargé par l'empereur de contraindre François-Étienne de céder la Lorraine en 1736 s'il voulait épouser Marie-Thérèse. À peine au pouvoir, elle se rend compte qu'il est son plus fidèle allié, dévoué aux intérêts des Habsbourg et d'une fermeté inébranlable contre Frédéric II. Lui seul l'a soutenue sans défaillir durant les années terribles de la guerre de Succession. Après le traité d'Aix-la-Chapelle et

---

1. AMCE, *DP, Belgique DD-B blau* : 3-4, f. 279 v. Dans une note en marge d'une lettre non datée [1747 ?] de Tarouca sur Bartenstein, Marie-Thérèse écrit : « Je peux dire que si j'ai senti une fois une haine pour quelqu'un, c'est pour celui-ci et il m'a fait [...] passer bien des mauvais moments. »

Toute sa vie, Marie-Thérèse aura l'ambition de gouverner par elle-même.
Elle entend être le maître absolu de ses États et reconnue comme telle.
Son orgueil ne supporte pas d'autre statut, allant jusqu'à refuser d'être
couronnée « impératrice consort ».

Martin van Meytens, *Marie-Thérèse en souveraine dans une robe à dentelles*, vers 1750-1755.

Père affectueux, ami fidèle et généreux avec ses proches, l'empereur Charles VI paraît distant aux autres. Indolent et mélancolique, il est de tempérament dépressif, que seules la chasse et la musique parviennent à soulager.

Johann Gottfried Auerbach, *L'Empereur Charles VI*, vers 1735.

Pour la naissance de Marie-Thérèse, il n'y eut pas de réjouissances publiques comme pour un archiduc. L'empereur Charles VI écrit à sa belle-mère : « Mon épouse [Élisabeth-Christine] n'est pas satisfaite de n'avoir eu cette fois qu'une fille, mais moi je dis que c'est toujours un enfant et j'espère que des fils et des filles suivront. » Vaines espérances puisqu'après Marie-Thérèse ne naîtront que deux filles, Marie-Anne et Marie-Amélie.

Martin van Meytens, *Charles VI et Élisabeth-Christine avec leurs filles, Marie-Thérèse, Marie-Anne et Marie-Amélie*, vers 1730.

© Bundesmobilienverwaltung / Aurimages

© KHM-Museumsverband / Aurimages

Marie-Anne est la sœur chérie de Marie-Thérèse. Après un accouchement difficile, elle contracte une infection puerpérale. Alors que l'armée prussienne est aux portes de Vienne, Marie-Thérèse s'inquiète quotidiennement de la santé de sa sœur. Sa mort l'affectera profondément.

Andreas Möller, *L'Archiduchesse Marie-Anne*, 1727.

De la mère de Marie-Thérèse, Élisabeth-Christine, ses contemporains ont surtout souligné l'extrême beauté. En réalité, c'est une authentique femme de pouvoir qui a affronté la guerre et se passionne pour la politique.

Anonyme, *Portrait d'Élisabeth-Christine von Brunswick-Wolfenbüttel.*

Marie-Thérèse a une relation plus étroite et intime avec la comtesse de Fuchs, qu'elle appelle « Mami ». Cette mère de cœur est aussi une femme de pouvoir qui sut acquérir une grande influence à la cour, où on la désignait du surnom de « Füchsin », la renarde.

Anonyme, *Portrait de la comtesse de Fuchs,* préceptrice de Marie-Thérèse, vers 1745.

La grand-mère maternelle de Marie-Thérèse, Christine-Louise
de Brunswick-Lunebourg, n'est pas non plus dénuée d'ambition.
Ce sont les grands mariages de ses filles qui constituent sa fierté :
grâce à eux, elle peut se glorifier d'être la « grand-mère de l'Europe ».

Johann Conrad Eichler, *Princesse Christine-Louise*.

Avec ses beaux yeux bleus
et son visage équilibré,
la jeune Marie-Thérèse
(ici à douze ans) possède une
grâce naturelle qui frappe
ceux qui la rencontrent.
Pourtant, elle est peu
coquette, indifférente
à ses tenues et par trop
maigrichonne, au point
d'inquiéter ses parents.

Andreas Möller,
Marie-Thérèse archiduchesse,
vers 1729.

Le jeune duc de Lorraine,
François-Étienne,
est un bel homme à l'allure
sportive. Plein de vie
et à l'aise dans le monde,
c'est un bon danseur,
un bon épéiste et un chasseur
particulièrement doué.

Anonyme, *François-Étienne
de Lorraine à l'âge de quinze ans,
en veston de chasse,*
vers 1723.

Marie-Thérèse est immédiatement tombée amoureuse de François-Étienne. À quelques jours du mariage, leurs échanges de billets témoignent, tout en restant dans les codes de l'époque, d'une véritable impatience : «Je me languis de ces jours insupportables où je n'ai pas la joie de me jeter aux pieds de ma fiancée bien aimée », lui écrit ainsi le duc de Lorraine.

Martin van Meytens, *Marie-Thérèse en fiancée*, vers 1736-1740.

Marie-Thérèse a tout fait pour magnifier l'image de la mère.
Elle inaugure une nouvelle conception de la souveraineté.

Martin van Meytens, *Portrait de la famille impériale avec onze enfants*, 1754.
À droite de la toile, Marie-Thérèse est encadrée de ses trois fils, Joseph,
Charles et le petit Léopold, ainsi que de Marie-Amélie.
À l'autre extrémité, François-Étienne est entouré de ses deux aînées, Marie-Anne
et Marie-Christine. Au centre du tableau, mais en retrait, les cinq plus jeunes,
dont on devine à peine les traits.

Les relations de Joseph,
l'héritier du trône,
avec ses parents sont
compliquées : il méprise
son père, soumis
à sa femme au point
de lui avoir abandonné
le pouvoir, et admire
Frédéric II, qu'il considère
comme son modèle bien
qu'il s'agisse du principal
ennemi de sa mère.

Martin van Meytens
(attribué à), *Joseph
jeune homme*, vers 1765.

L'archiduchesse
Marie-Anne, la fille aînée,
est longtemps la préférée
de ses parents, bien qu'elle
soit pour eux un souci
permanent : de santé
très fragile depuis
sa naissance, elle est née
« contrefaite » et ne sera
donc jamais mariée.

Martin van Meytens,
Marie-Anne,
vers 1762-1765.

François-Étienne est élu puis couronné empereur des Romains en 1745.
Implicitement, son nouveau rôle honorifique signe la fin de la corégence :
à Marie-Thérèse le pouvoir sans partage sur les États héréditaires des Habsbourg,
à lui la gestion d'un empire fantomatique.

Martin van Meytens, *François Ier*, vers 1745-1750.

En 1741, Marie-Thérèse devient « roi » – et non « reine » – de Hongrie. Lors de la cérémonie du couronnement, elle doit gravir à cheval au galop le mont royal puis, une fois au sommet, tirer l'épée du fourreau et la diriger successivement sur les quatre points cardinaux. De l'avis de tous, elle exécute l'exercice avec une maîtrise parfaite, faisant la démonstration de sa force virile et qu'une reine peut être un roi.

Martin van Meytens, *La Chevauchée de Marie-Thérèse sur la colline du couronnement le 25 juin 1741.*

À peine son père est-il mort que Marie-Thérèse doit affronter la guerre de succession d'Autriche. Attaquée de partout, elle est caricaturée en « reine nue ». Quelques années plus tard, on l'entendra affirmer : « Je donnerais plutôt ma chemise et mon jupon que la Silésie. »

Caricature anglaise (détail), 1742.

Une sorte de rivalité oppose d'abord les deux souveraines, tant sur le plan de leur statut – Marie-Thérèse est légitime, Élisabeth Iʳᵉ de Russie l'aventurière d'un coup d'État – que sur un plan plus personnel et féminin. Elles se rapprochent néanmoins, au point que la souveraine d'Autriche considère la tsarine comme sa « meilleure alliée ».

Charles Amédée
Philippe van Loo,
*Portrait de l'impératrice
Élisabeth Petrovna*, 1760.

Marie-Thérèse avait évoqué le « siècle des femmes », en parlant de sa relation avec Élisabeth. La solidarité féminine est cependant mise à l'épreuve de la rivalité politique avec l'arrivée au pouvoir de Catherine II sur le trône de Russie, puisqu'elle choisit de s'allier avec la Prusse contre l'Autriche.

Fyodor Rokotov,
*Portrait de l'impératrice
Catherine la Grande*, 1763.

Frédéric II et Marie-Thérèse
sont montés sur le trône
à quatre mois d'intervalle.
Ils sont de la même génération
mais leurs personnalités,
leurs valeurs et leurs goûts
sont aux antipodes.
Son objectif, la grandeur
et l'élargissement du modeste
royaume de Prusse, fait de
Frédéric II le principal ennemi
de la reine d'Autriche.

Antoine Pesne,
*Le Prince de la couronne
Frédéric II*, vers 1739-1740.

Si Louis XV a assuré
la loyauté de la France
à Marie-Thérèse lors de
son accession sur le trône,
il reste bien silencieux alors
que l'agression prussienne
ouvre la guerre de
Succession d'Autriche,
et se range *de facto*
aux côtés de Frédéric II.
Quinze ans plus tard
cependant, il devient
le fidèle allié de l'Autriche,
alliance qu'il scelle par
le mariage de son petit-fils
avec Marie-Antoinette.

Quentin de La Tour, *Portrait
de Louis XV en buste*, 1748.

Kaunitz est l'homme le plus puissant de la monarchie autrichienne et le principal partenaire de Marie-Thérèse dans l'exercice du pouvoir.

Jean-Étienne Liotard, *Le Comte Wenzel Anton Kaunitz*, 1762.

Martin van Meytens,
*Johann Christoph Freiherr
von Bartenstein*, vers 1740.

De Bartenstein, son ministre
des Affaires étrangères,
et de Haugwitz, aux finances,
comme de Tarouca, son fidèle
conseiller, et de Koch, son
secrétaire, Marie-Thérèse
dira : « Tant que je vivrai,
je garderai à ces quatre
personnages [...] le souvenir
reconnaissant des services
qu'ils m'ont rendus,
à moi et à l'État. »

Johann Michael Militz,
*Friedrich Wilhelm
von Haugwitz*, 1763.

À partir de la disparition de François-Étienne, l'impératrice observe un deuil très strict et n'apparaît plus à la cour. Mais elle est loin de renoncer à son rôle de souveraine.

Anton von Maron, *Marie-Thérèse en veuve*, vers 1768-1770.

Elle souhaiterait guider l'empereur Joseph II, mais la corégence avec son successeur est des plus houleuses. Elle a tout aussi peur de perdre l'amour de son fils, que de voir son empire prendre une autre route que celle qu'elle a tracée. Léopold II, le fils cadet, a laissé des notes éclairantes sur l'ambivalence de Marie-Thérèse, le caractère de Joseph et leur impossible réconciliation.

Pompeo Batoni, *Portrait de l'empereur Joseph II et de son frère le grand-duc de Toscane*, futur Léopold II, 1769.

l'arrivée de Kaunitz dans son entourage proche, le caractère de Bartenstein est de moins en moins compatible avec le sien [1], et encore moins avec celui de la nouvelle étoile montante. Elle décide de se séparer de lui en 1753, avec de multiples compensations financières et honorifiques pour qu'il n'ait pas l'air de tomber en disgrâce. Dans son *Testament politique*, elle le couvrira d'éloges, reconnaissant : « c'est à lui seul que je dois la préservation de la monarchie. Sans lui tout aurait été perdu [2] ». C'est un grand homme d'État, ajoutera-t-elle, auquel elle a accordé toute sa confiance dont il n'a jamais abusé. De lui, comme de son ministre des Finances, Haugwitz [3], de Tarouca et de Koch, son fidèle secrétaire, elle dira : « Tant que je vivrai, je garderai à ces quatre personnages, à leurs enfants et petits-enfants, le souvenir reconnaissant des services qu'ils

1. *Journal* de Johann Josef Khevenhüller-Metsch, *op. cit.*, 5 janvier 1748, vol. 2, p. 200-201 : « Conversation animée entre [Bartenstein] et l'impératrice. L'empereur aurait bien souhaité les apaiser, mais les deux étaient si emportés qu'il ne put rien faire […]. Il perdit la tramontane, croula aussi dans des reproches très indécents concernant les services qu'il avait fournis et fit un tel bruit qu'on pouvait l'entendre jusqu'à la seconde antichambre de l'empereur […]. L'impératrice apparut encore échauffée par cette scène. Je me pliais en quatre pour pacifier les esprits […]. L'impératrice, tels ces gens trépidants dont les premiers feux s'atténuent, mit enfin de l'eau dans son vin. »
2. C.A. Macartney, *The Habsburg and Hohenzollern Dynasties, op. cit.*, p. 101.
3. 1702-1765. Chargé de la centralisation des États, de la réforme administrative, économique et fiscale, Frédéric-

m'ont rendus à moi et à l'État. Je fais un devoir à mes successeurs d'agir de même avec leurs descendants, aussi longtemps qu'il en subsistera [1]. »

Fidélité et reconnaissance sont les deux mots clés du gouvernement de Marie-Thérèse. Il en sera de même à l'égard de tous ceux qui l'ont bien servie, ministres, collaborateurs et militaires, tels les maréchaux Khevenhüller et Daun durant la guerre de Succession. Lorsque Daun sera l'objet de toutes les critiques en 1759 pour son inertie incompréhensible lors de la guerre de Sept Ans, elle ne cessera de le défendre bec et ongles, et ne cédera pas aux demandes pressantes de son rappel. Quand on a acquis sa confiance, c'est pour toujours. Celle-ci ne se limite pas aux hommes de son entourage. Elle s'étend également aux femmes.

La diplomatie par les femmes

Marie-Thérèse ne s'est pas contentée d'avoir des amies fidèles ni même d'avoir suscité la solidarité d'inconnues, comme ces Anglaises qui ont pris son parti contre le roi de Prusse en 1742. Elle a su reconnaître l'intelligence et le mérite de certaines, proches ou éloignées, et faire d'elles secrètement ses collaboratrices ou

Guillaume Haugwitz fut un des plus grands ministres de Marie-Thérèse, à l'origine de la modernisation de la monarchie autrichienne. On y reviendra p. 196.

1. C.A. Macartney, *The Habsburg and Hohenzollern Dynasties, op. cit,* p. 117.

ses alliées. Il y a loin du propos de la reine qui affirmait au début de son règne « Les femmes ne doivent surtout pas raisonner sur les affaires [1] », à celui confié au comte de Rosenberg vingt-cinq ans plus tard : « Je ne suis ni prévenue en faveur de mon sexe, ni assez injuste de vouloir l'exclure des affaires si on lui trouve des qualités nécessaires [2]. » Le temps passant, elle a eu diverses occasions d'apprécier leurs compétences et leur fidélité.

Marie-Thérèse a d'abord recruté au sein de sa propre famille. Durant la période la plus scabreuse de la guerre de Succession, en septembre et octobre 1741 lorsque Vienne se prépare à être assiégée, elle fait appel secrètement à sa mère et à sa tante, l'impératrice Amélie, qui ont des relations familiales et amicales avec ses ennemis, pour les amadouer et tenter de négocier. Élisabeth-Christine (censée ne se mêler jamais de rien) reprend contact avec son cher neveu, le jeune duc Ferdinand de Brunswick. Avant de servir dans l'armée du roi de Prusse, il a séjourné à Vienne jusqu'en mai 1740 et a véritablement enchanté l'impératrice qui lui écrivait chaque semaine fort tendrement comme à un fils [3]. La

1. Vienne, *Archives familiales Harrach* 534, lettre de Rose Harrach à son père Frédéric-Auguste, Presbourg, 26 août 1741.
2. Archives de la province de Carinthie (Klagenfurt), *Famille Orsini-Rosenberg*, 77, fasc. 65/355 a-1, Schönbrunn, 1er septembre 1766.
3. 1721-1792. Ferdinand de Brunswick est un Wolfenbüttel comme Élisabeth-Christine. C'est un homme et un soldat remarquables. Après son départ, elle lui écrit qu'elle aura du mal à s'habituer à son absence (6 mai 1740), que tout est triste

correspondance, interrompue avec la guerre, reprend sur un tout autre ton pour qu'il intervienne auprès de Frédéric. Il s'agit d'obtenir la promesse de sa neutralité dans la guerre qui oppose Français et Bavarois à la reine de Hongrie. Or jamais Élisabeth-Christine n'aurait pris sur elle d'écrire – sans le consentement de sa fille : « La reine, ma fille, accordera [au roi de Prusse] tout ce que personne ne saurait garantir qu'elle-même, s'il aide à la mettre en cet état d'entière tranquillité et que le roi aide à éteindre le feu qu'il a allumé [1]. » Cette proposition, réitérée auprès de la sœur préférée du roi de Prusse, la margrave de Bayreuth, n'eut de suite qu'une lettre insolente du charmant neveu et un haussement d'épaule du roi [2].

De son côté la tante Amélie qui vivait discrètement dans son couvent viennois fut elle aussi mise à contribution. Sa situation était beaucoup plus délicate. Belle-mère et mère de l'électeur et l'électrice de Bavière, elle était au cœur d'intérêts opposés, tiraillée entre ses sentiments maternels et son affection loyale pour Marie-Thérèse. Elle se rallie à cette dernière et tente de

et sombre sans lui (14 mai) qu'elle a toute la tendresse de mère pour lui car il est son « cher fils » (16 mai), etc. Voir AMCE, *AMI, Correspondance familiale A* 34-1-5.

1. *CP Autriche*, vol. 229, Vienne, 11 septembre 1741, f. 333 v.

2. *CP Prusse*, vol. 118, Valory à Amelot, du camp près de Neisse, 23 septembre 1741, f. 140 v : « Le roi de Prusse m'a montré une lettre de la margrave de Bayreuth qui lui envoie une lettre que l'impératrice lui écrit par laquelle elle l'invite dans les termes du monde les plus touchants à engager le roi

convaincre sa fille, l'électrice Marie-Amélie, de l'aider à éviter le pire. « Le zèle pour le bien de la chrétienté, l'empressement à épargner le sang chrétien et à prévenir les malheurs qui menacent l'Europe ont fait que je me suis chargée volontiers de faire connaître par votre moyen à Monsieur l'électeur de Bavière les sentiments où l'on est ici présentement [...]. L'on désire s'accommoder à l'amiable avec monseigneur l'électeur, et s'il veut écouter les propositions qu'on lui fera, l'on assure qu'elles seront réelles et effectives ; on lui laisse le choix du lieu, de la manière et du ministre qu'on lui enverra [...]. Faites, ma chère fille, que monseigneur l'électeur réfléchisse que le sort des armes est douteux, que son refus d'écouter ce qu'on lui veut proposer sera la ruine de tant de pays et de ceux même qu'il l'acquerra et peut-être des siens propres [1]. »

Quatre jours plus tard, elle écrit à nouveau à sa fille pour obtenir une réponse avant une semaine : « Notre reine ici vient de m'écrire une lettre touchante [...]. On la presse de s'accommoder avec le roi de Prusse et n'a pu obtenir que sept jours de délai pour obtenir la réponse de M. l'électeur, [sans quoi] la sentence sera prononcée et l'on cédera la Silésie qui sera abandonnée aux hérétiques [protestants] [2]. »

son frère à se lier avec la reine [...]. Le roi a dit qu'il voit bien que la tête tourne à ces gens-là. »

1. *CP Bavière*, vol. 92, du couvent de la Visitation de Sainte-Marie, 15 août 1741, f. 438 r-439 r.
2. *Ibid.*, 19 août 1741, f. 454 r.

L'électrice Marie-Amélie répondit sèchement à sa mère par une fin de non-recevoir [1].

Marie-Thérèse eut d'autres émissaires féminins, chargées de convaincre les épouses des souverains du bien-fondé de sa politique et de sa bonne foi. C'était une sorte de diplomatie par les femmes qui doublait ou se substituait à celle des hommes. Tel est le cas de Charlotte-Élisabeth von Klenck, première demoiselle d'honneur de l'impératrice Amélie depuis son arrivée à Vienne en 1700. Elles étaient toutes deux originaires du Hanovre, et Mlle de Klenck exerçait une grande influence sur sa maîtresse. Femme puissamment intelligente, elle entretenait une correspondance avec Leibniz et servait d'intermédiaire entre l'impératrice Amélie et lui. À la cour de Vienne, c'est une femme respectée pour son esprit [2], son entregent et ses qualités morales [3].

Comme elle a veillé sur l'éducation des deux filles de l'impératrice Amélie, devenues respectivement reine de Pologne et électrice de Saxe pour l'aînée et électrice de Bavière et impératrice pour la cadette,

1. *Ibid.*, 28 août 1741, f. 510 r-511 r.
2. Frédéric Harrach conseillait à son jeune frère de la fréquenter : « Mlle de Klenck, ma bonne amie, est une vieille fille qui a beaucoup d'esprit, qui aime que les jeunes aient confiance en elle [...] », 20 janvier 1733 ; Vienne, *Archives familiales Harrach* 641.
3. *Lettres et mémoires du baron de Pöllnitz, op. cit.*, t. I, p. 314 : « Si le caractère d'honnête-homme peut être attribué au sexe, Mlle de Klenck le mérite plus que toute autre [...]. On ne peut avoir plus de droiture et de générosité. »

Marie-Thérèse donne pour mission à la demoiselle de convaincre ses deux anciennes élèves de se rapprocher d'elle [1]. La première mission a lieu en Saxe auprès de la reine Marie-Josèphe durant l'été 1743. L'objectif est d'engager la Saxe à « entrer dans les vues de la cour de Vienne, ou si elle ne peut y réussir, de tâcher au moins de la détourner de toute liaison avec la France [2] ». Après cinq mois de cour assidue à la reine de Pologne, le représentant de la France affirme que « Mlle de Klenck est mécontente de son voyage par rapport à sa négociation ; elle a trouvé trop d'opposition à se prêter aux vues de la cour de Vienne [3] ».

Deux ans plus tard, Mlle de Klenck fut chargée d'une mission similaire auprès de sa seconde pupille, l'impératrice douairière Marie-Amélie de Bavière. À la fin de la guerre victorieuse de l'Autriche contre la Bavière, Marie-Thérèse entreprit de séduire le jeune

1. *Journal* de Johann Josef Khevenhüller-Metsch, *op. cit.*, vol. 2, 24 mai 1745, p. 60 : « Cette baronne [Mlle de Klenck] avait toujours su s'emparer des meilleurs moyens pour entretenir de bonnes relations et des réconciliations entre notre Maison et celles de Saxe et de Bavière, et c'est la raison pour laquelle elle avait été particulièrement cajolée et distinguée par la reine et le duc. »
2. *CP Saxe*, vol. 29, Dresde, 18 septembre 1743, f. 97 r. Comme cette mission ne nous est connue que par les comptes rendus du représentant de la France à Dresde, évidemment hostile à la présence de Mlle de Klenck, il est difficile d'en mesurer exactement les effets.
3. *Ibid.*, Dresde, 2 octobre 1743, f. 151 v-152 r.

électeur Maximilien, et pour cela de gagner sa mère à sa cause. « Elle ne pouvait pour cet effet choisir mieux que Mlle de Klenck, nouvellement arrivée. Mais quelqu'ascendant que celle-ci puisse avoir conservé sur sa pupille et quelque talent qu'on lui donne, ce ne sera pas l'affaire d'un jour de pervertir une fidélité aussi constante [à la France] [1]. »

On ignore les résultats précis de la diplomate, mais l'on sait qu'il ne faudra pas si longtemps pour que la Bavière prenne ses distances avec la France et rejoigne le parti autrichien. Marie-Thérèse lui marquera sa reconnaissance en lui laissant la jouissance de son appartement à la cour après la mort de sa maîtresse Amélie en 1742, jusqu'à son propre décès en 1748.

Enfin, Marie-Thérèse elle-même pratiqua une diplomatie secrète et féminine avec Antonia de Bavière [2], fille aînée de l'empereur Charles VII et épouse depuis 1747 de l'héritier de la Saxe, Frédéric IV. Une double correspondance subsiste entre les deux femmes. L'une officielle, amicale, souvent familiale, couvre les années 1747 à 1772 [3] ;

1. *CP Bavière*, vol. 120, Munich, 9 juillet 1745, f. 124 r-v.
2. 1724-1780. Antonia de Bavière était une femme fort intelligente et intrigante qui avait une grande influence, tant sur son frère l'électeur Maximilien que sur son mari Frédéric. Elle a laissé un certain souvenir chez les mélomanes de son époque, étant elle-même une grande musicienne. Elle a composé des opéras, chantait et jouait du clavecin remarquablement.
3. Publiée par Woldemar Lippert en 1908 sous le titre *Kaiserin Maria Theresia und Kurfürstin Maria Antonia von Sachsen,*

l'autre, secrète et codée, s'étale de 1748 à 1754. Elle est essentiellement politique, même si des confidences féminines et maternelles s'y adjoignent parfois[1]. L'intérêt commun des deux femmes est leur hostilité à l'égard de Frédéric et des Français, ainsi que leur volonté de rester unies aux Anglais et aux Russes.

C'est probablement Marie-Thérèse qui prit l'initiative de cette correspondance. Elle devait bien savoir par le comte de Chotek, son ambassadeur en Bavière, les partis pris d'Antonia, et ce, d'autant mieux que celle-ci fût la maîtresse de ce dernier[2], jusqu'à son mariage. Dès 1747, la reine de Hongrie envoie des présents à Antonia pour sa fête et son anniversaire. Elle juge cette interlocutrice précieuse, non seulement par l'influence qu'elle a exercée sur son frère électeur, mais par celle aussi qu'elle peut exercer sur son mari saxon. À lire les lettres d'Antonia, on comprend que Marie-Thérèse possède la meilleure espionne qui soit, tant à la cour de Munich qu'à celle de Dresde. Celle-ci raconte tout ce qu'elle sait des deux cours et de leurs négociations secrètes. Elle prend des risques considérables qui lui valent l'amitié de sa correspondante. Peu à peu, elles évoquent des sujets plus personnels, car

Briefwechsel 1747-1772, Leipzig, 1908. Ces lettres sont rédigées en français.

1. AMCE, *AMI, Correspondance familiale A* 37-1-12, sous le titre « Correspondance secrète d'une amie "AB" à l'impératrice Maria Theresia, 1748-1754 ». En français également.

2. *CP Bavière*, vol. 126, Munich, 2 mars 1747, f. 4 v-6 v.

Marie-Thérèse est habile à susciter amitié et dévoue-ment. Elle donne des conseils pour les couches d'Anto-nia et l'on sent bien que cette dernière est fière de cette intimité. Les deux femmes ont eu plusieurs rendez-vous manqués et finalement ne se sont jamais rencon-trées. Leur correspondance officielle s'arrêtera en 1772, probablement parce que Antonia multiplie par trop ses intrigues avec Frédéric II.

Sa « meilleure alliée »

Tout a très mal commencé entre Marie-Thérèse et la tsarine Élisabeth Ire de Russie. Celle-ci, arrivée au pouvoir par un coup d'État, le 6 décembre 1741, contre la régente Anna Leopoldovna, cousine par alliance et alliée fidèle de la reine de Hongrie, ne pou-vait que lui déplaire. Certes, ce coup d'État n'avait fait ni mort ni blessé et la famille détrônée n'était condamnée qu'à l'exil, loin de Moscou, mais tout le monde savait les liens affectueux – ou plus – d'Élisabeth avec l'ambassadeur de France [1] et son admiration pour Frédéric II. Marie-Thérèse avait de quoi s'inquiéter pour la continuité de l'ancienne

---

1. Le marquis de La Chétardie (1705-1759), arrivé en Russie en tant que ministre plénipotentiaire en 1739, avait pour mission de développer les liens entre la France et la Russie. Bel homme et séducteur, il se lia très tôt avec Élisabeth, francophile, et fut mis dans la confidence du coup d'État. Une rumeur tenace voulait qu'il fût l'amant de la future tsarine.

alliance entre l'Autriche et la Russie, d'autant que les deux femmes, aux antipodes l'une de l'autre, se jaugeaient sans sympathie excessive. L'héritière des Habsbourg regardait avec condescendance la fille née hors mariage de Pierre le Grand et commença par lui refuser obstinément le titre d'impératrice. Élisabeth, vexée, se moquait volontiers de « la reine nue » qui se laissait dépouiller de ses États. Une sorte de rivalité opposait les deux souveraines, tant sur le plan de leur statut – la légitime et vertueuse reine de Hongrie contre l'aventurière d'un coup d'État – que sur un plan plus personnel et féminin.

Élisabeth de Russie a trente-deux ans [1] quand elle parvient au pouvoir, et huit ans de plus que Marie-Thérèse. Tous les ambassadeurs qui se sont succédé en Russie s'accordent à trouver la tsarine d'une grande beauté – la plus belle femme de son empire –, d'une grâce et d'un charme exceptionnels. On la dit intelligente et pleine d'esprit, dévote jusqu'à la superstition, mais aimant les plaisirs à la folie. L'ambassadeur du roi de Prusse écrit en 1744 qu'« elle est extrêmement jalouse de la beauté et de l'esprit des personnes de son rang, d'où vient qu'elle recherche du mal à la reine de Hongrie et à la princesse royale de Suède [2] ».

1. 29 décembre 1709-5 janvier 1762.
2. Francine-Dominique Liechtenhan, « La Russie d'Élisabeth vue par les diplomates prussiens », *Cahiers du monde russe*, n° 3, vol. 39, juillet-septembre 1998, p. 256. *Mémoires de Mardefeld sur les personnalités les plus importantes à la cour de Russie.*

Sentiment partagé encore en 1755 par l'ambassadeur d'Autriche qui note de même sa jalousie contre toutes les femmes qui peuvent le lui disputer en jeunesse ou en beauté et rend assez invraisemblable qu'elle puisse aimer « une princesse [Marie-Thérèse] qui, par ses seules vertus et la gloire solide de son règne, lui est si fort supérieure [1] ». Si l'on ajoute à cela qu'Élisabeth est aussi paresseuse [2] que Marie-Thérèse est travailleuse, qu'elle est réputée avoir une sexualité débridée et ne penser qu'aux divertissements et à ses tenues dont elle change six fois par jour, on voit mal comment l'entente pouvait naître entre deux caractères aussi différents.

Jusqu'en 1745, une véritable mésentente règne entre les deux femmes, à la plus grande joie du roi de Prusse qui fait tout pour mettre de l'huile sur le feu. L'origine en est peut-être moins une rivalité féminine qu'un ressentiment lointain contre les Habsbourg. Un témoin rapporte qu'à un dîner chez la tsarine au printemps 1742, elle se serait laissée aller à déclarer :

1. Ludwig Zinzendorf, « Mémoire sur la Russie, sur l'impératrice Élisabeth, sur sa cour et son gouvernement », in Gustav B. Volz et Georg Küntzel (dirs), *Preussische und Österreichische Acten zur Vorgeschichte des Siebenjärhrigen Krieges*, Leipzig, 1899, p. 680.
2. Le moindre papier à signer, rescrit ou lettre, attendait des mois sur son secrétaire, ce qui rendait, selon le cas, hystériques ou mélancoliques son chancelier, ses ministres et tous les ambassadeurs étrangers.

« Une aversion insurmontable m'éloignera constamment d'une nation [l'Autriche] qui a ici beaucoup d'amis et de partisans. On gagnerait peu à entreprendre de me faire épouser les intérêts de la reine de Hongrie ; et lorsque quelques personnes pour me persuader sur ce point font intervenir adroitement le traité que la cour de Vienne a conclu avec ma mère [1726], elles devraient songer que la Maison d'Autriche pour bien remplir ce traité aurait dû tout employer pour me faire parvenir à la couronne après la mort de Pierre II ; il n'y a sorte de maux, au contraire qu'elle n'ait cherché à me faire ; la reine de Hongrie et sa postérité peuvent donc devenir ce qu'ils voudront et ne s'attendre de ma part à aucune assistance [1]. »

Le fait qu'au même moment Marie-Thérèse se soit enfin déterminée à reconnaître la tsarine en qualité d'impératrice [2] ne changera rien aux sentiments personnels de cette dernière, sinon l'impression d'avoir triomphé de la hauteur bien connue des Habsbourg. L'acrimonie d'Élisabeth était soigneusement entretenue par Frédéric II qui ne redoutait rien tant qu'une véritable union entre les deux femmes. S'il était sûr de sa supériorité militaire sur l'Autriche, il craignait la puissante armée russe. Il lui fallait donc empêcher à tout prix une réconciliation entre elles deux. Pour

1. *CP Russie*, vol. 40, Moscou, 4 juin 1742, f. 167 r-v.
2. *Ibid.*, Moscou, 23 juillet 1742, f. 337 v.

ce faire, il écrivait des lettres enamourées à la tsarine, la couvrait de cadeaux et de décorations et l'assurait être son meilleur ami. Il l'entretenait aussi des mauvaises intentions de la cour de Vienne qui ferait tout son possible pour se débarrasser d'elle et remettre sur le trône le jeune Ivan VI et sa régente de mère qu'elle avait destitués.

C'est dans ce contexte que fut mis en cause l'ancien ambassadeur de Marie-Thérèse à Moscou, le marquis de Botta, accusé, l'été 1743, d'avoir trempé dans un complot contre la tsarine. Les relations entre les deux femmes s'envenimèrent encore plus lorsque Marie-Thérèse, outrée qu'on pût la soupçonner d'une telle calomnie, demanda à juger sur pièces et qu'on lui envoie l'acte d'accusation contre son ambassadeur, alors en place à Berlin. Après examen des charges par une commission de Vienne, lesquelles consistaient en des aveux obtenus sous la torture, il fut conclu qu'il n'y avait aucune preuve des imputations faites contre Botta, lequel dut néanmoins écrire son apologie à Pétersbourg et s'accuser de maladresse. La tsarine, furieuse qu'on mette en doute sa parole et surtout sa bonne foi, le fut plus encore quand Marie-Thérèse fit publier dans les *Nouvelles d'Amsterdam*[1] le rescrit qu'elle avait envoyé à ses ministres dans les cours étrangères pour dénoncer l'injustice dont Botta était victime.

1. N° 92, 15 novembre 1743, « Rescrit de Maria Theresia, 14 octobre 1743 ».

L'aigreur réciproque était à son comble quand Marie-Thérèse, encore une fois en très mauvaise posture militaire, décida qu'il était urgent de se réconcilier avec la tsarine et de renouveler le traité défensif entre les deux pays qui venait à échéance en 1746. Elle envoya en août 1744 à Moscou un ambassadeur extraordinaire, le comte Philippe Rosenberg, se plier à toutes les exigences de la cour de Russie. Marie-Thérèse dut faire un démenti public de ses propos antérieurs, reconnaître la culpabilité de Botta, et concéder un *mea culpa* en bonne et due forme [1]. C'était l'humiliation totale de Marie-Thérèse dont Élisabeth avait fait une condition pour tourner la page de la dissension et envisager la reconduction de leur traité de paix.

Bien que Marie-Thérèse se soit fendue d'une lettre personnelle [2] à Élisabeth, toute de miel et d'émotion, cela n'aurait pas suffi à établir un lien sincère entre elles deux. C'est l'évolution des sentiments d'Élisabeth à l'égard de Frédéric qui changea la donne. Son chancelier Bestucheff, tout acquis à l'alliance avec l'Autriche, lui ouvrit les yeux sur l'homme qui faisait le galant avec elle. « Il détruisit le roman que le roi de Prusse entretenait si soigneusement et lui fit entendre que le sexe n'avait jamais été l'objet des attentions de ce prince [3]. »

1. *CP Russie*, vol. 45, Moscou, 3 novembre 1744, f. 212 r-213, déclaration de Rosenberg.
2. AMCE, *Division des États, Russie II*, 210, f. 146, s.l.n.d. [octobre 1744 ?].
3. Ludwig Zinzendorf, « Mémoire sur la Russie... », art. cité, p. 679.

Des soldats russes qui avaient servi dans l'armée prussienne, au fait de croustillants détails, confirmèrent les dires du chancelier. Ils furent beaucoup questionnés et leurs réponses achevèrent d'indisposer Élisabeth. « Elle prit le roi de Prusse en aversion, sa fausseté lui parut impardonnable [1]. » Plus décisive encore fut sa prise de conscience du danger qu'il représentait par sa politique expansionniste, notamment à l'égard de la Saxe [2] et de la Pologne qu'elle considérait sous sa protection. La dégradation de leurs relations diplomatiques se solda par la rupture des relations entre les deux pays en 1751.

À l'inverse, les deux souveraines se rapprochèrent de plus en plus après le renouvellement de leur alliance en 1746 [3]. Marie-Thérèse exprima sa joie et

1. *Ibid.* Par ailleurs, l'ambassadeur autrichien en Russie, von Pretlack, note le 5 mai 1746 : « Ce prince, remarquant bien que son crédit tombe ici à vue d'œil, a écrit depuis peu deux fois de suite de sa propre main en français à Sa Majesté impératrice. Ces lettres sont remplies de flatteries et même conçues dans des termes si galants, comme si l'amant et l'adorateur le plus parfait écrivait à sa maîtresse. Mais malgré cela, elles n'ont pas fait l'effet qu'il en attendait, et même elle n'y a pas répondu et n'y répondra pas, ce que pourtant autrefois elle faisait exactement. » AMCE, *Division des États, Russie I*, 24, f. 63 v-64 v.

2. Frédéric avait déjà violé le territoire saxon pour prendre Prague en septembre 1743 et avait récidivé fin 1745 avec la prise de Dresde.

3. Ce traité d'alliance défensive fut conclu à Pétersbourg le 22 mai 1746 « entre les deux impératrices » et ratifié le 2 juillet par Élisabeth. L'envoyé français note : « Je ne saurais disconvenir que [...] l'union une fois établie entre les deux cours ne

son immense gratitude à son alliée en la faisant marraine de son dernier-né, l'archiduc Léopold, en mai 1747. Dorénavant Marie-Thérèse et Élisabeth marcheront main dans la main contre leur ennemi commun. Lors de la guerre de Sept Ans, Élisabeth fait preuve d'une loyauté remarquable à l'égard de sa « sœur ». Non seulement, elle proposa un traité d'alliance offensive avec l'Autriche contre la Prusse en avril 1756, mais elle s'engagea à mettre sur pied une armée de 80 000 hommes qui ne poseront les armes que lorsque la Silésie et le comté de Glatz seront rendus à l'Autriche. En échange, elle obtint de celle-ci qu'elle fasse de même tant que le duché de Prusse n'était pas rendu à la Russie [1].

C'est principalement grâce à l'armée d'Élisabeth qui gagna la grande bataille de Kunersdorf le 12 août 1759 et prit Berlin en octobre 1760 que Frédéric fut mis à genoux, dans un grand état de désespoir. Mais la tsarine refusa toujours de signer une paix séparée avec le roi de Prusse, faisant preuve ainsi d'une fidélité indéfectible à son alliée [2]. Sa mort prématurée le

s'achemine à la liaison la plus intime. » *CP Autriche*, vol. 49, 23 juillet 1746, f. 27 r.

1. La Russie ne réclamera l'ensemble du royaume de Prusse qu'en décembre 1759, en guise de compensation pour sa participation à la guerre de Sept Ans.

2. C'était aussi l'avis du comte de Choiseul, ambassadeur de France à Vienne, qui écrit le 2 octobre 1759 : « Cette princesse a l'âme grande et généreuse, elle est zélée pour la cause commune, elle est ferme dans l'alliance, elle pense noblement et agit de bonne foi. » *CP Autriche*, vol. 274, f. 4 r.

5 janvier 1762, et l'arrivée de Pierre III sur le trône, changèrent le cours de la guerre et sauvèrent Frédéric du désastre. Mais Marie-Thérèse garda une éternelle reconnaissance pour sa sœur Romanov qui laissa le nom d'*Élisabeth la Clémente*[1]. À l'arrivée au pouvoir de Catherine II, elle confiera à son amie Antonia de Saxe : « Elle ne sera jamais Élisabeth, n'aura ni son cœur ni ses sentiments. Elle est fausse, on ne peut plus [...][2]. »

Marie-Thérèse avait eu raison d'évoquer en 1757 le « siècle des femmes[3] », en parlant d'Élisabeth et d'elle-même. Mais la suite prouvera que la politique l'emporte souvent sur la solidarité féminine.

L'EXERCICE ABSOLU DU POUVOIR

Jalouse de son autorité

Si Marie-Thérèse a fait patte de velours au début de son règne, se montrant attentive aux avis des ministres de son père, elle a vite compris que leur pouvoir exorbitant interdisait toute réforme de l'État monarchique qui sur bien des points, conservait des

---

1. Élisabeth avait la réputation d'être bonne et généreuse. Ayant horreur du sang versé – hors guerre – elle gracia systématiquement tous les condamnés à mort sous son règne.
2. Woldemar Lippert, *Kaiserin Maria Theresia...*, *op. cit.*, p. 167, lettre du 10 juin 1763.
3. *CP Autriche*, vol. 258, 23 juillet 1757, f. 308 r.

formes médiévales. Dans son *Testament politique*, elle se livre à une analyse particulièrement sévère de ses ancêtres, et de son père en particulier, qui ont peu à peu abandonné leur autorité à leurs ministres :

> Sous les règnes précédents, les ministres ont reçu [...] des dons très considérables en domaines ou en argent, non seulement parce qu'ils savaient s'attirer par la flatterie les bonnes grâces de la munificence impériale, mais aussi parce qu'ils possédaient seuls l'oreille du monarque, ils ont pu obtenir tout ce qu'ils désiraient. Grâce à ces moyens leur puissance s'est tellement accrue, qu'ils sont plus respectés et redoutés dans leurs provinces que le souverain lui-même [...]. Sous tous les empereurs, le crédit et le prestige des ministres ne cessèrent de grandir, parce que chacun d'eux était dans son département aussi maître que l'empereur. Aussi tenaient-ils, dans presque toutes les provinces, les États à leur libre et entière disposition, attendu que chaque ministre, étant ordinairement le plus grand propriétaire de sa province, exerçait une influence prépondérante dans l'Assemblée des États. Le prince voulait-il obtenir des États les subsides nécessaires à l'entretien de l'armée et au salut des pays, force lui était d'accorder aux ministres, qui seuls pouvaient lui faire accueillir sa demande, tous les avantages qu'ils désiraient [1].

Pour mettre fin à la surpuissance des ministres, Marie-Thérèse entreprit, entre 1748 et 1749, dès la fin

1. C.A. Macartney, *The Habsburg and Hohenzollern Dynasties, op. cit.*, p. 107 et 108.

de la guerre de Succession, deux réformes administratives fondamentales. Elle chargea le comte Haugwitz, fonctionnaire de grande envergure, de les mettre en œuvre. La première fut une réforme des contributions dont l'administration ne devait dépendre que du gouvernement central et non plus des États. La seconde consista à séparer la justice des affaires politiques et à fondre les chancelleries de Bohême et d'Autriche en un seul collège. Il s'agissait « de créer un État qui ait autorité sur toutes les composantes de la monarchie [1] », dont le centre serait à Vienne. Bref, de créer un État moderne et centralisé, tel qu'il existait déjà en France ou en Prusse. Ces réformes suscitèrent une violente opposition de la plupart de ses ministres qui se voyaient dépouillés d'une grande partie de leurs pouvoirs, ainsi que des administrations locales. Mais Marie-Thérèse procéda avec habileté et tint bon.

La reine veut un État fort qu'elle gouverne seule avec les conseils d'hommes qu'elle a choisis pour leurs compétences, leur honnêteté et leur fidélité. Elle n'a jamais voulu de Premier ministre « dont elle craint la tyrannie sur ses propres sujets [2] ». Cela suppose un travail considérable de sa part. Elle exige de voir, lire et faire tout

1. Jean-Paul Bled, *Marie-Thérèse d'Autriche*, *op. cit.*, p. 135.
2. Brno, *Archives familiales Tarouca*, G 445, 14, n° 86 23-B-3. Lettre de Tarouca à la comtesse Burghausen, Vienne, 16 décembre 1760, f. 130 v. Quand l'électeur Frédéric de Saxe succède à son père, elle écrira à son épouse Antonia le 10 octobre 1763 : « L'électeur n'a pas besoin de Premier ministre. Il vous faut seulement deux ou trois honnêtes gens

par elle-même, se plaint son entourage. Ses journées commencent à 4 ou 5 heures du matin pour lire tous les rapports qu'on pose sur son bureau, entretenir ses correspondances personnelles, politiques et administratives, donner ses audiences, recevoir ses ministres, assister aux conférences. Elle aura plus travaillé dans sa vie que ses trois prédécesseurs réunis, car elle veut tout savoir jusqu'au plus petit détail.

Cette ambition de gouverner par elle-même trouve certes les meilleures raisons sous sa plume, mais elle s'appuie essentiellement sur son désir d'autorité. Elle entend être le maître absolu de ses États et reconnue comme telle. Son orgueil ne supporte pas d'autre statut. C'est très probablement la raison pour laquelle elle a refusé, à l'étonnement général, d'être couronnée « impératrice consort ».

François-Étienne désirait beaucoup qu'elle se fît couronner avec lui à Francfort. Mais elle lui opposa tous les arguments possibles pour n'en rien faire. Cela serait une trop grande dépense en temps de guerre, disait-elle. Lorsqu'on lui démontra le contraire, elle argua alors de son état de grossesse (de quatre mois et demi), de ses fatigues et de l'impossibilité de revêtir la robe de cérémonie. Mais François insiste : « Je vous

qui osent vous dire la vérité et même vous contredire quelquefois dans vos vivacités, et jamais pays ne sera mieux gouverné que par vous. » Voir Woldemar Lippert, *Kaiserin Maria Theresia…*, *op. cit.*, p. 186.

le répète, il me semble que vous devriez aussi vous faire couronner, car sinon cela fera ici un très mauvais effet, tout le monde comptant là-dessus [1]. »

Devant l'obstination de la reine, le futur empereur demande au comte Ulfeld, ministre des Affaires étrangères, d'intervenir auprès d'elle : « Je crains qu'elle ne vienne pas du tout, ce qui ferait aussi un autre mauvais effet, car dans cette occasion elle verra bien des princes que sûrement elle ramènera de mauvais préjugés [...]. Je ne doute pas que dès que vous lui ferez comprendre que cela ne peut faire qu'un bon effet et n'est en rien contre *sa qualité de roi*, elle n'en revienne [...] [2]. »

Quatre jours plus tard, Ulfeld rend compte de l'échec de sa mission : « J'ai fait à Sa Majesté inutilement toutes les représentations les plus respectueuses [...]. Votre Altesse royale sait comment cela va quand Sa Majesté a une fois saisi une opinion et je n'ai eu pour réponse autre chose qu'elle ne voulait pas [...]. J'ai fait de mon mieux pour [en] découvrir la raison [...]. J'y ai tout aussi peu réussi [...]. Tout ce que je puis en deviner au risque de me tromper, c'est que peut-être elle *regarde ce couronnement au-dessous des deux couronnes masculines qu'elle porte*, ayant une fois

1. AMCE, *AMI, Correspondance familiale A* 36-1, Heidelberg, 5 août 1745, f. 700 r.
2. Alfred von Arneth, *Histoire de Marie-Thérèse, op. cit.*, vol. 3, note 14, p. 430, 18 août 1745. Souligné par nous.

dit [...] qu'elle ne voulait plus changer de sexe et m'ayant répété aujourd'hui que ce couronnement n'était qu'une comédie et qu'elle ne voulait pas la jouer [1]. »

Ulfeld voyait juste. Marie-Thérèse, qui détenait un pouvoir absolu de roi sur ses États, ne pouvait admettre d'acquérir un titre de consort qui la faisait déchoir au simple rang « d'épouse de ». Au risque de décevoir son mari qui pour la première fois tenait le principal rôle, la souveraine s'abstint de jouer les utilités. Pour autant, elle tira parfaitement son épingle du jeu. Elle rejoignit François-Étienne à Francfort, assista en spectatrice à son couronnement [2] et déclencha avec gaîté les applaudissements de la foule au passage de son époux dans les rues de la ville. Une fois encore, c'est elle qui ramassa la mise en matière de popularité.

Marie-Thérèse porta des titres différents au cours de sa vie. Née archiduchesse d'Autriche, fille de son père, elle devint grande-duchesse de Toscane, épouse de son mari, puis reine de Bohême et de Hongrie en tant que souveraine. Sachant sa répugnance à devenir impératrice consort, son entourage et les chancelleries étrangères lui donnèrent le titre d'impératrice reine. Quelques années plus tard, on ne l'appelait plus que l'impératrice, non pour la renvoyer à sa qualité d'épouse, mais parce qu'elle incarnait la réalité du

1. *Ibid.*, note 13, p. 429, 22 août 1745. Souligné par nous.
2. Le 4 octobre 1745, jour de la Saint-François.

pouvoir absolu et que c'était le titre le plus flamboyant qu'on pouvait lui donner. Aujourd'hui encore, on la désigne ainsi et à tort.

Or pendant fort longtemps, l'orgueil de Marie-Thérèse lui a fait préférer le titre de « reine de Hongrie et de Bohême » qu'elle ne devait qu'à elle-même. Au point de risquer un incident diplomatique avec Louis XV. « Je crains, écrit l'ambassadeur de France à Vienne, qu'on ne me fasse quelque difficulté sur la lettre du roi à l'impératrice. Cette lettre est adressée à l'impératrice tout court et on exige ici qu'on y joigne "reine de Hongrie et de Bohême", qui est le titre particulier de cette princesse [1]. » Et la lettre fut renvoyée à l'expéditeur pour y être corrigée.

Cette obstination à ne tenir sa gloire et son autorité que d'elle-même mit définitivement fin au mythe de la corégence.

L'empereur cède le pas

À son arrivée à Vienne en 1746, Podewils, ambassadeur du roi de Prusse, trace le portrait de l'empereur proche de la quarantaine. Podewils décrit un homme au-dessous de sa fonction. « Taille replète, plutôt au-dessous de la médiocre [...], son port et sa démarche sont négligés [...]. Tous ses traits forment un beau

---

1. *CP Autriche*, vol. 253, Vienne, 4 septembre 1754, f. 365 v-366 r.

visage, mais où bien des personnes trouvent quelque chose de commun. Le prince se défigure par des grimaces qu'il a l'habitude de faire [...]. Ennemi de la contrainte, il a presque trop peu de gravité pour le rang qu'il doit soutenir. Familier même en public avec ceux qu'il connaît, on en abuse souvent en lui manquant d'égards. Il hait l'étiquette [...]. Il a l'imagination vive, la mémoire bonne et beaucoup de bon sens. Mais naturellement indolent, il ne saurait s'appliquer à rien. Il hait le travail. Peu ambitieux, il se mêle le moins qu'il peut des affaires [1]. Il ne cherche qu'à jouir de la vie [...] et abandonne volontiers à l'impératrice la gloire et le soin du gouvernement [...]. Son caractère est extrêmement doux [...]. Dans les petites querelles entre l'impératrice et lui, c'est ordinairement lui qui cède et revient le premier [...]. Malgré son peu d'ambition il ne laisse pas d'être sensible à la situation pas brillante dans laquelle il se trouve, mais son aversion pour les affaires et le désir de vivre sans embarras ne lui feront jamais rien entreprendre pour la changer [2]. »

L'ambassadeur d'Angleterre en Saxe, de passage à Vienne l'été 1753, ne dit pas autre chose. Il était né

---

1. À l'exception des finances qu'il connaît parfaitement : « Il les a fort bien arrangées dans ses États. Il a même présenté des projets à l'impératrice pour le redressement des siennes. »
2. Adam Wolf, *Tableau de la cour de Vienne...*, *op. cit.*, p. 496-498, lettre à Frédéric II, Vienne, 15 février 1747.

pour être duc de Lorraine, écrit-il, mais certainement pas pour être empereur [1].

L'Anglais, comme le Prussien, remarque que si on l'informe de tout, son avis n'a pas le moindre poids à la cour. L'impératrice reine gouverne seule parce que la supériorité de ses talents est flagrante, dit-il, et qu'elle est manifestement jalouse de son autorité [2]. L'empereur qui détient le vrai pouvoir, c'est elle. Celui de l'empereur romain germanique est une coquille vide et la fonction un simple « ornement officiel [3] ».

Étrangement, quand son absence de pouvoir et de crédit fut connue de tous, dès le début des années 1750, François devint populaire à Vienne. Sa façon d'être et de vivre comme un bourgeois plaisait au peuple. Mais, au grand dépit de Marie-Thérèse, il n'était ni admiré ni vraiment considéré. Elle se laissa même aller à regretter devant Choiseul [4] de s'être tant

1. AMCE, *Legs Alfred von Arneth*, 8 b-1, Charles Hanbury Williams au duc de Newcastle, Dresde, 15 juillet 1753.
2. *Ibid.* De son côté, Podewils rapporte « qu'un jour dans une conférence, l'impératrice ayant soutenu avec beaucoup de chaleur une opinion contre l'avis de ses ministres, et l'empereur en ayant dit son sentiment, [elle] lui imposa silence d'une manière fort dure, en lui témoignant qu'il ne devait pas se mêler d'affaires auxquelles il n'entendait rien ». Adam Wolf, *Tableau de la cour de Vienne...*, *op. cit.*, Vienne, 18 janvier 1747, p. 492.
3. J. Alexander Mahan, *Maria Theresa of Austria*, New York, 1932, p. 260.
4. Le comte de Stainville, duc de Choiseul, fut l'ambassadeur de France à Vienne d'août 1757 à novembre 1758.

battue pour lui obtenir ce titre honorifique : « Elle est persuadée que la chimère de la couronne impériale nuisait depuis bien des siècles à la Maison d'Autriche, qu'elle savait bien ce qu'il en avait coûté, et qu'il en coûtait encore pour que son mari eût le titre d'empereur ; qu'un de ses plus grands chagrins était de voir le peu de considération que l'empereur avait dans l'empire ; que ce chagrin était si vif [...], qu'elle ne se souciait nullement que son fils fût roi des Romains [...]. Que si elle en était la maîtresse, non seulement elle ne rechercherait point cette dignité, mais même qu'elle s'y opposerait [1]. »

Marie-Thérèse aimait toujours tendrement son époux, mais sa lucidité lui avait ouvert les yeux. François resterait toute sa vie un duc de Lorraine, capable de gouverner de loin le grand-duché de Toscane.

LE MATRIARCAT TRIOMPHANT

On a vu que dès son arrivée sur le trône, Marie-Thérèse est présentée comme la mère de tous ses sujets. Dans son *Testament politique*, elle se qualifie même de « première et commune mère [2] ». Cette appellation peut

1. *CP Autriche*, vol. 265, 15 juillet 1758, f. 95 v. Elle changera d'avis un peu plus tard puisque son fils, Joseph, fut couronné roi des Romains en 1764.
2. C.A. Macartney, *The Habsburg and Hohenzollern Dynasties, op. cit.*, p. 100.

paraître banale, tant à la même époque les tsarines de Russie usent et abusent de ce titre, qu'elles soient mères ou non. C'est une dénomination publicitaire qui vient souligner la bienfaisance naturelle de la souveraine. Mais pour l'impératrice reine, ce n'est pas que cela. La maternité, au cœur de sa vie, est devenue au fil des années et de ses couches la marque spécifique de sa personne et de son pouvoir. L'historien Andrew Wheatcroft a eu raison d'insister sur la représentation constante de la souveraine en mère prolifique et d'affirmer que « le maternalisme et la vie familiale étaient devenus les thèmes dominants des Habsbourg [1] ».

Marie-Thérèse a tout fait pour magnifier l'image de la mère. À une époque où la maternité ne vaut que par les fils, où la représentation des familles royales et impériales, nourrissons compris, est encore rare, elle inaugure une nouvelle image de la souveraineté. En 1751, elle commande au portraitiste de la cour, Martin van Meytens, un tableau la représentant avec son mari, entourés de leurs neuf enfants. À droite de la toile, elle est encadrée de ses trois fils, Joseph, Charles et le petit Léopold qui peuvent prétendre gouverner un jour. À l'autre extrémité, François-Étienne est entouré de ses deux aînées, Marie-Anne et Marie-Christine. Au centre du tableau, mais en retrait, les quatre plus jeunes, des petites filles dont on devine à peine les traits. La petite dernière, Marie-Josèphe, a à peine un an.

1. Andrew Wheatcroft, *The Habsburgs, Embodying Empire*, Londres, 1995, p. 220-221.

Le père et la mère ont beau trôner sur de grands fauteuils, en tenue de cour, ils offrent une image presque bourgeoise de leur famille, où les enfants tiennent toute la place. L'idée géniale de Marie-Thérèse fut de faire reproduire à l'identique par trois fois ce même tableau augmenté du dernier-né[1]. L'ultime version, après la naissance de Maximilien en 1756, représente pour la première fois le nouveau-né sur une petite chaise au-devant et au milieu de la scène. Cette suite de reproductions est l'image de marque de la famille impériale et en particulier de Marie-Thérèse. Grâce à sa robe bleu clair, par contraste avec le costume marron de François, et à la lumière qu'elle dégage, c'est elle que l'on regarde en premier, pour ne pas dire qu'on ne voit qu'elle. La mère trône dans toute sa puissance.

Cette série de Meytens ne fut pas la seule représentation de la lignée des Habsbourg-Lorraine. À l'occasion du mariage de l'archiduc Léopold avec une infante d'Espagne, qui eut lieu en 1765 à Innsbruck, Marie-Thérèse avait commandé à l'atelier de Meytens les portraits de tous les membres de la famille pour orner les murs du grand hall du palais d'Innsbruck. Pas moins de trente-six portraits furent exécutés, comprenant le

---

1. On connaît quatre exemplaires de ce grand tableau, peints dans les années 1750. Le premier avec neuf enfants est à l'Innsbrucker Hof, le deuxième avec onze enfants est à Schönbrunn, le troisième avec douze enfants, à Versailles, et le dernier avec treize enfants, au palais Pitti.

couple impérial, les seize enfants qui leur étaient nés [1] ainsi que leurs beaux-enfants et petits-enfants. Comme l'a fort bien remarqué Benedikt Sauer [2], Marie-Thérèse opérait là une double révolution. Contrairement à la tradition des Habsbourg, aucun des ancêtres n'était représenté, signifiant par là qu'elle inaugurait une nou-velle dynastie, celle des Habsbourg-Lorraine, qui ne devait rien à la précédente en matière de fertilité et dont elle était la cause première. Elle rompait aussi avec une autre tradition, celle de la représentation séparée des sexes. Les portraits de ses enfants, filles et garçons, figurent les uns à côté des autres en fonction de leur âge.

Le message pédagogique et publicitaire de ces nom-breuses représentations familiales est clair. Une fille vaut bien un garçon, une femme un homme et parfois plus qu'un homme, grâce à son incomparable fécon-dité dont dépend la survie d'une dynastie.

Une réputation sans égale

Elle est extrêmement sensible à sa gloire et jalouse de sa réputation, note un diplomate suédois en 1756 [3]. Grâce à son statut de « mère courage », elle

---

1. Les trois enfants morts jeunes (trois ans et un an) ou à la nais-sance sont également représentés – ce qui est très exceptionnel à l'époque – comme des anges de tailles différentes au paradis.
2. Voir *The Innsbruck Hofburg*, Vienne, 2010.
3. Fritz Arnheim, « Das Urtheil eines schwedischen Diploma-ten über den Wiener Hof im Jahre 1765 », in *Mittheilungen des*

réussit à donner d'elle l'image du souverain le plus vertueux d'Europe. Elle personnifie à la fois les vertus privées et publiques. Les moqueries des philosophes français ou celles du roi de Prusse n'ont pas réussi à l'entamer. Ses qualités morales ne sont pas discutées. Elle montre un grand respect de la loi et de la parole donnée. Nul ne doute de sa bonne foi lorsqu'elle affirme qu'elle défend son bien, mais n'entend pas s'emparer de celui de son voisin, ou qu'elle refuse de prendre des otages pour répondre aux cruautés de Frédéric à Leipzig, car, dit-elle : « Ce n'est qu'augmenter le nombre des malheureux, sans que cela fasse changer le sort des autres [1]. » Et quand ce même Frédéric l'accuse publiquement d'avoir voulu le faire assassiner par un bandit, au début de la guerre de Succession, contrairement à son désir de jeter sur elle « honte et opprobre aux yeux de tout l'univers [2] », c'est lui qui dut faire marche arrière très vite devant l'incrédulité de tous. Le mensonge était trop gros et incompatible avec la réputation morale de cette bonne chrétienne.

Ses vertus politiques ne sont pas moins louées. On admire son endurance et son courage viril. Le roi de

Institut für Österreichische Geschichtsforschung, vol. 10, Innsbruck, 1889, p. 289.

1. Woldemar Lippert, *Kaiserin Maria Theresia...*, *op. cit.*, p. 67 et 69. Lettre de Marie-Thérèse à Antonia de Saxe, 28 janvier 1760.

2. *CP Prusse*, vol. 115, du roi de Prusse à la reine de Hongrie, Berlin, 11 mars 1741, f. 308 r-309 r. Le roi avait pris soin d'envoyer cette lettre à tous ses ministres à l'étranger et de la publier dans la *Gazette de Berlin*, sous le titre « Sur l'attentat ».

Prusse lui-même lui a rendu un vibrant hommage, alors qu'il se trouvait dans une situation particulièrement scabreuse. « Je mourrirais [*sic*] de honte d'avoir moins de courage que la reine de Hongrie qui en avait montré dans des circonstances bien plus fâcheuses que celle où je me trouve[1]. » Son ambassadeur Podewils confirme ce trait : « Elle cherche généralement à s'éloigner des faiblesses de son sexe et ambitionne des vertus qui lui sont les moins propres et qui en font rarement l'apanage[2]. »

On admire aussi son travail acharné pour réformer ses États. Le marquis d'Aubeterre, ambassadeur de France en 1754, ne cache pas son enthousiasme pour l'œuvre déjà accomplie : « L'impératrice est une princesse sage et éclairée. Elle a fait de ses États depuis sept ans ce que jamais ses prédécesseurs, dans leur plus haut degré de puissance, n'avaient imaginé d'y pouvoir exécuter[3]. »

Le résultat est une image sans pareille parmi les chefs d'État. Les voyageurs de passage qui ont le privilège d'une audience ou d'une simple présentation à l'impératrice reine participent à l'élaboration de sa condition d'icône. En témoigne cette lettre de Pierre Michel Hennin, diplomate qui séjourne à Vienne en

1. *CP Prusse*, vol. 133, 15 décembre 1744, f. 279 r.
2. Adam Wolf, *Tableau de la cour de Vienne...*, *op. cit.*, p. 491-492.
3. *CP Autriche*, vol. 253, Vienne, 7 avril 1754, f. 104 r-v.

1760 : « J'ai vu hier pour la première fois *cette reine céleste* à tant de titres et j'ai eu l'honneur de lui être présenté. Elle était environnée de sa belle famille et d'une cour brillante. Je suis si peu accoutumé à louer que je ferai mal son éloge ; mais vous pouvez croire sur ma parole que de *longtemps personne n'a su si bien régner.* Plus je m'instruis des détails de sa conduite et de son administration, moins je suis surpris de l'enthousiasme de tout ce qui l'entoure. Elle a su que l'amour était un charme plus durable que l'admiration, et elle s'est attirée l'un et l'autre, et vous ne sauriez croire à quel point [1]. »

Ces portraits dithyrambiques laissés par les uns et les autres sont loin de tout dire sur Marie-Thérèse. Volontairement ou non, l'hagiographie ne montre que le côté lumineux et ignore les côtés sombres. Comme tout être humain, Marie-Thérèse n'en manque pas.

1. Bibliothèque de l'Institut, Ms 1268, lettre de Hennin à Le Roy, Vienne, 2 juin 1760, f. 258 r. Souligné par nous.

6

Le privé et le public

L'imbrication du privé et du public est, comme on l'a vu, la caractéristique essentielle de la vie et du mode de gouvernement de Marie-Thérèse. Peut-être est-ce même là le caractère spécifique de tout pouvoir au féminin. Au XVIIIe siècle, c'est une grande première à laquelle on n'a pas toujours prêté assez d'attention. Que pèsent au regard de l'histoire un accouchement difficile ou la mort d'un enfant face aux enjeux de la guerre ? Quelle influence la jalousie de l'épouse peut-elle avoir sur la politique de la souveraine ? Ces questions n'ont de sens que si on réalise à quel point sa vie de femme est indissociable de l'action du monarque. En dépit de ses efforts pour garder la tête froide et remplir le mieux possible ses deux fonctions, Marie-Thérèse, plus moderne qu'il y paraît, se retrouvera en butte à des choix difficiles.

MÈRE ET CHEF DE GUERRE

De son arrivée au pouvoir (1740) à la fin de la guerre de Sept Ans (1763), près de vingt-trois ans s'écoulent à ne penser qu'à la guerre et à la revanche, avec pour objectif : récupérer le bien volé (la Silésie) par Frédéric. Mais simultanément, entre 1741 et 1756, Marie-Thérèse a mis au monde treize enfants qu'elle a élevés à sa manière, avec les soucis et les chagrins que cela suppose à l'époque. Contrairement à ce que l'on pourrait croire, elle n'a pas été qu'une mère de parade. Même si ses enfants ont connu nourrices, gouvernantes et gouverneurs, non seulement elle a toujours tenu son rôle d'éducatrice en chef, mais elle a réellement aimé être entourée d'eux [1]. Ses conditions de mère et de guerrière s'entrelacent constamment [2]. Durant la guerre de Succession, les batailles gagnées (rares) et perdues vont de pair avec les grossesses.

Lors de la guerre de Sept Ans, Marie-Thérèse doit affronter les graves maladies des uns et des autres et

1. Beaucoup de témoins, dont un intime comme Tarouca, en ont témoigné. Podewils, par exemple, écrit à Frédéric II, le 18 janvier 1747 : « Elle aime tendrement ses enfants qui sont toujours autour d'elle les jours d'appartement. » Adam Wolf, *Tableau de la cour de Vienne…, op. cit.*, p. 493.

2. Contrairement à la plupart des historiens de Marie-Thérèse qui ont traité de ses maternités dans un chapitre à part, nous pensons qu'il n'est pas inutile de les réintégrer dans le fil de sa vie de souveraine.

surtout la mort de deux de ses enfants adolescents. Entre les deux guerres, elle connaîtra une période d'accalmie. On peut même dire de joie familiale.

Sept enfants, sept ans de guerre

Quand la guerre de Succession commence, Marie-Thérèse a déjà connu trois maternités. Des trois filles mises au monde [1], nées sous le signe de la déception, il n'en reste qu'une, Marie-Anne, de santé fragile. Le 13 mars 1741 naît enfin l'héritier Joseph. Pour lui, il y eut trois jours de gala et d'illuminations. Le peuple manifesta son grand contentement et quand la reine réapparaît en public pour la première fois, le 4 avril, « elle se porte à merveille et est belle comme le jour [2] ». À peine est-elle remise qu'elle apprend la terrible défaite de ses troupes à Mollwitz, le 10 avril 1741, qui consacre la perte de la Silésie. L'année suivante *bis repetita* : elle accouche de Marie-Christine le 13 mai 1742 et quatre jours plus tard, c'est la non moins terrible défaite de son armée à Chotusitz, en Bohême. Personne n'ose le lui dire, car elle a des accès de fièvre puerpérale et l'on craint pour sa santé. Les deux naissances suivantes échappent aux circonstances

1. Marie-Élisabeth (5 février 1737-7 juin 1740), Marie-Anne (6 octobre 1738-19 novembre 1789) et Marie-Caroline (12 janvier 1740-25 janvier 1741).
2. Vienne, *Archives familiales Harrach* 534, de Rose Harrach à son père, 5 avril 1741.

dramatiques. Celle d'une seconde Élisabeth[1] le 13 août 1743 et celle d'un second archiduc, Charles, le 1er février 1745, sont des moments de pause et de traités d'alliance. Il n'en est pas de même de la huitième naissance, de Marie-Amélie, le 26 février 1746. Après le siège de Bruxelles[2] par l'armée de Maurice de Saxe qui a duré trois semaines, les Autrichiens ont été contraints de se rendre aux Français le 22 février. Ce sont tous les Pays-Bas autrichiens qui sont menacés. La veille de l'accouchement, Marie-Thérèse a confié à Tarouca qu'elle était à bout de force. Elle est déprimée et se plaint que « son corps et son esprit sont dans de mauvaises dispositions[3] ». Mais à peine a-t-elle vu son retour de couches qu'elle est à nouveau enceinte. L'archiduc Léopold naît le 5 mai 1747 et sera suivi d'une petite Marie-Caroline le 17 septembre 1748 qui meurt quelques minutes après sa naissance. Pour consoler la mère, Tarouca lui en prédit bien d'autres à venir[4]. La prédiction est exacte, mais la consolation n'y est pas. Peu de temps avant cette dernière naissance, Marie-Thérèse avoue à son amie

1. Il était courant à l'époque de redonner le prénom d'un enfant décédé au suivant. C'est ainsi que Marie-Thérèse eut deux Élisabeth et trois Caroline.
2. Bruxelles était la capitale des Pays-Bas autrichiens.
3. AMCE, *DP, Belgique DD-B blau* : 3-4, de Tarouca à Marie-Thérèse, s.l.n.d. [février 1746 ?], f. 257 v.
4. Brno, *Archives familiales Tarouca*, G 445, 15, n° 87, 23-B-4, f. 434 v, de Tarouca au comte Ch. J. Batthyány, Schönbrunn, 18 septembre 1748.

Antonia de Saxe : « Je serais assez contente de finir avec dix enfants, car je sens que cela m'affaiblit et me vieillit beaucoup ; ce dont je ne me soucierais pas si cela ne me rendait moins capable pour le travail de la tête [1]. »

À lire les commentaires et comptes rendus de l'époque, on pourrait penser que les grossesses et accouchements de la reine ne sont que des paren-thèses heureuses (sauf la dernière) et sans consé-quences pour elle. Les diplomates tiennent presque toujours les mêmes propos. Tout s'est bien passé, la reine s'est remise très vite à son travail. On peut passer aux choses sérieuses. Tel n'est pas du tout le sentiment de Marie-Thérèse qui s'en est ouverte à plusieurs reprises à ses proches. Comme la princesse Palatine, elle pense qu'« accoucher est un cruel métier [2] ». Alors que sa sœur chérie, l'archiduchesse Marie-Anne, est au terme de sa première grossesse, elle a ce cri du cœur : « Depuis le premier de ce mois je n'ai plus un moment de repos et je pense continuellement à cet accouchement. Je sais ce que cela est, et ainsi *j'y pense avec horreur* [3]. » Peut-être pense-t-elle aussi à son propre sort, alors qu'elle est enceinte de Charles.

1. Woldemar Lippert, *Kaiserin Maria Theresia...*, *op. cit.*, p. 5 (entre le 29 août et le 4 septembre 1748).

2. Dirk Van der Cruysse (dir.), *Madame Palatine. Lettres françaises*, Paris, 1989, p. 690, lettre à la reine Sophie-Dorothée de Prusse, Paris, 12 avril 1721.

3. AMCE, *AMI*, *Correspondance familiale A* 37-1-32, 3 octobre 1744, f. 3 r. Souligné par nous.

Sa sœur accoucha très difficilement d'une fille mort-née le 9 octobre 1744 et mourut d'une infection puerpérale le 16 décembre, dans d'affreuses douleurs. Durant cette période, Marie-Thérèse est ravagée par les épreuves. L'armée prussienne se dirige vers Vienne, créant une véritable panique dans la ville, et sa mère, l'impératrice mère Élisabeth-Christine, malade, s'est fait administrer [1]. Mais la situation de sa sœur l'emporte sur tout. Tarouca parle d'une « terrible situation, laquelle sans mentir fait plus de mal et d'impression à la reine que tous les efforts de la multitude de nos ennemis [2] ». Alors qu'elle ignore encore la mort de sa sœur, Tarouca, très inquiet pour elle, demande l'aide du médecin van Swieten : « Il est moralement impossible que ce double danger où elle voit son Auguste mère et son unique sœur n'agisse puissamment dans son cœur et esprit, malgré cette fermeté naturelle que vous trouverez effectivement fort au-dessus de son sexe. Sa Majesté est dans le septième mois de sa grossesse fort avancée. Ses six couches ont toutes été heureuses, mais pénibles par les douleurs, et [...] il est pour nous autres à craindre que son imagination les lui représente cette fois-ci d'une force et efficace [*sic*] que ma fidélité ne peut

1. L'impératrice douairière recouvrera sa (mauvaise) santé et ne décédera que le 21 décembre 1750.
2. AMCE, *DP, Belgique DD-B blau* : 1-2, lettre au comte de Kaunitz-Rietberg, Vienne, 25 novembre 1744, f. 37 v.

envisager sans frayeur [...]. » Tarouca insiste sur la différence d'appréhension par Marie-Thérèse des dangers de la guerre et de ceux d'un accouchement : « Une puissante armée d'ennemis acharnés à notre perte et déjà aux portes de Vienne a fait si peu d'effets à ce caractère vraiment magnanime que l'on n'a pas vu la reine un seul moment hors de son assiette naturelle. Et tout au contraire, je puis vous affirmer que dès les premières nouvelles de ce malheureux accouchement de [sa sœur], nous n'avons pas vu Sa Majesté sans inquiétudes pour sa chère sœur. C'est justement là-dessus que se fondent mes craintes, ce contraste de grandeur et de tendresses me fait peur pour une précieuse conservation de laquelle dépend le bien-être de plusieurs millions de sujets [1]. »

Marie-Thérèse redoutait la mort de sa sœur chérie, comme elle devait redouter la sienne propre. Il ne faut pas oublier qu'au XVIIIe siècle, les douleurs de l'accouchement sont la « guerre » des femmes. Elles en sortent indemnes, estropiées ou mortes, tels les hommes qui vont au combat. La mortalité maternelle à cette époque est considérable et chaque femme

---

1. *Ibid.*, lettre non datée [décembre 1744], f. 74 r. On admire la finesse psychologique de Tarouca qui craignait pour la santé de la reine une trop grande douleur refoulée. Il fut rassuré quand il sut qu'à la nouvelle de la mort de sa sœur, elle s'enferma dans sa retraite pour y verser un torrent de larmes (lettre à Kaunitz, 30 décembre 1744, *ibid.*, f. 69 v.).

enceinte peut légitimement redouter le pire [1]. C'est pourquoi on comprend l'angoisse de Marie-Thérèse, enceinte pour la onzième fois, qui dit sa révolte à Tarouca : « C'est la dernière fois que je vous parle [...] d'être grosse, tant dans l'instant où je vous écris, *j'en sens toute l'horreur* [2]. » Ce qui ne l'empêchera pas d'être enceinte encore cinq fois ; on imagine mal à quel point grossesses et accouchements ont tenu une place centrale dans sa vie. Non seulement pour elle-même, mais plus tard pour ses filles et belles-filles. À chaque fois, elle tremble de les perdre, ne parle que de cela dans ses lettres et dispense de nombreux conseils. Elle sait mieux que personne les bienfaits du lavement après les couches (que les médecins oublient de conseiller), la bonne nourrice, etc. Elle conseille aussi les femmes de son entourage proche et même Antonia de Saxe lors de sa première grossesse, « car de celle-ci dépendent toutes les autres ». Elle lui envoie des pilules dans une belle boîte ouvragée, avec cette ordonnance : « Elles ne font pas de mal, j'en

1. À titre de comparaison, le taux de mortalité maternelle en France au XVIIIe siècle tournait autour de 11 et 12 morts pour 1 000 naissances. Aujourd'hui, le taux de mortalité mondial, tous pays confondus est de 12 morts pour 100 000 naissances (chiffres de l'OMS). Voir Hector Gutierrez et Jacques Houdailles, « La mortalité maternelle en France au XVIIIe siècle », *Population*, n° 6, vol. 38, 1983, p. 978.
2. AMCE, *DP, Belgique DD-B blau* : 1-2, f. 191 r. Commentaire de Marie-Thérèse en marge d'une lettre de Tarouca, s.l.n.d. [1749-1750 ?]. Souligné par nous.

réponds, car je les ai prises toujours moi-même ; on en prend cinq, sept ou même onze à la fois, quand on s'épouvante ou [que l'on] se sent bien des langueurs. Je vous demande pardon de faire la vieille femme, mais, à mon grand regret, je suis assez experte tous les ans et je suis de nouveau grosse de deux mois [1]. »

La chef de guerre ne risquait pas de mourir au combat et pouvait garder la tête froide quoi qu'il arrive. Mais la mère devait affronter l'épreuve suprême quasiment tous les ans, contre sa volonté et en mourant de peur. Nul doute que cette double condition de virilité et de féminité, d'autorité et de soumission n'ait donné à son règne sa marque spécifique et son originalité.

1749-1756 : *l'organisation de la revanche*

Le traité d'Aix-la-Chapelle qui met fin à la guerre de Succession en novembre 1748 ne peut pas satisfaire la reine. « Le principe adopté était celui du rétablissement de l'ordre antérieur à la guerre par des restitutions mutuelles [...] à l'exception des cessions déjà faites par l'impératrice [2]. » De sorte qu'après huit ans de guerre, était entérinée la perte de la Silésie et

1. Woldemar Lippert, *Kaiserin Maria Theresia...*, *op. cit.*, (mi-juillet 1750), p. 10-11. Marie-Thérèse fut la marraine du premier fils d'Antonia.
2. Victor Tapié, *L'Europe de Marie-Thérèse...*, *op. cit.*, p. 79.

du comté de Glatz [1]. Le roi de Prusse, qui n'était pas signataire du traité, sortait grand vainqueur de la guerre qu'il avait déclenchée. Non seulement il s'était agrandi au détriment de Marie-Thérèse, mais il mettait à mal la prépondérance de l'Autriche sur l'Empire allemand. Aussitôt le traité signé, elle ne pense plus qu'à la revanche. La guerre lui avait montré l'état lamentable de son pays, tant du point de vue administratif et économique que militaire. L'armée était totalement désorganisée, les généraux et les officiers étaient déficients. Pour prétendre prendre sa revanche sur Frédéric II, il fallait d'abord remettre l'Autriche en état de marche. Ensuite, former de nouvelles alliances.

Les sept ans qui suivent seront consacrés à la modernisation du pays et à la mise au monde de six enfants, quatre filles et deux garçons : Jeanne-Gabrielle (4 février 1750), Marie-Josèphe (19 mars 1751), Marie-Caroline (13 août 1752), Ferdinand (1er juin 1754), Marie-Antoinette (2 novembre 1755) et Maximilien (8 décembre 1756).

Le nerf de la guerre et de l'autonomie est l'argent. Faute de celui-ci, Marie-Thérèse, dépendante des subsides anglais, a été contrainte deux fois par Londres de céder aux exigences de Frédéric. Elle veut tout faire pour que cela ne se reproduise pas. L'argent provenant essentiellement de l'impôt, du commerce et de

1. Ainsi que la perte des duchés italiens de Parme, Plaisance et Guastalla.

l'industrie, elle s'attaque à ces forteresses avec plus ou moins de succès. Elle prend à cœur la situation des paysans qui payent l'impôt et sont continuellement dépossédés par les grands seigneurs. Elle établit un Directoire du commerce, rattaché à sa personne, chargé de réguler l'arme douanière dans tout le pays. Elle crée de nouvelles manufactures, réforme l'instruction publique [1], réorganise avec van Swieten la faculté de médecine et procède, on l'a vu, à une profonde réforme fiscale. Tout cela va de pair avec la réforme majeure de son armée, commencée dès le début de 1748.

La commission chargée de moderniser l'armée, sous l'égide de la reine, doit tout changer : unifier les modes de commandement, qui diffèrent d'un État à l'autre, rétablir la discipline, mettre fin au pillage des populations civiles, créer des camps propices aux grandes manœuvres et propres à forger des troupes solides (comme Frédéric II l'avait compris depuis longtemps), et surtout former des officiers compétents. En 1752, Marie-Thérèse fonde une Académie militaire noble [2] dont elle confie la direction au général Daun et la complète deux ans plus tard par la création d'une Académie des ingénieurs, non réservée aux enfants de la noblesse. Elle s'efforce par tous les moyens d'attirer les jeunes gens vers la carrière militaire et montre pour eux une attention particulière,

1. Elle multiplie les écoles primaires et crée des collèges.
2. Mais ouverte aux bourgeois.

notamment en ouvrant les portes de la cour aux officiers non nobles. Avec la réforme des cadres, on entreprend la modernisation de l'artillerie, de l'infanterie et de l'armement.

Marie-Thérèse s'est toujours beaucoup intéressée à l'armée. Elle aime le militaire, son prestige et ses hommes. Elle s'est attachée à leur procurer un meilleur traitement et a marqué son intérêt au sort individuel du soldat. Elle a souvent fait des tournées d'inspection dans les camps qui avaient lieu l'été, veillant à la nourriture, aux permissions, à la qualité de leur capote, n'hésitant pas à parler aux hommes et à distribuer une pièce d'or ici ou là. Sa popularité était réelle. On la surnommait « la mère des camps [1] ».

Dès 1754, l'ambassadeur de France à Vienne alerte son ministre sur les préparatifs de guerre. On prépare pour l'été – quand l'impératrice aura terminé ses couches – la tenue de camps en Bohême et en Moravie. La reine veut des chevaux prêts à marcher et des magasins pleins. L'ambassadeur d'Aubeterre note cependant que cette « princesse sage et éclairée ne se hasardera pas à recommencer la guerre, que le succès n'en soit quasi démontré [...]. Elle attend une circonstance où elle soit en supériorité décidée [2] ». Pour ce faire, elle lève des troupes dans tous ses États, fait réparer les fortifications, porte attention aux plus

1. Victor Tapié, *L'Europe de Marie-Thérèse...*, *op. cit.*, p. 106.
2. *CP Autriche*, vol. 253, Vienne, 30 mars 1754, f. 74 v-75 r.

petits détails pour qu'il ne manque rien et emprunte des millions de florins à la Hollande. En 1755, les préparatifs s'accélèrent encore. Elle met les frontières de Hongrie en état de défense, ordonne des exercices secrets de l'artillerie en Bohême, augmente la cavalerie et les dragons et procède à des achats significatifs de chevaux. Mais tout cela aurait été inutile sans une véritable révolution diplomatique.

Marie-Thérèse ne pouvait pas affronter seule le puissant roi de Prusse. Il lui fallait de solides alliés qui n'avaient pas, comme l'Angleterre, intérêt à le ménager. C'était le cas de la tsarine Élisabeth qui craignait les ambitions territoriales de Frédéric à l'est. Mais la Russie, qui pouvait lever une armée de plus de 100 000 hommes, n'avait pas d'argent et l'on ignorait ce que cette armée valait. En outre, il lui fallait obtenir la neutralité de la France. Dès 1749, le brillant diplomate Kaunitz sut convaincre Marie-Thérèse de se rapprocher de la France, mettant fin au système diplomatique en vigueur depuis la fin du règne de Louis XIV. Jusque-là les Bourbons et les Habsbourg appartenaient à deux camps opposés. Les premiers étaient alliés à la Prusse, les seconds à la Grande-Bretagne. Puisque cette dernière l'avait contrainte à céder la Silésie, Marie-Thérèse considérait qu'on ne pouvait plus compter sur elle pour reprendre cette même Silésie. Contre l'avis de ses ministres, et plus encore de son mari, elle déploya des trésors de diplomatie pour parvenir à ses fins. Elle nomma Kaunitz son ambassadeur à Versailles de 1750 à 1753 avec ordre de désarmer la méfiance française, pendant qu'elle-même prodiguait mille attentions aux envoyés français à Vienne : Blondel, le marquis d'Hautefort, puis le marquis d'Aubeterre. Mais ni l'habileté de Kaunitz à Paris ni ses tentatives de séduction n'avaient suffi. Elle prit donc l'initiative en 1755 d'ouvrir des négociations secrètes avec la France pour obtenir d'elle un traité d'alliance défensif. Ces négociations n'aboutirent qu'en mai 1756, quand on apprit que Prussiens et Anglais avaient eux-mêmes signé un traité d'alliance dans le plus grand secret, en janvier 1756 [1]. C'est cette diplomatie à fronts renversés qu'on a appelé le *renversement des alliances*.

Ne voulant à aucun prix paraître l'agresseur, Marie-Thérèse fit tout ce qu'il fallait pour inquiéter Frédéric sur ses intentions [2] et l'amener à prendre l'initiative

1. Le traité de Westminster, signé secrètement le 16 janvier 1756, traité de neutralité entre le roi de Prusse et le roi d'Angleterre, fut vite connu des chancelleries. Par le traité de Versailles, signé le 1er mai suivant, la France et l'Autriche se promettaient une assistance mutuelle en cas d'attaque par d'autres puissances. C'était un traité défensif et pas encore offensif. Ce n'est que le 1er mai 1757 que l'Autriche et la France signèrent un second traité, cette fois offensif.

2. Par trois fois, entre juillet et août, Frédéric envoya son ambassadeur à Vienne, Klinggraeffen, demander à Marie-Thérèse ses intentions et lui proposer la paix. Chaque fois elle refusa de répondre clairement. « Toute cette nation, écrit d'Aubeterre, et surtout le militaire, [...] paraît ne désirer que la guerre. » *CP Autriche*, vol. 255, Vienne, 7 août 1756, f. 329 r.

de la guerre. Ce qu'il fit comme à son habitude, sans déclaration préalable, en entrant en Saxe (alliée de l'Autriche) le 29 août 1756, pour pénétrer en Bohême. L'heure de la revanche avait sonné pour l'impératrice, mais cette guerre, qui devait durer sept ans, fut une guerre pour rien. Elle dut renoncer définitivement à l'espoir de recouvrer la Silésie [1].

Bonheurs et malheurs familiaux

Durant ces sept années où l'armée autrichienne ne fut pas très glorieuse, Marie-Thérèse n'a jamais pu se résoudre à faire la paix, en dépit des demandes pressantes de la France. Plus encore que le recouvrement de la Silésie, elle voulait l'écrasement définitif de son ennemi pour n'en être plus jamais menacée. À quoi bon, disait-elle, faire la paix avec lui si c'est pour continuer à vivre l'arme au poing. Pourtant, en dépit des immenses soucis et angoisses que représente une guerre, Marie-Thérèse a mené une vie familiale, mi-bourgeoise, mi-officielle, qui l'occupait beaucoup. Côté officiel, c'est la célébration de chaque anniversaire et fête de nom de chacun des membres de la famille par des grands galas à la cour qui comprenaient un dîner,

1. Alors que l'armée russe tenait la Prusse à la gorge, la mort de la tsarine Élisabeth le 5 janvier 1762 et l'arrivée du prussophile Pierre III au pouvoir desserra l'étau dans lequel était Frédéric. Le traité de Hubertsbourg qui mit fin à la guerre le 15 mai 1763 ramenait les belligérants au point de départ.

un concert ou un bal et parfois une représentation théâtrale exécutée par les petits archiducs et archiduchesses [1]. Côté privé, Marie-Thérèse adore organiser de petites fêtes pour ses enfants et quelqu'autres de la noblesse : bal masqué chez la grand-mère, Élisabeth-Christine [2], déguisement des douze enfants, y compris de la petite dernière, Marie-Antoinette, âgée de deux mois, toutes les archiduchesses habillées en fleurs [3]. Très jeunes, leurs parents les mènent aux spectacles de la ville. La pantomime pour les petits [4], le théâtre pour les plus grands. Mais la vie familiale ne se réduit pas aux fêtes et aux plaisirs, même si l'on comprend à travers les témoignages de Tarouca et de Khevenhüller à quel point ils ont compté pour elle. Marie-Thérèse veille quotidiennement à leur éducation et en particulier aux études des petits archiducs, notamment à celles de l'héritier. Tous les deux mois, elle assiste aux examens de Joseph, en droit et en histoire, et veille très sévèrement à l'éducation religieuse de tous. Lors des nombreuses manifestations qui ponctuent sa vie

1. La cour de Vienne avait signé un contrat à Mme de Graffigny, auteur de renom, pour qu'elle écrive de petites pièces qui devaient être interprétées par les enfants impériaux. Marie-Thérèse jugeant les thèmes et les textes peu adaptés à leur âge, mit fin à ses commandes en 1752.
2. *Journal* de Johann Josef Khevenhüller-Metsch, *op. cit.*, vol. 2, p. 211, 22 février 1748.
3. *Ibid.*, vol. 4, p. 7, 10 février 1756.
4. *Ibid.*, vol. 2, p. 169, 29 juillet 1747.

de croyante, les aînés l'accompagnent à l'église, aux processions et souvent aux pèlerinages.

La vie familiale, c'est aussi à cette époque les maladies et la mort des enfants. Chaque maladie est source d'anxiété, et la petite vérole si répandue source de terreur[1]. Au début de la guerre de Sept Ans, trois de ses enfants en sont atteints : Joseph, Marie-Christine et Jeanne. À chaque fois, il faut les isoler et Marie-Thérèse, qui n'a pas encore contracté cette maladie, a interdiction de les voir. Elle vit alors dans la plus vive inquiétude. Les premiers mois de l'année 1757 furent un cauchemar. Joseph, quinze ans, tombe malade le 19 janvier. C'est une petite vérole « copieuse[2] ». À peine est-il entré en convalescence, très amaigri et le visage grêlé, que sa cadette, la jolie Marie-Christine, quatorze ans, est atteinte du même mal. Chacun se demande si elle n'y laissera pas sa beauté[3]. Mais la maladie est légère et elle n'en gardera aucune marque. Fin février, c'est au tour de

---

1. La petite vérole était le premier facteur de mortalité au XVIIIe siècle et la maladie la plus redoutée. On estime qu'elle faisait autour de 400 000 morts par an en Europe. Au total sept des enfants de Marie-Thérèse auront la petite vérole et ses deux belles-filles en mourront.

2. *Journal* de Johann Josef Khevenhüller-Metsch, *op. cit.*, vol. 4, p. 63-64, 19 et 20 janvier 1757.

3. Brno, *Archives familiales Tarouca*, G. 445, 16, n° 89 23-C-2. Lettres de Tarouca à Charles von Cobenzl des 18, 19, 21 et 23 février 1757. Sa maladie s'était déclarée le 16 février. Quant à la ravissante Marie-Élisabeth, atteinte de la petite vérole en 1767, elle en ressortit défigurée et immariable.

l'aînée, Marie-Anne, d'être malade. Elle souffre d'une fièvre continue avec de grands maux de tête que nul ne sait soulager. C'est une maladie que l'on ne nomme pas qui va et vient jusqu'à la mi-avril. Le 9 avril, elle se sent si mal qu'elle est administrée. Ne pouvant rien manger, elle est nourrie du lait d'une nourrice et de bouillons. Très lentement, elle recouvrera ses forces. Mais Marie-Anne, dix-huit ans, est un souci permanent pour ses parents. De santé très fragile depuis sa naissance, elle est née, dit-on, « contrefaite [1] », donc immariable. Au moindre rhume, on craint pour sa vie. Elle est la préférée de son père et pendant longtemps celle de sa mère aussi, laquelle confiera à Tarouca après une fête familiale : « Marie-Anne m'a presque touchée aux larmes en l'entendant chanter, et j'ai senti que je l'aime mieux que les autres, étant encore un enfant de la grande-duchesse et non de cette malheureuse reine [2]. » Sous-entendu à l'époque où son mari la préférait à toutes.

Les grands chagrins sont ceux de la mort des enfants. Des petits, comme des grands. Vingt ans après le décès de deux petites filles (Élisabeth, trois ans, en juin 1740 et Caroline, un an, en janvier 1741), elle doit affronter celui de son fils préféré, l'archiduc Charles, en janvier 1761. Ce

---

1. Déclarée « contrefaite » par nombre de témoins ; nul n'a jamais décrit clairement sa malformation. Certains ont suggéré qu'elle était bossue, d'autres qu'elle boitait ou était naine. Née le 6 octobre 1738, elle mourut le 19 novembre 1789.

2. AMCE, *DP, Belgique DD-B blau* : 3-4 (6 octobre 1759), f. 138 r.

jeune homme d'à peine seize ans était le plus brillant et le plus séduisant. Même s'il était souvent puni pour son arrogance, Marie-Thérèse ne pouvait cacher sa prédilection. Il mourut en quelques semaines du scorbut accompagné d'une fièvre putride. Il fut enterré comme les autres dans la crypte des Capucins, et sa mère ne put faire son deuil qu'en passant le soir de longues heures auprès de son tombeau. Il n'en fut pas tout à fait de même lors de la mort, des suites de la petite vérole, de sa fille Jeanne âgée de presque treize ans le 23 décembre 1762. Tarouca, frappé par l'apparente insensibilité de son amie, tente de l'expliquer ainsi : « Je ne doute point que Sa Majesté qui était préparée à cet événement ne le supporte avec fermeté, mais je doute qu'elle en souffre moins. Cette tranquillité extérieure est comme l'assoupissement d'un malade. On croit qu'il dort, mais c'est plutôt un anéantissement qu'un sommeil. Ce qu'on prend pour fermeté ou insensibilité est souvent un épuisement [...] [1]. »

JALOUSIE CONJUGALE
ET POLICE DES MŒURS

Contrairement à ses contemporains de l'aristocratie qui admettaient fort bien les liaisons extra-conjugales, Marie-Thérèse ne concevait le mariage que sous le

1. Brno, *Archives familiales Tarouca*, G. 445, 14, n° 86 23-B-3. Lettre à la comtesse Burghausen, Bude, 27 décembre 1762, f. 424 r-v.

signe de l'absolue fidélité. En cela, elle adhérait pleinement au modèle le plus puritain du ménage bourgeois. Plusieurs raisons peuvent expliquer son point de vue. Elles sont d'ordre moral et religieux, sentimental et sexuel. L'infidélité est la trahison d'un serment solennel fait devant Dieu qui suppose le mensonge et la déloyauté à l'égard du conjoint. La probabilité est forte que la prude et pieuse Marie-Thérèse n'ait jamais même songé à commettre un tel péché. Par ailleurs, en dépit de ses déceptions, elle n'a jamais cessé d'aimer son mari [1] jusqu'à la mort de celui-ci, en 1765.

Témoins et commentateurs sont restés très discrets sur l'intimité conjugale de la reine. Tout le monde savait qu'ils faisaient lit commun, contrairement à l'usage, mais personne n'aurait osé en dire plus publiquement. C'est Podewils, l'ambassadeur de Prusse, qui lève le voile grâce aux commérages qu'on se murmure à l'oreille et à une anecdote. « On prétend dit-il, que son amitié pour ce prince vient en partie de son tempérament et des bonnes qualités qu'il a pour le satisfaire. » Pour illustrer son propos, il rapporte qu'après une prise de bec humiliante avec son épouse, l'empereur mécontent s'en plaignit à l'un de ses favoris qui lui répondit : « Vous vous y prenez mal avec madame. Si j'étais à votre place, je l'obligerais d'en user mieux avec moi et je la rendrais souple comme un gant [...]. Je ferais lit à part.

1. Elle avait épousé l'homme qu'elle aimait, ce qui était un privilège peu commun à l'époque des mariages arrangés.

Croyez-moi, c'est par cet endroit qu'elle vous aime et que vous pourrez tout obtenir d'elle [1]. »

On ne pouvait pas dire les choses plus clairement.

Les infidélités de François-Étienne

Contrairement à son fils Joseph, vierge au mariage, François avait eu des aventures bien avant d'épouser son archiduchesse. C'est un homme qui aime les jolies femmes et ne saurait s'en passer. Toute la cour le sait et ne se prive pas de ragoter sur ce thème. On le dit si coureur et ardent qu'il était recommandé aux plus belles de ne pas rester seules en sa compagnie [2]. S'il est difficile de faire la part entre les racontars et la réalité, il n'est pas douteux qu'il ait eu des aventures sans lendemain, des maîtresses et même une passion dominante à la fin de sa vie.

Parmi toutes celles qui furent nommées, figure la ravissante danseuse Eva Marie Veigel [3] que Marie-Thérèse aurait envoyée en Angleterre lorsqu'elle s'aperçut de l'intérêt appuyé que son mari lui portait,

1. Adam Wolf, *Tableau de la cour de Vienne...*, *op. cit.*, p. 492, lettre à Frédéric II, Vienne, 18 janvier 1747.
2. Nathaniel William Wraxall, *Memoirs of the Courts of Berlin, Dresden, Warsaw and Vienna in the Years 1777, 1778, and 1779*, Londres, 1806, vol. 2, p. 358. L'auteur rapporte témoignages et ragots qui couraient après la mort de l'empereur.
3. 1724-1822. Elle épousa le grand acteur anglais David Garrick en 1749.

dans les années 1740. À la même époque, on lui attribue des liaisons avec la comtesse de Colloredo, femme du vice-chancelier, lui-même fort galant, et avec la comtesse Palffy, dame d'honneur de Marie-Thérèse, sans parler de toutes les autres avec lesquelles il partage secrètement soupers fins et parties de chasse. Pour éviter la surveillance de son épouse et donner libre cours à deux de ses plaisirs [1] (les femmes et la chasse), il partait parfois quelques jours en joyeuse compagnie pour Holitsch, en Hongrie, où il possédait une belle propriété à titre personnel.

Le grand chambellan Johann Josef Khevenhüller-Metsch, très attaché à l'empereur, fut un témoin de première main des escapades de son maître et en a laissé trace dans son *Journal*, notamment en 1757. Pendant que Marie-Thérèse veille sur Marie-Anne, nourrie au lait de femme, « l'empereur se rendit à une chasse à courre et soupa au retour avec le prince Charles [son frère], en compagnie de ces jolies femmes qui l'avaient accompagné en calèche à cette partie de chasse. On connaissait ces *parties fines* depuis le temps où nous avions commencé à être si *galant*, et les occasions n'avaient pas manqué de l'être. Mais on tâcha que ces *démonstrations* ne dérangeassent pas les esprits [ceux de Marie-Thérèse] par la *circonspection* nécessaire et la *nécessité de cacher son jeu* [2] ».

---

1. Le troisième était les spectacles. Bénéficiant d'une loge personnelle, il pouvait là aussi discrètement inviter des dames.
2. *Journal, op. cit.*, vol. 4, p. 78-79, 15 avril 1757. Les mots en italique sont en français dans le texte.

Le 13 mai 1757, Marie-Thérèse fête ses quarante ans, mais elle paraît plus âgée. On commence à l'appeler « la grosse » et elle le sait. Une semaine auparavant, les Prussiens ont infligé une défaite humiliante à son armée près de Prague. C'est la consternation générale. Contrairement à l'habitude, il n'y aura aucune manifestation publique pour son anniversaire. La reine est triste, se renferme sur elle-même et ne supporte que la compagnie de ses très proches. Khevenhüller note : « L'empereur se fait voler ses amusements et doit se contenter de la vieille société et des anciennes amies ; cette contrainte a rejailli sur son humeur et ses mauvaises dispositions [1]. » Cette fois, ce ne sont pas des amusements ordinaires.

François est extrêmement épris d'une très jeune femme qui a l'âge de sa fille aînée, dix-neuf ans, alors qu'il en a presque quarante-neuf. Il s'agit de la fille de son vieil ami le maréchal Neipperg, qui a marié celle-ci deux ans plus tôt au prince d'Auersperg. Elle s'appelle Marie-Wilhelmine.

Ceux qui l'ont connue en parlaient encore avec émotion vingt ans plus tard [2] à un voyageur anglais. C'est ce dernier qui a transmis son portrait dans ses souvenirs de voyage, peut-être embelli : « Tous m'ont

1. *Ibid.*, p. 93, 24 mai 1757.
2. (30 avril 1738-21 octobre 1775). Son père ayant été gouverneur du Luxembourg, elle avait vécu son enfance à Bruxelles et à Spa et n'arriva à la cour de Vienne qu'en 1754, à seize ans. Elle mourut à trente-sept ans, sans enfant.

assuré qu'aucune description ne pouvait donner une idée juste de son charme [...]. Aucun peintre n'a jamais pu rendre justice à l'expression de son visage, car lorsqu'elle parlait, mille grâces l'éclairaient que l'art ne savait pas rendre. Ses manières étaient exquises, dénuées de la moindre affectation [...]. Il suffisait qu'elle apparaisse pour être admirée et adorée. Sa beauté était sans pareille, ses manières irrésistibles. Elle suscitait l'amour du sexe masculin sans provoquer l'envie et la rivalité des femmes [...]. Sa conversation était gaie, facile et amusante, sans être particulièrement spirituelle et cultivée[1]. »

Cet ange incomparable avait aussi bien des défauts. Elle vivait sur un pied extravagant, perdait des fortunes au jeu[2], et était fort volage. Telle est la femme dont l'empereur s'éprit au point de ne plus pouvoir se passer d'elle[3]. Il restait les soirées chez elle en petit

1. Nathaniel William Wraxall, *Memoirs...*, *op. cit.*, p. 359-360.
2. On dit que l'été qui suivit son mariage, elle perdit toute sa fortune au jeu.
3. Grâce au *Journal* de Johann Josef Khevenhüller-Metsch, on dispose d'une indication précieuse sur le début de leur liaison. Il note le 3 mai 1756 : « Tandis que l'impératrice s'était rendue à la chapelle Saint-Joseph pour une commémoration, [...] l'empereur s'était offert une *partie de plaisir*, en petite compagnie [...]. De telles courses et amusements avaient été fréquents cette année et avaient surtout été donnés en l'honneur de la jeune duchesse von Auersperg, car l'empereur avait témoigné depuis le dernier carnaval une certaine inclination pour

comité, séjournait avec elle dans l'un ou l'autre de ses châteaux, sous prétexte de chasse, et lorsque Marie-Thérèse n'allait pas au spectacle, il la retrouvait dans sa loge, à l'abri des regards [1]. On a beaucoup dit qu'il faisait très attention à ne pas blesser sa femme, en lui montrant toutes les marques de respect et d'attention. Pourtant il n'hésita pas à acheter à sa maîtresse une maison à Laxembourg, toute proche de la demeure impériale, et même à l'inviter aux repas familiaux comme au mariage de son fils, l'archiduc Léopold, à Innsbruck, en 1765. Si le titre de maîtresse officielle n'existait pas à la cour de Vienne, elle était bien considérée par tous comme l'« amie » de l'empereur.

Tous les observateurs ont noté l'extrême jalousie de Marie-Thérèse à l'égard des femmes qui papillonnaient autour de son mari et sa chasse aux libertins qui faisaient sa compagnie préférée. Dès 1747, Podewils

elle, et même une *inclination marquée* », *op. cit.*, vol. 4, p. 17. Les mots en italique sont en français dans le texte.
1. Le prince de Ligne, dont elle fut aussi la maîtresse, a raconté cette anecdote piquante : « Dans le temps où je partageais les charmes de la plus jolie femme du monde et de la plus grande dame de Vienne avec l'empereur [...]. L'impératrice allait quelquefois au spectacle et alors l'empereur n'osait pas quitter sa loge. Un jour qu'il la vit bien occupée, il se glissa dans celle où j'allais toujours ces jours-là. Sa maîtresse et moi fûmes un peu alarmés de son apparition. Il me demanda ce qu'était la petite pièce. C'était *Crispin, rival de son maître*. Je ne sus comment faire pour lui dire [...]. » Alexis Payne (dir.), *Mémoires, lettres et pensées*, Paris, 1989, p. 117-118.

raconte : « Elle est fort jalouse de ce prince et fait tout au monde pour empêcher qu'il ne prenne quelque attachement. Elle a fait fort mauvais visage à quelques dames à qui l'empereur commençait à en conter. Elle voudrait par le même principe bannir toute galanterie à la cour ; elle marque beaucoup de mépris pour les femmes qui ont des intrigues et en témoigne presque autant pour les hommes qui les recherchent [...]. Elle cherche à éloigner de l'empereur tous ceux qui donnent dans la galanterie et l'on prétend que le comte de Colloredo, qui en fait profession, ne parviendra jamais à être bien dans son esprit. Il a même été pendant un temps dans une espèce de disgrâce pour avoir fait quelques parties de plaisir avec le prince [1]. »

Elle a partout des espions autour de l'empereur et finit par tout savoir. Quand les choses vont trop loin, elle persécute les amis de son mari, jusqu'à obtenir leur départ de la cour. Ce fut le cas du colonel lorrain qui avait conseillé à François de faire lit à part et de bien d'autres, soupçonnés de débauches.

En 1757, lorsque François tombe amoureux de Wilhelmine d'Auersperg, la situation de Marie-Thérèse a changé. Elle vient d'accoucher de son seizième enfant, Maximilien [2], et ne veut plus entendre parler de grossesse. Il n'est pas exclu que, à l'instar de

1. Adam Wolf, *Tableau de la cour de Vienne...*, *op. cit.*, p. 492-493, Vienne, 18 janvier 1757.
2. Né le 6 décembre 1756.

236

Marie Leszczyńska à l'égard de Louis XV, elle ait
décidé de mettre un terme aux relations conjugales,
d'autant qu'elle n'est plus désirable. Peut-être en a-
t-elle elle-même perdu le goût. Il n'empêche qu'elle
aime toujours son mari et que sa jalousie n'est pas
éteinte. Les premières années de cette liaison, François
dut continuer à prétexter parties de chasse et voyages
d'affaires, dont personne n'était dupe, pas plus elle
que la cour qui jasait beaucoup. Puis on apprend
par Khevenhüller qu'en juin 1759 [1] Marie-Thérèse a
accepté de passer deux jours au château Hof où son
mari chasse avec des amis, parmi lesquels le prince et
la princesse d'Auersperg. Il semble que ce soit la première fois qu'elle ait accepté cette rencontre privée.
L'impératrice fait de nécessité vertu. Peu à peu elle
s'est accoutumée à la présence de cette femme, soit
pour ne pas perdre complètement son mari, soit pour
ne pas avoir à mener une guerre perpétuelle. Elle
l'accueille donc chez elle à Laxembourg et l'on
découvre, non sans surprise, dans une lettre à sa fille
Marie-Christine, qu'elle a déposé les armes, et montre
presque de l'indifférence à l'égard de la maîtresse de
François : « Non seulement la belle princesse ne
m'ennuie pas, mais elle est plus agréable et même plus
jolie que depuis longtemps. Personne ne se voit et ne
se parle qu'à table [...]. Nous [y] sommes assis la

1. *Journal, op. cit.*, vol. 5, p. 110, 25 juin 1759. C'est une
des rares fois où Khevenhüller cite nommément la princesse.

Marie-Anne, l'Amélie auprès de moi, la Élisabeth et la Auersperg auprès de l'empereur. Tout le monde est à la chasse ; je suis seule au logis [1]. »

Lorsque l'empereur mourut inopinément l'été 1765 à Innsbruck, Marie-Thérèse fit preuve d'une grande élégance à l'égard de sa rivale. Le jour précédant son décès, François avait signé un ordre à son banquier de verser 200 000 florins à la princesse. Contre l'avis général, Marie-Thérèse honora la dette de son mari. Elle lui racheta plus tard la maison de Laxembourg offerte par l'empereur au prix délirant demandé et fit toujours preuve de la plus grande civilité à son égard. Ce fut l'exception qui confirme la règle.

Puritaine et persécutrice

Effet de sa pudibonderie ou (et) conséquence de l'insupportable trahison de son époux, Marie-Thérèse, dès la fin des années 1740, déclara la guerre au sexe illégal, à la cour comme à la ville. Elle tendit à la cour son réseau d'espions (et espionnes) et se mit à surveiller et à punir ceux et celles qui étaient soupçonnés d'entretenir des relations adultères, fût-ce même dans la plus grande discrétion. Tout sexe hors mariage devait être réprimé. Podewils raconte à Frédéric II en 1747 « qu'ayant trouvé quelques jeunes personnes

1. Alfred von Arneth, *Lettres de l'impératrice Marie-Thérèse à ses enfants et amis*, Vienne, 1881, vol. 2, p. 356.

chez une dame de l'opéra, l'impératrice reine l'a fait enfermer dans une des prisons les plus sévères et convoqua la "commission de sécurité" pour lui ordonner enquêtes et perquisitions dans toutes les maisons suspectes. Seules celles des ministres étrangers et conseillers à la cour seront épargnées. Elle s'est fait un devoir d'arrêter toutes les personnes – ducs et membres de sociétés secrètes compris – qui se trouveraient auprès de ces dames de l'opéra et de celles qui mènent des vies incongrues [...]. Par ailleurs, elle a déclaré qu'une femme de l'opéra qui recevrait chez elle un jeune homme passerait le reste de sa vie dans un cloître à Timisoara, et ceux que l'on aura retrouvés chez ces femmes seraient relevés de leurs tâches administratives [*idem* pour les officiers militaires] et interdits de Vienne pour toujours [1] ».

La conduite des artistes féminines était particulièrement observée. Actrices, danseuses et chanteuses étaient souvent courtisées par les hommes de la cour ou de riches bourgeois. Tel était le cas du comte de Colloredo ou du prince de Trautson, grand chambellan de l'impératrice. Celui-ci eut la chance d'échapper au pire : «Trouvé en compagnie d'une dame de l'opéra, les commissaires de la *pudicité publique* ont eu la politesse de le mettre en garde et lui intimèrent

1. Lettre du 25 octobre 1747 publiée dans l'édition de Carl Hinrichs, *Comptes rendus diplomatiques de Podewils à Frédéric II*, Berlin, 1937, p. 112-113.

l'ordre de quitter sur-le-champ les lieux, sinon ils seraient contraints de l'arrêter [1]. » D'autres eurent moins de chance, comme ce couple adultère, formé de la jeune comtesse Esterházy, née Starhemberg, et du comte Schulenbourg, qui s'enfuirent à Zurich. Marie-Thérèse fit extrader la comtesse pour la mettre dans un couvent. Celle-ci réussit à s'échapper en Hollande où elle vécut comme une mendiante. Son amant fut condamné à être décapité, mais la reine commua la peine en déportation. De façon générale, les femmes étaient punies plus durement que les hommes. Elles furent nombreuses à être déportées, souvent dans des conditions atroces. Les étrangères coupables étaient rapatriées dans leur pays, comme le cas rapporté par Khevenhüller : « L'une de nos meilleures danseuses, la Santini, est renvoyée, car sa mauvaise conduite a attiré l'attention de l'impératrice qui a ordonné de la ramener à Venise sous bonne escorte [2]. »

Cet insupportable despotisme de la reine se nourrissait de ragots qu'elle écoutait, avec complaisance. Tarouca lui en a fait reproche, évoquant « un millier d'accusations [3] » qui sont parfois inventées de toutes

---

1. *Ibid.*, p. 114, lettre du 15 novembre 1747. Les mots en italique sont en français.
2. *Journal, op. cit.*, vol. 5, p. 102, 15 mai 1759.
3. AMCE, *DP, Belgique DD-B blau* : 1-2, f. 158 v, lettre non datée [années 1750].

pièces. Dès 1747, Podewils constate : « Le mécontentement est partout et il circule un grand nombre d'écrits injurieux à l'égard de ce gouvernement surtout contre cette commission, nommée de chasteté. L'impératrice n'est pas épargnée [1]. » Cela ne la dissuada nullement d'intensifier sa guerre contre le sexe illégal et en particulier contre les prostituées qui pullulaient à Vienne, comme à Londres ou à Paris. Le 26 mars 1751, un décret ordonne la déportation des « femmes licencieuses à Timisoara, avec l'interdiction formelle de revenir à Vienne [2] ». Dans la capitale, pas moins de trois cents policiers en civil sont chargés de traquer ces femmes, y compris celles qui n'ont qu'une aventure, dans les rues et les maisons. Il n'est pas indifférent de noter que le premier président de la « commission de la chasteté » en 1752, fut le propre confesseur de François-Étienne, le jésuite Ignace Parhamer.

Plus doux et plus anecdotique, mais non moins révélateur du despotisme puritain de la reine, fut le

1. Carl Hinrichs, *Comptes rendus diplomatiques…*, *op. cit.*, p. 114, lettre du 2 décembre 1747. À cette époque cette commission, dite « de la chasteté », par le public, était une composante de la commission de la sécurité.

2. Joseph Schrank, *La Prostitution à Vienne du point de vue historique, administratif et hygiénique*, Vienne, 1886, vol. 1, p. 161. En 1769, le décret de 1751 sera annulé au profit des maisons de correction. La condition des femmes déportées était horrible. Schrank évoque (p. 163) les humiliations, les privations, voire les tortures qu'elles subissaient. Selon lui (p. 161), 50 furent déportées en 1751 et 300 en 1763. Au total, plus de 3 000 femmes en auraient été victimes.

décret du 1er mai 1753 concernant les tenues vesti-mentaires féminines : les jupes courtes ainsi que les corsets montrant trop de poitrine furent interdits. À l'entrée des bals qui devaient se terminer à 23 heures[1], on vérifiait la tenue de chacune, toutes classes sociales confondues. Les voyageurs étrangers qui voulaient s'amuser à Vienne n'en revenaient pas. Ils ont laissé des traces de leur indignation, de Casanova[2] au diplomate Hennin, jusqu'à ce professeur de droit averti par son hôte qu'il pouvait voir arriver dans sa chambre des commissaires pour vérifier s'il couchait seul ou avec une fille. Outré, le voyageur écrit : « Je n'ai pas voulu rester un moment de plus dans une ville où des gens pareils et ceux qui s'entendent avec eux, espions et chicaneurs, peuvent vexer tout le monde à leur gré[3]. »

Cette inquisition et cette persécution de la vie intime de ses sujets perdurèrent jusqu'à la mort de l'impératrice. D'autant plus qu'après la disparition de son époux, Marie-Thérèse va sombrer peu à peu dans

1. Décret du 6 février 1752. *Ibid.*, p. 166.
2. Giacomo Casanova, *Histoire de ma vie*, Paris, 1993, t. I, p. 643 : « On enlevait et on conduisait en prison à toutes les heures du jour dans les rues de Vienne toutes les filles qui marchaient seules pour gagner leur vie, même honnêtement [...]. [Elles] étaient réduites à tenir un chapelet à la main [...] et disaient qu'elles allaient à l'église. »
3. Carlo Antonio Pilati di Tassulo, *Voyages en différens pays de l'Europe en 1774, 1775 et 1776*, La Haye, 1777, t. I, p. 16-17.

une extrême bigoterie. Sa tyrannie pudibonde faisait ricaner toute l'Europe et cette image détestable est restée pour toujours attachée à son nom, plus encore que la persécution des juifs de Bohême ou des protestants de Hongrie. En vieillissant, les côtés sombres vont apparaître au grand jour, malgré tous ses efforts pour les dissimuler.

Entre dépression et exaltation

Aucun de ses contemporains n'a jamais utilisé ces termes pour décrire la personnalité de l'impératrice. Pourtant, à lire les témoins de première main et certaines confidences de Marie-Thérèse elle-même, on constate la présence chez elle, en alternance, mais parfois aussi conjointement, de ces deux états mentaux. On parlait alors de mélancolie ou de découragement, et inversement d'une vivacité et d'une vitalité hors norme. La disparition de François-Étienne marque un tournant dans sa condition psychologique.

Si avant 1765 la reine parvient tant bien que mal à dissimuler ses tourments au public, sa condition de veuve et l'intensité de son chagrin l'autorisent à se draper dans le deuil perpétuel. La dépression a définitivement pris le dessus.

L'impératrice a hérité de la face noire des Habsbourg. Son père, Charles VI, souffrait déjà de sévères crises de dépression. La première signalée par l'envoyé français remonte à 1722. Elle fait suite à la mort de son favori, le comte d'Althann. L'empereur ne parvient pas à s'en remettre. Il dépérit à vue d'œil[1]. Dix ans plus tard, même constat, sans raison apparente. Durant plusieurs mois, proches et moins proches constatent sa « profonde mélancolie[2] ». Il prend les eaux de Carlsbad avec sa femme et sa fille. En vain, rien ne le soulage. Le même mal réapparaît de plus en plus souvent et vers la fin de sa vie, en pleine guerre contre les Turcs, on dit qu'il est « abonné » à la mélancolie.

Le cas de Marie-Thérèse est plus complexe et difficile à cerner, en particulier dans la première partie de son règne. Si elle montre parfois une énergie stupéfiante, elle cache soigneusement ses idées noires. La seule personne, semble-t-il à laquelle elle s'en est ouverte est l'ami Tarouca. On apprend grâce à leur correspondance[3] que le mal est plus ancien qu'on ne

1. *CP Autriche*, vol. 140, Vienne, 11 avril 1722, f. 157 r-v : « Ce prince diminue à vue d'œil et a des faiblesses dans les jambes [...]. Il ne prend plaisir à rien et a dit que toutes les choses lui étaient indifférentes. » En juillet de la même année, un autre témoin note « un nouveau fond de tristesse, de mélancolie et même d'indolence qui ne paraît que trop sur son visage et dans toute sa conduite », *ibid.*, f. 332 r.
2. *Ibid.*, vol. 172, f. 258 r, 18 juin 1732, et vol. 173, f. 166 r, 4 octobre 1732.
3. Principalement dans AMCE, *DP, Belgique DD-B blau* : 2 à 5, dans les commentaires qu'elle écrit en marge des lettres de Tarouca et dans les réponses de celui-ci.

l'avait cru. Dès le début de son règne, celle que l'on voit résister avec force au roi de Prusse dit son « dégoût du règne » et son envie de « quitter les rênes du gouvernement ». À quoi le grondeur répond que c'est chez elle « un mal périodique qui la prend tous les six mois [...] et plus fortement vers le milieu de l'automne [1] ». Il lui conseille l'air, la promenade et les conversations avec les amis. Parfois elle se dit d'humeur si triste qu'elle l'évite, « n'ayant pas la force de parler [2] ». Dès la fin des années 1740, on trouve de plus en plus souvent sous sa plume les expressions suivantes : « je suis malade de corps et d'esprit » ou « je suis comme une bête ».

En décembre 1748, Marie-Thérèse paraît au fin fond de la dépression : « Je suis dans un état déplorable. Je ne me souviens de ma vie de m'y avoir trouvée comme ça. C'est machinalement ce que je peux faire encore en public, non par raison car il ne m'en reste aucune. Je suis comme une bête sans pouvoir penser, étant dans un accablement extrême [sans pouvoir] parler, car je m'anime et me désespère trop [...]. Il ne me reste de ressource que de m'enfermer seule [3]. »

Pourtant rien ne transperce à l'extérieur. Les diplomates si prompts à scruter la souveraine n'y voient

1. *Ibid.*, 5, f. 1 r-2 r, s.l.n.d. [octobre 1743].
2. *Ibid.*, 3, f. 8 v, jeudi 5 août 1745.
3. *Ibid.*, 5, f. 56 r, s.l.n.d. [23 décembre 1748].

que du feu. Au contraire, on insiste toujours sur sa phénoménale énergie physique et psychique : sa puissance de travail hors du commun [1], ses chevauchées qui laissent les hommes derrière elle, ses nuits au jeu, sa force de résistance et ses colères mémorables. On pouvait attribuer les moments de tristesse ou d'épuisement aux accouchements et à leurs suites – la dépression *post-partum* – ou bien aux drames de la guerre. Mais à partir de 1758, si la reine peut-être déprimée par ses échecs militaires et la place prise par la princesse d'Auersperg dans le cœur de son époux, elle est délivrée de l'angoisse et des fatigues des naissances et ses enfants sont en bonne santé. Elle reparle d'abattement, de son sentiment de vide, de chagrin, et évoque pour la première fois son hérédité : « Je ne sais ce qui m'arrivera à la fin, mais je suis à quarante ans ce que mon père a senti à sa mort [2]. » Puis elle entonnera le même refrain jusqu'à la fin de ses jours : « *J'ai assez*

1. Brno, *Archives familiales Tarouca*, G 445, 16, n° 89 23-C-2, lettres à Cobenzl des 2, 5 et 16 mars 1757 qui évoquent sa « prodigieuse » puissance de travail. Le 9 juin suivant, de retour d'une procession, la souveraine « ne paraît point lasse ni échauffée. Elle pourrait l'être par un travail si fort et continuel qui me paraît redoubler. Mais elle a la santé et les forces en proportion ». Pourtant, dans une lettre de la même époque (juin 1757), elle écrit à Tarouca : « Mon humeur n'est pas en état de parler [...]. J'ose vous avouer que je me sens toute isolée et abattue. » Voir Karajan, *Maria Theresia...*, *op. cit.*, p. 40-41.
2. AMCE, *DP, Belgique DD-B blau* : 3-4, f. 142 r, s.l.n.d. [1757 ? 1759 ?].

vécu. Je suis au bout de mon latin et ne sais plus que faire, désolée de tout côté, à charge à moi-même et aux autres [1]. »

La mort de François-Étienne en 1765 fut certainement le plus grand chagrin de sa vie. Dès le lendemain, elle prit la tenue noire du veuvage et ne la quitta plus. Elle se coupa les cheveux et abandonna tout ce qui lui restait de coquetterie. Elle put alors laisser libre cours à sa dépression en laissant croire qu'elle n'était due qu'à cette perte irréparable. Cinq ans plus tard, elle confiait à son fidèle comte de Rosenberg : « Vous me trouverez encore engraissée et même bon visage, mais il s'en faut de beaucoup que je me porte de même. Mon cœur est criblé de chagrin, ma tête vide et mes forces presque entièrement tombées ; un découragement total que j'ai craint toute ma vie – comme l'avait notre grand et incomparable maître, mon père – m'accable. Tant que mon époux existait, il me soutenait ; en le voyant seul, tout s'oubliait, même les plus grands revers, mais le bon Dieu me l'ayant arraché de la façon [dont] je l'ai perdu, tout est tombé en même temps et rien ne m'anime plus. Je suis abandonnée à ma nature [2]. »

Pourtant la disparition de son mari ne marque pas la fin de son activité politique. Loin de se retirer des

---

1. *Ibid.*, f. 189 r, s.l.n.d. [13 mars 1760, jour de l'anniversaire de son fils, Joseph]. Souligné par nous.
2. Klagenfurt, *Famille Orsini-Rosenberg*, 77, fasc. 65/355 a-2, lettre du 20 mai 1770.

affaires et de céder les rênes à Joseph en 1765, l'impératrice commence une nouvelle expérience du pouvoir partagé, nettement plus compliqué avec le fils qu'avec l'époux.

7

La seconde corégence : mère et fils

L orsque l'empereur François-Étienne meurt subitement à Innsbruck [1] le 18 août 1765, d'une crise d'apoplexie, une question hante tous les esprits : Marie-Thérèse va-t-elle abdiquer et laisser le pouvoir à son fils aîné, Joseph, âgé de vingt-quatre ans et couronné roi des Romains [2] l'année précédente. La question n'est pas absurde si l'on considère la situation de la mère et du fils. La mort de son mari laisse Marie-Thérèse broyée, hébétée, incapable, dit-on, de prendre la moindre décision. Elle reste plusieurs jours dans la plus grande solitude enfoncée dans

1. Toute la cour de Vienne avait fait le voyage à Innsbruck pour assister au mariage du second archiduc, Léopold, avec l'infante Maria-Luisa d'Espagne célébré le 5 août. Le jeune couple devait ensuite gagner le grand-duché de Toscane dont Léopold allait devenir le souverain.
2. Titre utilisé dans le Saint-Empire romain germanique pour désigner le candidat au trône impérial, entre le moment de son

la prière, ne pouvant plus s'arrêter de pleurer. On craint pour sa santé et le bruit court qu'elle veut se retirer. C'est Joseph qui s'occupe de toute l'intendance et organise le retour à Vienne. Au décès de son père, il a pris le titre et les fonctions d'empereur d'Allemagne et pourrait succéder à sa mère qui avait un an de moins que lui quand elle-même succéda à son père.

Pourtant l'idée d'une seconde corégence s'impose très vite à tous pour des raisons techniques [1] et personnelles. Parmi ces dernières, il y a d'abord une sorte de méfiance presque générale à l'égard de Joseph. Peu connu du public, il n'est pas populaire, et ceux qui l'approchent se défient de son caractère, y compris secrètement sa mère qui consulte les juristes sur l'intérêt et les inconvénients d'une corégence. On lui rappelle qu'en tant qu'empereur, il décide seul de la politique étrangère de l'empire, laquelle peut entrer en conflit avec celle de la monarchie autrichienne et

élection et celui de son gouvernement. Élu à Francfort à l'unanimité le 27 mars 1764, Joseph y avait été couronné le 3 avril.

1. Derek Beales explique que Joseph, en 1765, possédait en toute propriété moins de territoire que son père en 1740. Or la Constitution impériale voulait que l'empereur en possédât suffisamment pour maintenir l'intégrité de l'empire et résister aux Turcs. Comme il était hors de question de lui céder une partie des États de la monarchie, à cause de la Pragmatique Sanction, il ne restait que la solution de la corégence. Voir *Joseph II*, vol. 1, *In the Shadow of Maria Theresa 1741-1780*, Cambridge, 1987, p. 136-137.

qu'il dispose de certaines prérogatives qui pourraient la gêner. Le meilleur moyen d'empêcher cela est de l'accrocher à son char en le nommant corégent de l'Autriche. Quant à ses pouvoirs, ils seront on ne peut plus limités puisqu'on lui rappellera qu'elle reste la souveraine absolue – et non sa corégente – et que rien ne pourra être décidé sans sa signature à elle. En cas de différend entre les deux, elle pourra demander l'avis du Conseil d'État, dont les membres ont été choisis par elle.

On l'aura compris, la vraie raison de cette seconde corégence est la volonté sans faille de Marie-Thérèse de garder le pouvoir. On s'est parfois trompé sur les apparences en 1765. Ni Marie-Thérèse ni Joseph n'étaient exactement ceux que l'on décrivait. Tout en subissant le choc émotionnel de son veuvage, Marie-Thérèse était moins hébétée qu'on l'a dit. Trois jours après le décès de son mari, l'ambassadeur de France, le comte Du Châtelet, rapporte une conversation avec Kaunitz qui laisse entendre qu'« elle prendra le dessus sur son incapacité actuelle […] et sentira bientôt que l'intérêt de l'empire […] exige qu'elle reprenne les rênes du gouvernement. Kaunitz, qui sortait de chez elle quand il m'a vu, m'a confié qu'il était extrêmement content des dispositions dans lesquelles il l'avait laissée et m'a assuré qu'il n'y aurait aucun changement dans la situation ; que l'impératrice prendrait sans doute le parti de faire reconnaître son fils comme le feu empereur en qualité de corégent [1] ».

Du Châtelet, plus perspicace que d'autres, ajoute même : « Dès que l'impératrice aura repris le timon des affaires, elle ne le quittera plus. Sa santé est d'ailleurs aussi bonne qu'il est possible. »

De retour à Vienne, l'impératrice observe un deuil très strict et n'apparaît plus à la cour. Elle vit presque seule dans ses appartements tendus de noir. Elle parle à son amie Sophie d'Enzenberg de son « insupportable douleur » et lui avoue : « Il y a des jours où je ne suis pas bien présente à moi-même […]. Continuellement dans le tombeau à Innsbruck. » « Le soleil même me paraît noir [2]. » Pour autant, Du Châtelet, qui a ses espions auprès d'elle, note dès le 4 septembre qu'« elle a repris le timon des affaires et signe de sa main les résolutions des différents départements ». Quelques jours plus tard : « Elle a fort bon visage, quoiqu'elle n'ait pas repris sommeil et appétit. Elle est entièrement livrée comme ci-devant aux affaires. Elle donne audience régulière à tous les chefs des départements et il paraît certain qu'il n'y aura d'autres changements dans son train de vie qu'un peu plus de retraite […]

1. *CP Autriche*, vol. 303, Innsbruck, 21 août 1765, f. 34 v-37 r.
2. Jean-Pierre Lavandier et Monika Czernin (dirs), *Lettres de l'impératrice Marie-Thérèse à Sophie d'Enzenberg*, Vienne, [parution 2017], lettres du 12 septembre, 9 novembre et 7 décembre 1765.

suivant son penchant naturel [1]. » Autrement dit, si la femme est abattue, la souveraine reste debout.

Du Châtelet fut moins clairvoyant s'agissant de Joseph. Le soir même de la mort de l'empereur, il écrit : « Cet événement ne peut certainement rien déranger au système dans ce moment-ci [...]. L'autorité impériale, à quelques nuances près, ne sera pas d'une plus grand valeur entre les mains du roi des Romains qu'elle ne l'était dans celles de son père [...]. Les mêmes besoins entraîneront la même dépendance de sa part vis-à-vis de l'impératrice et vis-à-vis de son ministère [2]. »

Quand l'impératrice déclara Joseph corégent le 17 septembre, chacun voulut croire que le fils se comporterait comme son père, soumis aux volontés de sa mère, et s'en remettant pour l'essentiel au vice-chancelier de l'empire, M. de Colloredo. « Jamais l'empereur, mari de l'impératrice reine n'avait abusé, ni même usé des droits que lui donnait la corégence et il y a bien de l'apparence que l'empereur son fils en usera avec la même discrétion [3] », disait-on. C'était bien mal connaître le jeune homme ambitieux qui sommeillait dans le nouvel empereur, et sous-estimer la complexité des sentiments qui unissaient mère et fils, la souveraine et son successeur.

1. *CP Autriche*, vol. 303, lettres des 4, 11 et 14 septembre 1765, f. 74 r, 101 r et 109 r-v.
2. *Ibid.*, Innsbruck, 18 août 1765, f. 17 v-18 v.
3. *Ibid.*, Vienne, 14 septembre 1765, f. 108 r.

L'ÉNIGMATIQUE JOSEPH

L'homme

De la petite enfance à l'âge adulte les mêmes adjectifs reviennent pour le décrire. On le dit intelligent, mais superficiel, radin, austère, renfermé, méprisant, dur, cynique, méfiant à l'extrême. Contrairement à sa mère, il n'attire pas spontanément la sympathie. Pourtant il semble avoir été une personnalité plus complexe qu'il y paraît. La grande difficulté est de percer l'armure intérieure dont il ne se dépare que rarement et dans l'intimité. Même ses frères et sœurs ne savent pas bien qui il est. Ce qui fera dire au prince de Rohan : « L'empereur est une énigme pour ceux-là même qui sont le plus à portée de le pénétrer [1]. »

Grand misogyne devant l'Éternel, il n'a pas cherché ou n'a pas su se faire aimer des femmes. Ce qui ne l'empêchera pas d'être un fils attentionné pour sa mère et un père tendre et présent pour sa petite fille. Marié deux fois, il a adoré sa première femme, Isabelle de Bourbon-Parme, et haï la seconde, Josepha de Bavière, au point de se montrer avec elle d'une cruauté sans pareille. Isabelle mourut de la petite vérole après trois ans de mariage [2] en lui laissant une

1. *CP Autriche*, vol. 321, Vienne, 5 mai 1773, f. 315 r.
2. Petite-fille de Louis XV par sa mère et de Philippe V par son père, Isabelle de Bourbon-Parme épousa Joseph le 6 octobre 1760 et mourut le 27 novembre 1763.

enfant de dix-huit mois. Elle sut le mieux le percer à jour. D'une intelligence supérieure et maître dans l'art de manipuler ses semblables, Isabelle a dévoilé à sa belle-sœur, l'archiduchesse Marie-Christine, une partie du caractère de Joseph âgé de vingt ans et comment se faire aimer de lui. Elle décrit un homme empreint d'une grande méfiance qui déteste intrigues et « air de mystère », susceptible et complexé : « Ne le point plaisanter en compagnie, saisir même les moments où l'on voit qu'il pourrait entendre pour dire du bien de lui, sans faire semblant de s'apercevoir qu'il est à portée d'entendre. » Il ne faut jamais le contrarier, lui passer ses enfantises [1]. Mais il faut avant tout gagner son estime, car « son cœur n'est pas assez sensible pour que l'amitié puisse l'ébranler assez tôt ; mais dès que l'estime s'en mêle, l'amitié s'ensuit naturellement [2] ».

Dans un texte plus général qui a pour titre *Traité sur les hommes*, on devine que c'est Joseph qu'elle décrit quand elle affirme brutalement : « L'homme est un animal inutile dans le monde, qui ne sert qu'à faire le mal, impatienter, embrouiller, faire tourner la tête à tout le monde [...]. Privés de sentiments, ils ne savent aimer qu'eux. C'est le seul bien auquel ils sont

---

1. Que l'on peut traduire par blagues, plaisanteries ou farces.
2. Isabelle de Bourbon-Parme, *« Je meurs d'amour pour toi. » Lettres à l'archiduchesse Marie-Christine, 1760-1763*, éd. Elisabeth Badinter, Paris, 2008, p. 87-89, lettre 34, février 1761.

attachés ; pourvu qu'ils se satisfassent et qu'ils soient contents, c'est tout ce qu'ils désirent. Tout blâmer dans les autres, tout approuver en eux, est leur coutume [1]. »

La caricature n'est pas dénuée de vérité, même si au cours de sa vie, Joseph aura l'occasion de montrer qu'il a aussi un cœur.

Le fils

À part le petit Léopold, frère aîné de Marie-Thérèse, qui ne vécut que six mois [2], la lignée des Habsbourg n'avait plus eu d'héritier mâle depuis Charles VI né en 1685. C'est dire si la naissance de Joseph était attendue et fêtée. Durant les premières années, le petit garçon fut traité comme un roi et se conduisit comme tel. L'enfant, conscient d'être l'héritier, devint arrogant, têtu et mal élevé, au point que Marie-Thérèse s'en inquiéta. Au grand dam de la cour, elle menaça même de lui faire donner les verges, punition qui n'avait jamais été infligée à un archiduc. Joseph fut l'enfant chéri de ses parents jusqu'à la naissance, quatre ans après lui, de son cadet Charles [3]. Ce dernier, en grandissant, devint le préféré de ses parents, comblés par son charme, son intelligence et

1. *Ibid.*, p. 38.
2. 13 avril-4 novembre 1716.
3. 1er février 1745-18 janvier 1761.

ses talents. On imagine le choc de l'aîné de n'être plus l'élu et d'avoir perdu le titre de premier dans leur cœur. Il détesta son rival, se renferma sur lui-même et devint de plus en plus insaisissable. Marie-Thérèse, qui fut une mère attentive mais sévère – peut-être trop sévère –, se posa beaucoup de questions sur son fils dès le début des années 1750. À plusieurs reprises, elle confie à Tarouca sa perplexité et son angoisse maternelle. Alors que Joseph n'a que dix ou onze ans, elle l'invite à un petit dîner en tête à tête et prend « l'air le plus adouci » qu'elle peut. « Il en a été fort sensible, mais l'a surmonté devant mes gens [...]. L'après-dîner je l'ai passé avec lui jusqu'à 5 heures et j'ai été très contente de la leçon [...]. C'est la première occasion qui m'a persuadée qu'il a de la capacité, ce dont je doutais [1]. »

Un peu plus tard, elle s'interroge : n'a-t-elle pas été trop distante et trop sévère avec lui ? Tarouca la rassure : « Le temps [vous] a radoucie. Le fils aime tendrement la mère et la respecte. » Elle lui répond : « Vous m'avez sensiblement obligée par le trait de générosité et de sentiment que vous me marquez du fils que la mère croyait insensible et à treize ans le corrigeait trop vivement [2]. »

En dépit des efforts du jeune Joseph, il subsistera chez sa mère un sentiment de méfiance et d'incrédulité

1. AMCE, *DP, Belgique DD-B blau* : 1-2, s.l.n.d. [1751-1752], f. 131 r.
2. *Ibid.*, s.l.n.d. [1755 ?], f. 214 r.

257

à son égard qui s'éteindra dans les années 1760-1765 pour ressurgir en force durant les quinze ans de la corégence. À la mort de François-Étienne, Du Châtelet note : « Le roi des Romains est fort respectueux et fort tendre vis-à-vis de sa mère ; mais elle l'aime plutôt parce qu'il est son fils que par une conformité de goût et d'humeur qui constitue l'affection indépendante des liaisons du sang [1]. »

À l'égard de son père, les choses sont plus claires. Selon l'ambassadeur, père et fils ne s'aimaient guère. « Je crois son cœur médiocrement affecté de la perte qu'il vient de faire. Il n'y avait nulle sympathie entre l'empereur et lui, et il a toujours été le moins chéri de ses enfants [2]. » À lire ici ou là les remarques lapidaires de Joseph sur François-Étienne, on constate qu'elles sont toujours pleines de mépris. Alors qu'il fouille dans les papiers de son père à la recherche du testament, il remarque : « La quantité de choses qui se trouvent partout est incroyable ; et parmi [elles] *tant de pauvretés et saloperies qui ne méritent que d'être jetées* [3]. » Joseph ne dissimule pas ses sentiments aux

1. *CP Autriche*, vol. 303, 18 août 1765, f. 19 r-v.
2. *Ibid.*, f. 20 r. Trois jours après le décès de François-Étienne, le comte Du Châtelet rapporte l'impression que lui a laissée une conversation avec Joseph : « Je n'ai remarqué aucun symptôme d'attendrissement, et j'avoue que j'en ai été surpris », 21 août 1765, f. 34 r.
3. À son frère Léopold, 12 septembre 1765, in Alfred von Arneth (éd.), *Correspondance de Marie-Thérèse et Joseph II et lettres de Joseph à son frère Léopold*, Vienne, 1867, vol. 1, p. 129.

étrangers : « Il blâme souvent la modération de son père qu'il appelle un négligent perpétuellement environné de flatteurs [1]. » Enfin, il n'hésitera pas, lors d'une crise majeure qui l'oppose à sa mère, à lui déclarer qu'il ne veut pas jouer le rôle de son père [2]. Suprême outrage à l'égard de Marie-Thérèse.

Aux yeux de Joseph, le procès du père est sans appel. Comment admirer un homme aussi soumis à sa femme, jusqu'à lui abandonner tout le pouvoir ? Un père qui n'aime que la chasse, les femmes, le jeu et les spectacles et ne s'occupe que de faire fructifier son argent [3] et de collectionner les médailles anciennes. Un paresseux qui ne gère pas lui-même les affaires de l'empire et en a laissé le soin à son vice-chancelier, le médiocre Colloredo. Un père enfin qui a échoué dans la carrière militaire, jugée par son fils la plus grande de toutes pour un homme digne de ce nom. En un mot, il le considère comme un raté, incapable d'incarner une authentique virilité. *A contrario*, Joseph ne rêve que de gloire militaire et de s'illustrer dans la conquête de territoires. Son modèle est Frédéric II,

L'éditeur a censuré la phrase soulignée par nous. Elle se trouve dans le texte original, AMCE, *AMI, Recueils* 7-1, f. 5 v.

1. *CP Autriche*, vol. 313, Vienne, 18 août 1770, f. 284 r.

2. Alfred von Arneth (éd.), *Correspondance de Marie-Thérèse et Joseph II...*, *op. cit.*, vol. 2, p. 23, 9 décembre 1773.

3. On notera l'ingratitude de Joseph qui hérita seul de son père une immense fortune, soit plus de vingt millions de florins.

militaire de génie qu'il admire au-delà de tout, bien qu'il soit la bête noire de sa mère et l'ennemi public numéro un. C'est lui qui à ses yeux incarne la puissance et la gloire, soit les deux attributs les plus enviables de la virilité. À défaut de pouvoir faire ses preuves, le jeune Joseph revêt très jeune l'habit militaire et ne le quittera plus jusqu'à sa mort.

Mère et fils

En 1765, leur relation est au beau fixe. Depuis 1760, ils ont de nombreux sujets de complicité mutuelle, dans le bonheur comme dans le malheur. Leur correspondance témoigne d'un lien émotionnel puissant de la part de Joseph et d'une grande attention maternelle de sa part à elle. D'abord elle lui a trouvé la femme de sa vie en la personne d'Isabelle de Bourbon-Parme. La chance a voulu que Marie-Thérèse éprouve un véritable coup de foudre affectif pour sa belle-fille au point de l'aimer comme sa fille et peut-être même davantage que ses propres filles. Lorsque celle-ci décède en novembre 1763, Marie-Thérèse partage l'immense chagrin de son fils. La douleur qu'ils expriment l'un et l'autre va bien au-delà des formules convenues. Joseph, que l'on dit le cœur sec, écrit son effondrement à son beau-père : « J'ai tout perdu. Mon adorable épouse et mon unique amie n'est plus […]. Jugez de mon état accablé ! Je sais à peine si j'existe […]. Y pourrai-je survivre ? Oui, et pour être malheureux toute ma vie [1]. » Sa mère lui fait écho : « J'en connaissais tout le prix et remerciais [Dieu] journellement de me l'avoir accordée [...]. Malheureuse pour le reste de mes misérables jours, mes larmes ne tariront jamais. J'ai eu peu de jours en ma vie heureux [...]. Ceux que j'ai passés ces trois années me faisaient oublier tous mes malheurs précédents [2]. »

En disparaissant, Isabelle a laissé une petite Marie-Thérèse de dix-huit mois qui sera l'objet des soins les plus tendres de son père et de sa grand-mère. À la moindre fièvre de l'enfant, l'impératrice reine et l'empereur ne quittent pas son berceau. En 1766, Du Châtelet écrit : « La petite Marie-Thérèse (presque quatre ans) est infiniment mieux [...]. La joie que Leurs Majestés impériales en ressentent est proportionnée aux inquiétudes que cette jeune princesse avait données. La tendresse que l'empereur lui a marquée pendant tout le cours de la maladie est au-dessus de toute expression et de tout éloge [3]. »

Mais quels que soient les charmes de l'enfant qui ressemble à sa mère, elle ne peut pas prétendre succéder

1. De Joseph à l'infant de Parme, 29 novembre 1763, in Emilio Bicchieri, « Lettere Famigliari dell'Imperatore Giuseppe II a Don Filippo e Don Ferdinando (1760-1767) », *Atti et Memorie delle R.R. Deputazioni di Storia Patria per le Province Modenesi et Parmensi*, vol. 4, Modène, 1868, p. 111.
2. De Marie-Thérèse à l'infant Philippe, 30 novembre 1763. Archives d'État de Parme, *Carteggio Borbonico Germania*, n° 99.
3. *CP Autriche*, vol. 304, 18 janvier 1766, f. 110 v.

un jour à son père. Il fallut donc remarier Joseph, malgré l'extrême répugnance qu'il manifesta haut et fort. Sa mère eut beau faire preuve de toute la délicatesse possible, jusqu'à lui laisser le choix entre plusieurs princesses et l'autoriser à les rencontrer [1] avant de se décider, Joseph se remaria la mort dans l'âme avec celle de Bavière [2], par pur calcul politique, le 23 janvier 1765. Pour autant, il n'en voulut pas à Marie-Thérèse de ce mariage forcé et malheureux, ne retenant que les efforts qu'elle avait déployés en vain pour lui obtenir la main de la sœur cadette d'Isabelle, Louise, déjà promise au fils du roi d'Espagne [3], seule femme qu'il pouvait envisager d'épouser. En témoigne les lettres quotidiennes écrites à sa mère entre le deuil et son remariage, lors de son couronnement à Francfort comme roi des Romains. Ce sont des témoignages de grande tendresse, d'admiration et même de

1. À l'époque, jamais prince ne faisait une telle démarche, laquelle apparut aux yeux de tous comme un caprice d'enfant gâté.

2. *CP Autriche*, supplément, vol. 21, 18 novembre 1764, f. 170 v : « À son retour [de leur rencontre] le roi des Romains a dit plus de mal de la princesse de Bavière que [...] de celle de Saxe. Il lui a trouvé les traits communs, les dents d'une vieille femme [elle avait vingt-cinq ans et lui vingt-trois], l'haleine puante, les tétons d'une vache ; et elle est selon lui également embarrassée d'elle-même, sans esprit, sans grâce et sans intelligence. » Pour comble de malheur, elle se révéla stérile !

3. Marie-Thérèse essuya même une rebuffade assez humiliante de la part du roi d'Espagne à cette occasion.

dévotion. Il s'y dit « un fils attaché au-delà de toute expression à sa mère, qui ne sent d'autre bonheur que de mériter son approbation [1] ». Le lendemain, jour du couronnement : « Continuez à ne voir en moi qu'un fils et sujet, je serai au comble du bonheur [...]. Ordonnez, défendez, reprenez-moi comme auparavant, car j'ai besoin de votre direction et le peu de bon que peut-être il y a en moi, cela vient uniquement de vos soins [...]. Je veux tâcher à être entièrement comme vous, et cela me suffira, croyant avoir atteint la perfection, cela dans les vues politiques comme dans la façon de penser de la vie privée [2]. » Les lettres se suivent sur le même ton. « Vous avez le don, lui dit-il, de rendre les gens heureux par les expressions adorables que vous donnez à vos lignes [...]. Que mon sort est digne d'envie d'avoir une telle souveraine et une telle mère [3] ! » Enfin, lorsqu'elle lui annonce sa démarche auprès du roi d'Espagne, il est dans l'enthousiasme et lui répond : « Que cela réussisse ou non, vous avez tout fait, très chère mère [4]. »

À n'en pas douter, Joseph a passionnément aimé sa mère. Lorsqu'elle est atteinte d'une petite vérole

1. Alfred von Arneth, *Correspondance de Marie-Thérèse et Joseph II, op. cit.*, vol. 1, 26 mars 1764, p. 46.
2. *Ibid.*, 27 mars 1764, p. 50.
3. *Ibid.*, 28 mars et 1er avril, p. 54 et 70.
4. *Ibid.*, 2 mai, p. 123. Marie-Thérèse avait écrit au roi d'Espagne pour lui demander de renoncer à marier son fils aîné avec Louise de Bourbon-Parme, ce que le roi avait refusé tout net.

particulièrement virulente en 1767, et que l'on craint pour sa vie, « il ne s'éloigne pas un seul instant [d'elle] [...]. Il a pris quelques heures de repos sur un simple matelas placé dans la chambre de l'impératrice et lui rend les devoirs les plus tendres [1] ». Le voyant sortir de la chambre de la malade, « les larmes plein les yeux », Khevenhüller note dans son *Journal* : « Je compris que ce jeune homme ne devait pas avoir un cœur si dur et méchant [...] [2]. » De son côté, Marie-Thérèse aime Joseph à sa façon, mais en tant que mère et souveraine, elle ne cessera jamais de considérer le jeune empereur des Romains, corégent de l'Autriche, comme un fils qui doit lui obéir.

Un point commun : le goût du pouvoir

L'ambassadeur se trompe lourdement lorsqu'il annonce à sa cour que la tendresse de Joseph pour sa mère est telle qu'« elle n'aura rien à désirer pour son cœur et le bonheur de ses sujets [3] ». L'amour filial n'exclut chez lui ni l'autoritarisme ni l'impatience de régner. L'autoritarisme est déjà perceptible dans un texte rédigé à l'âge de vingt ans, titré *Rêveries* [4]. Le

1. *CP Autriche*, vol. 308, 27 mai et 3 juin 1767, f. 38 r et 47 v.
2. *Journal, op. cit.*, vol. 6, 1er juin 1767, p. 242-243.
3. *CP Autriche*, vol. 303, 11 septembre 1765, f. 101 r.
4. Publié par Derek Beales, « Joseph II's "Rêveries" », *Mitteilungen des Österreichischen Staatsarchivs*, Horn, vol. 33, 1980,

jeune homme se rêve en despote éclairé et veut « le pouvoir absolu de faire tout le bien à l'État [...] sans être empêché par des règles, des statuts et des serments que les pays croient être leur palladium [...]. Je crois pour principe que pour diriger la grande machine, une tête seule, même médiocre, vaut mieux que dix excellentes, s'il doit y avoir un concert entre eux de toutes opérations [...]. Pour cela [je ferai] un accord avec les pays en leur demandant pour dix ans le plein pouvoir de faire tout sans les consulter pour leur bien [1] ».

Si quatre ans plus tard le nouvel empereur ne parle plus de ce beau programme, il n'en a pas moins gardé l'esprit et l'espérance de le réaliser d'une façon ou d'une autre. Au charme et à la politique négociatrice de sa mère, qui n'a pas toujours eu les résultats escomptés, il veut que succède une main de fer sans gant de velours.

À peine est-il empereur que son impatience de régner se manifeste. Il veut rétablir les anciens droits et prérogatives de l'empire qu'il accuse feu son père d'avoir délaissés. Par nonchalance, dit-il, mais aussi

---

p. 142-160. Ce texte, daté du 3 avril 1761, n'avait jamais été édité intégralement auparavant.

1. *Ibid.*, p. 155-156. Plus loin, il précise : « Dès que j'aurai obtenu cela, c'est les seigneurs que j'attaque [...] ». Doublement de leurs impôts, diminution de leurs biens et revenus. « Tout au mérite personnel [...]. Point de paresseux, point de négligents, point d'incapables. »

par politique. Il en est ainsi de l'affaire du duché de Parme, anciennement fief de l'empire. Voulant maintenir la féodalité de celui-ci, il exige que le nouveau duc, l'infant Ferdinand[1], remplisse les devoirs féodaux et démarches prescrites lors de la déclaration de sa majorité[2]. Or cela va à l'encontre des intérêts de la France qui ne veut pas en entendre parler. Comme Louis XV est le fidèle allié de l'Autriche depuis le renversement des alliances en 1756, celle-ci a toutes les raisons de ne pas déplaire à celui-là. Motif pour lequel François-Étienne a fait tomber en désuétude les prétentions de l'empire. Mais Joseph n'en a cure : « Le nouvel empereur paraît rechercher à complaire à l'empire et à relever par ce moyen l'autorité impériale dont il est comme de raison, fort jaloux. Je le crois avide dans ce premier moment de montrer qu'il veut en soutenir les prétendus droits[3]. » Ce faisant, c'est aussi son autorité et son indépendance à l'égard de sa mère qu'il veut manifester dès le départ. En ce début de corégence, Marie-Thérèse, pourtant hostile à la décision de son fils, refuse d'en faire un sujet de dispute et paraît baisser les bras. Il faudra plusieurs semaines pour que l'affaire soit étouffée.

1. L'infant Ferdinand de Parme (1751-1802) était le petit-fils de Louis XV par sa mère et de Philippe V d'Espagne par son père qui avait hérité des duchés de Parme, Plaisance et Guastalla lors du traité d'Aix-la-Chapelle en 1748.
2. *CP Autriche*, vol. 303, 23 août 1765, f. 54 r-v.
3. *Ibid.*, vol. 25, septembre 1765, f. 144 v-145 r.

Ce premier conflit d'intérêt entre l'empire et les États autrichiens fit dire à Du Châtelet que « tout annonce un commencement de règne orageux, pour les affaires de l'empire et un redoublement de petites tracasseries [1] ». Prédiction amplement vérifiée, quelques mois plus tard, par un deuxième conflit d'intérêt à propos de l'affaire dite de San Remo [2]. Joseph rêvait d'étendre la suzeraineté de l'empire sur une partie de l'Italie au risque de se brouiller avec les Français et les Espagnols et de créer de nouveaux embarras à sa mère. L'affaire, qui agaçait Marie-Thérèse et Kaunitz, fut beaucoup plus longue à mettre sous le boisseau et créa une tension forte entre mère et fils qui vint s'ajouter à d'autres plus personnelles. En tant qu'empereur, Joseph entendait gouverner seul et donner à l'empire le maximum de lustre et de puissance. C'était bien son droit, et Marie-Thérèse était embarrassée pour le contrer frontalement. Elle n'intervenait donc pas personnellement dans ses affaires et chargeait son ministre Kaunitz de calmer les ardeurs de son fils.

Tout autre était la relation entre la souveraine des États autrichiens et le corégent. Il siégeait déjà au

1. *Ibid.*, f. 147 v.
2. Cette affaire judiciaire qui éclata au printemps 1766 opposait la république de Gênes qui exerçait sa souveraineté sur San Remo et un groupe de Sanrémasques qui en appelaient au Conseil aulique pour se voir reconnaître fief de l'Empire allemand. Or Gênes était un « client » de la France qui n'entendait pas voir reconnaître l'autorité de l'empire sur l'Italie.

Conseil d'État depuis sa création en janvier 1761, mais il fallait bien lui donner d'autres responsabilités. Au départ, il fut chargé de l'économie de la cour qui en avait fort besoin, vu les sommes folles gaspillées inconsidérément en fêtes, pensions et dépenses en tout genre. L'austère et radin Joseph était l'homme de la situation qui en peu de temps imposa son austérité à la cour en coupant tous les budgets. Mais si l'action était nécessaire, il faut bien reconnaître que la responsabilité accordée était anodine, digne d'un conseiller aux finances. Lorsque le maréchal Daun mourut en février 1766, Marie-Thérèse donna à Joseph la direction du militaire qu'il aimait tant. « Un os à ronger, selon Du Châtelet, pour Sa Majesté impériale qui paraît n'avoir pas grande influence sur le reste des délibérations et qui, à ce qu'on m'assure, n'est toujours pas satisfait du rôle qu'il joue [1]. » Si cette nouvelle responsabilité ne pouvait que plaire à l'admirateur de Frédéric II, Joseph n'en était pas dupe. Il savait que le titre n'était pas tout à fait conforme à la réalité et que toutes ses décisions devaient recevoir l'aval de la souveraine, c'est-à-dire sa signature. Comme le dit encore Du Châtelet : « Il faut suspendre son jugement sur ce qui pourra arriver dans la suite entre la mère et le fils [2]. »

1. *CP Autriche*, vol. 304, 8 février 1766, f. 161 v-162 r. La mort de Daun le 6 février causa un chagrin immense à Marie-Thérèse.
2. *Ibid.*

UN COUPLE INFERNAL

Marie-Thérèse et Joseph ont bien formé un couple. Un couple qui s'aime, mais qui se chamaille sur le partage du pouvoir. Le jeune homme pressé, énergique et avide de gloire ne cesse de vouloir franchir les limites qu'elle lui impose. Elle a beau se dire fatiguée, déprimée, ne trouvant son bonheur que dans la solitude et la prière, elle ne veut rien lâcher. Ce qui donne lieu à des scènes pénibles pour l'une et pour l'autre. Si Joseph joue souvent le rôle du fils soumis et agite l'arme de la démission, Marie-Thérèse ne se prive pas d'être la mère sévère, parfois même humiliante, comme si Joseph n'était qu'un enfant. Leur correspondance témoigne de leur colère et d'une réelle incompatibilité d'humeur. Cette dernière se doublant avec le temps d'un profond désaccord politique. Dans ce tête-à-tête scabreux, la souveraine peut compter sur son fidèle ministre, le puissant Kaunitz, qui tout à la fois arrondit les angles, négocie avec Joseph, sert de tampon entre les deux et reçoit parfois les coups qui sont destinés à la souveraine.

Nombre d'historiens ont parlé à juste titre d'un *Triumvirat* pour caractériser les quinze dernières années du règne de Marie-Thérèse. Si elle a formé un couple avec son fils, elle en a formé un autre, plus pacifique, avec son ministre. De son côté, Joseph eut des relations souvent tumultueuses avec Kaunitz. Il était plus facile pour le fils de s'en prendre à lui et même parfois de le maltraiter, qu'à une femme, de surcroît sa mère. Pourtant il arrivait aussi que les deux hommes fassent secrètement alliance et que le ministre joue le fils contre la mère vieillissante. Le loyal Kaunitz devait aussi songer à l'avenir.

Kaunitz [1] ou l'autre corégent

Issu d'une famille noble de Bohême, il entre au service de la Maison d'Autriche en juin 1734. Mais c'est seulement en 1741 que commence sa fulgurante carrière de diplomate, grâce à la confiance des nouveaux souverains. En juin 1742, il est nommé ministre plénipotentiaire à Turin et deux ans plus tard aux Pays-Bas autrichiens. Ce poste n'est pas indifférent car il montre déjà l'estime particulière que Marie-Thérèse lui porte. En le nommant grand maître de sa sœur Marie-Anne, fraîchement mariée à son beau-frère, le prince Charles de Lorraine, et nommée gouvernante des Pays-Bas, Marie-Thérèse sait qu'il sera un conseiller précieux. À peine arrivé à Bruxelles, l'archiduchesse gouvernante meurt en couches et Kaunitz fait office de gouverneur [2] jusqu'à l'invasion française en février 1746. De retour à Vienne, il mène

1. Le prince Wenzel Anton von Kaunitz-Rietberg est né à Vienne le 2 février 1711 et mourut dans cette même ville le 27 juin 1794.
2. Le prince Charles de Lorraine ayant quitté Bruxelles pour faire la guerre de Succession.

une brillante vie de cour et tisse des liens d'amitié avec Marie-Thérèse. Très intelligent, imaginatif et prudent, il fait part à la souveraine de sa vision de l'Europe après le traité d'Aix-la-Chapelle en 1748. Il la convainc d'opérer une révolution diplomatique en faisant alliance avec la France, l'ennemi d'hier, au lieu de rester dépendante de l'Angleterre. Il ne lui faudra pas moins de huit ans pour parvenir à son but : le renversement des alliances.

C'est lui qui opère le premier pas lorsque Marie-Thérèse le nomme son ambassadeur à Versailles [1]. Il a pour mission d'établir de nouveaux liens entre les deux pays. De retour à Vienne en 1753, il se voit confier le poste de chancelier de Cour et d'État, chargé des Affaires étrangères. Compétent, astucieux, intègre, bien organisé, il devient vite l'homme le plus influent de la cour, car l'impératrice le consulte sur tous les sujets. Il a sa confiance et son amitié. En décembre 1760, il crée un Conseil d'État où toutes les affaires administratives doivent être examinées. Il est composé, avec l'accord de Marie-Thérèse, de trois hommes du premier ordre, Daun, Haugwitz, Blüme-gen, et de trois fonctionnaires compétents en leur partie. Kaunitz s'est donné le droit d'y assister ou non et la voix prépondérante. Après quoi les suggestions du Conseil sont présentées à la souveraine. L'ambassadeur

1. Nommé l'été 1749, il n'arrivera dans la capitale française que début novembre 1750.

de France, le comte de Choiseul, fait ce commentaire :
« Kaunitz se trouve Premier ministre de fait, puisqu'il a
déjà les Affaires étrangères [...]. L'administration intérieure des États d'Autriche est très vicieuse, il y a beaucoup de choses à réformer et innover et Kaunitz est
l'homme le plus capable de ce pays[1]. »

C'est aussi l'homme le plus puissant de la monarchie. Jusqu'à la mort de François-Étienne, c'est lui
qui a tenu le rôle effectif de corégent. Marie-Thérèse
s'appuie de plus en plus sur lui car ils partagent une
même vision de la politique, des réformes à accomplir
et surtout de la manière de les faire. Si entre eux s'est
nouée une véritable complicité – on peut même parler
d'affection –, Kaunitz ne peut pas être considéré
comme un intime de la souveraine. De caractère très
différent l'un et l'autre, chacun garde une certaine
distance. Même si tous deux montrent une commune
apparence de candeur et d'ouverture qui leur vaut la
confiance de leur interlocuteur, ils n'ont ni les mêmes
goûts, ni la même façon de vivre, ni les mêmes
convictions personnelles. Depuis son ambassade à
Versailles, Kaunitz vit « à la française ». Il tient table
ouverte, a une passion pour les chevaux et les arts
et ne se prive pas d'avoir des maîtresses[2]. La prude
impératrice qui n'en ignore rien n'a jamais osé lui en

1. *CP Autriche*, vol. 281, 3 janvier 1761, f. 32 r-33 v.
2. Il était veuf depuis 1749 de Maria Ernestine Starhemberg,
qui lui avait donné sept enfants, et ne s'était jamais remarié.

faire reproche, pas plus que de sa désinvolture religieuse. Il aime la lecture, notamment celle des philosophes qu'elle exècre. Il a toujours froid, elle a toujours chaud, mais prend soin de faire fermer les fenêtres quand il vient la voir. Cet homme salué comme le plus grand diplomate d'Europe, et qui se prend bien pour tel, est d'un orgueil et d'une vanité sans limite, qu'il ne dissimule que par ruse.

Hypocondriaque au dernier degré, il tombe malade à chacun de ses échecs. Il a une telle peur de la maladie et de la mort que son entourage a interdiction de prononcer ces mots devant lui. Il faut de multiples circonvolutions pour lui faire part d'un décès. Apparemment indifférent au jugement des autres, il sidère ses invités quand à la fin d'un repas il se nettoie longuement la bouche et se cure les dents devant eux. Marie-Thérèse, qui est la quintessence de la bonne éducation, supporte tout de son ministre et sait manier l'autorité avec la flatterie et les honneurs.

À l'inverse, Kaunitz qui n'ignore rien des faiblesses et des soucis de sa souveraine, sait la convaincre des décisions à prendre [1], même si elle est loin d'être une marionnette entre ses mains.

Kaunitz, lui aussi, est avant tout un homme de pouvoir qui élimine avec habileté tout rival potentiel.

---

1. C'est lui, on l'a vu, notamment qui l'a convaincue d'opérer le renversement des alliances et d'accepter la seconde corégence.

Il en est ainsi de son ancien protégé, le prince Starhemberg, qu'il a nommé à Versailles pour lui succéder et conduire le renversement des alliances. Marie-Thérèse fait grand cas de lui et pense à lui pour remplacer Kaunitz le jour venu. Fin 1765, ce dernier paraît languissant et beaucoup plus lent dans son travail. On songe à faire revenir Starhemberg à Vienne pour le préparer à cette succession. Durant tout le premier semestre 1766, Kaunitz affronte la mauvaise humeur de l'empereur à propos de l'affaire de San Remo et la cour ne bruit que des intrigues des amis de Starhemberg [1] qui voient déjà celui-ci nommé chancelier et Kaunitz promu « grand chancelier », un titre honorifique. En juillet, on annonce le retour du rival pour bientôt, mais Kaunitz n'a pas attendu pour frapper un grand coup. Le 4 juin, il a envoyé à Marie-Thérèse sa demande de démission, sous prétexte de santé et de l'arrivée de Starhemberg : « Jusqu'ici, lui dit-il, jamais on a connu dans mes départements ni intrigues, ni cabales ni inimitiés [...]. [Or] nous n'empêcherons jamais, le prince Starhemberg et moi, qu'il ne s'élevât des factions au préjudice du service de Votre Majesté ; et comme d'ailleurs il n'est pas possible qu'il n'arrivât que nous ne fussions pas toujours du même avis, il en résulterait nécessairement des

1. Le clan de Starhemberg reprochait à Kaunitz sa dissipation et sa paresse, ce qui n'était pas tout à fait faux. D'où l'idée de lui adjoindre une aide afin d'accélérer le rythme des affaires.

embarras et de très grands inconvénients pour le bien du service, dont je ne me consolerais jamais [1]. »

Comme prévu, Marie-Thérèse est épouvantée. Il est hors de question pour elle de se priver d'un homme aussi précieux. Elle lui répond aussitôt par une fin de non-recevoir : « Vous m'avez fait passer vingt-quatre heures amèrement [...]. Comme souveraine et votre amie, je vous renvoie ce papier et veux à jamais en ignorer le contenu, ne pouvant en souveraine vous permettre un tel pas, vous offrant en même temps tout secours nécessaire et tous les ménagements pour conserver vos précieux jours. Vous qui m'avez tant prêché de ne pas quitter les rênes du gouvernement, était-ce pour me planter là après dix mois [depuis la mort de son mari] sans aucune bonne raison ? Je ne reconnais plus votre attachement, votre cœur. Est-ce jalousie, est-ce soupçon [...], sont-ce des fautes à moi, pourquoi ne me les dites-vous pas [...] ? Vous ayant confié le secret de mon cœur, mes faiblesses, mes défauts, je vivais tranquille, comptant sur le vôtre [...]. Jugez de ma chute. » Pour terminer, elle en appelle aux sentiments : « Je suis indulgente et bonne, je peux même assurer que je ne suis capable d'aucune rancune [...]. Je vous offre comme ci-devant toute mon amitié et ma confiance, vous n'aurez jamais des reproches de ma part ; tout est dit ici [2]. »

1. Adolf Beer, *Joseph II, Leopold II und Kaunitz, ihr Briefwechsel*, Vienne, 1873, p. 495-497.
2. *Ibid.*, p. 501-503, s.l.n.d. [5 juin 1766].

Kaunitz peut triompher, il a fait la démonstration qu'il est irremplaçable. D'ailleurs, il se maintiendra au pouvoir jusqu'en 1792, auprès de Joseph II, puis de Léopold II.

Conflit d'ego

Les premiers mois de la corégence furent pacifiques. Mis à part la volonté de Joseph d'imposer sa loi à San Remo, son comportement est celui d'un fils soumis. Dès le 12 septembre 1765, Marie-Thérèse, qui n'entend pas être réduite au rang d'impératrice douairière, laissant le pas à sa bru, décide de réaffirmer son titre d'impératrice reine pour la différencier de Josepha qui portera désormais le titre d'impératrice, l'épouse de l'empereur. L'organisation de deux cours différentes, la sienne et celle de Joseph, suscite quelques tiraillements [1], mais tout rentre assez vite dans l'ordre. La première rumeur de mésentente nous vient de Frédéric II, l'homme le mieux informé de la cour de Vienne. « Par tout ce que vous m'apprenez des circonstances arrivées depuis peu entre la mère et le fils, je crois avoir lieu d'en augurer que la bonne intelligence entre eux tire à sa fin, et qu'ils seront bientôt brouillés ensemble [2]. » Les sujets de disputes

1. *Journal* de Johann Josef Khevenhüller-Metsch, *op. cit.*, vol. 6, p. 141, et *CP Autriche*, vol. 303, 11 septembre 1765, f. 102 r.
2. *Correspondance politique de Frédéric le Grand*, *op. cit.*, vol. 25, lettre 15 956 à Rohde, ministre à Vienne, Potsdam, 16 mars 1766, p. 63.

sont tout à la fois la façon hautaine, presque méprisante, dont Joseph traite Kaunitz et le projet qu'il a de rencontrer le roi de Prusse sans en avoir d'abord référé à sa mère[1]. Marie-Thérèse s'en plaint longuement à Du Châtelet : « L'impératrice ne m'a pas caché qu'à plusieurs égards, elle n'était nullement contente de la complaisance de son fils [pour Frédéric] et de sa déférence pour ses désirs et sa volonté[2]. »

Joseph, absent de Vienne pour cause d'inspection de camps militaires, ne s'aperçoit pas de l'irritation croissante de Marie-Thérèse. Au contraire, il lui écrit lettre sur lettre pour se féliciter de leur bonne entente : « Qu'il est facile de travailler pour vous et qu'on est bien récompensé par la bonté avec laquelle vous prenez les moindres choses qu'on fait pour votre service […] ! Je ne puis assez rendre grâce aux bontés de Votre Majesté de ce qu'elle veut bien me témoigner son contentement sur ma conduite […][3]. » Elle est toujours à ses yeux « la meilleure des mères[4] ». Pourtant, au même moment, Marie-Thérèse ne cache pas sa mauvaise humeur. Elle confie à une amie :

1. Kaunitz et elle pensaient que le jeune empereur avait tout à perdre à l'examen mutuel que les deux souverains feraient l'un de l'autre. Finalement la rencontre n'aura pas lieu cette année-là.

2. *CP Autriche*, vol. 305, 25 juin 1766, f. 69 r.

3. Alfred von Arneth, *Correspondance de Marie-Thérèse et Joseph II, op. cit.*, vol. 1, 5 et 10 juillet 1766, p. 182 et 186.

4. *Ibid.*, 10 septembre 1766, p. 192.

« Comme la cour est plus à l'empereur et à l'impératrice régnante qu'à moi [...]. Je ne me mêle plus de rien du tout dans tout ce qui concerne la cour, et il me paraît que je suis de trop et à charge partout [1]. »

Quelques lignes malheureuses de Joseph concernant Kaunitz le 10 septembre [2] mettent le feu aux poudres. Quatre jours plus tard, c'est une volée de bois vert qui s'abat sur lui. Elle lui dit d'abord son chagrin de le voir « trouver de la satisfaction à morfondre, humilier ironiquement les autres. Je dois vous dire que c'est bien le contraire de ce que j'ai fait de [sic] ma vie. J'aimais mieux par de bonnes paroles tenir le monde à faire mes volontés, à les persuader plutôt qu'à les forcer. Je m'en suis bien trouvée. Je souhaite que vous trouviez autant de ressources dans vos États et dans les hommes que j'en ai trouvées [...]. Jugez de ma situation vis-à-vis de Kaunitz [...]. Ce qui me frappe le plus, ce n'est pas un premier mouvement [...], c'est après mûre réflexion que vous vous êtes bien contenté à mettre le poignard

1. Jean-Pierre Lavandier et Monika Czernin, *Lettres de l'impératrice...*, *op. cit.*, lettre 39, Vienne, 3 septembre 1766. Le reproche sous-jacent fait à son fils paraît mal fondé, lorsqu'on sait que c'est elle qui fuit le monde et a réduit sa vie de cour au strict minimum.
2. Alfred von Arneth, *Correspondance de Marie-Thérèse et Joseph II, op. cit.*, vol. 1, p. 193 : « Je viens de lire vite le projet du prince Kaunitz pour l'affaire de San Remo, il me paraît que sa base est l'inaction [...], le fond de toute la lettre du verbiage, et le mobile une peur puérile d'une mauvaise humeur très éloignée [de la France] [...]. La réponse suivra. »

dans le cœur [...]. Je crains que vous ne trouverez jamais d'amis, attachés à Joseph [...] car ce n'est ni l'empereur ni le corégent dont partent ces traits mordants, ironiques, méchants, mais du cœur de Joseph, et voilà ce qui m'alarme et qui fera le malheur de vos jours et entraînera celui de la monarchie et de nous tous [...] ». Elle lui reproche ensuite d'avoir pris le roi de Prusse pour modèle : « Ce héros qui a tant fait parler de lui, ce conquérant a-t-il un seul ami ? Ne doit-il se défier de tout le monde ? Quelle vie où l'humanité est bannie ! Dans notre religion surtout la charité est la plus grande base, non un conseil, mais un précepte, et croyez-vous l'exercer si vous affligez et morfondez ironiquement les gens et même ceux qui ont rendu de grands services et qui n'ont de faiblesses que comme chacun de nous [...]. Gardez-vous bien exactement de vous complaire dans les méchancetés ! Votre cœur n'est pas encore mauvais, mais il le deviendra [1]. »

Cette lettre très dure, signée « Votre bonne, vieille, fidèle maman », rappelle à Joseph son statut premier de fils. Dès le lendemain, il lui répond en enfant aimant et soumis : « Pénétré de ses bontés qui sont des verges bien douces qui me frappent, menées par cet incomparable cœur de mère, je lui en baise très humblement les mains. Ne croyez pas que cela ne fasse effet [...]. Je vous promets bien d'éviter dorénavant tout ce qui pourra faire la moindre peine [...].

1. *Ibid.*, 14 septembre 1766, p. 200-204.

279

Pardonnez, chère mère, à un fils qui vous aime au-delà de toute expression, cette faute [1]. »

Outre que l'admonestation maternelle ne change rien au comportement de Joseph, celle-ci ne dit pas l'essentiel. Selon les rapports des représentants français et allemand, la véritable cause du mécontentement de Marie-Thérèse est « l'esprit d'indépendance de l'empereur qui semble faire des progrès journaliers. Elle voit avec inquiétude qu'il tient à s'emparer de toute l'autorité et qu'il aura peu d'égards pour elle ». Le diplomate ajoute : « On doit peu compter sur les qualités de son cœur [...]. L'avidité du commandement lui fera commettre des fautes, surtout quand il ne sera plus gêné par sa mère [...]. L'envie qu'il a de s'illustrer et devenir un grand homme annonce un règne plus orageux que tranquille [2]. »

Le même son de cloche revient aux oreilles de Frédéric : « Ce que vous me marquez de la jalousie avec laquelle cette princesse contrarie la part que l'empereur son fils pourrait prendre à son autorité, me fait croire que cela fera du mauvais sang entre eux [...] et que quelques années passées, l'empereur en perdra patience [3]. » En attendant, Marie-Thérèse a pris des mesures de rétorsion dans le domaine qu'elle paraissait

1. *Ibid.*, 15 septembre 1766, p. 205-206.
2. *CP Autriche*, vol. 305, 15 août 1766, f. 246 v et 248 v.
3. *Correspondance politique de Frédéric le Grand, op. cit.*, vol. 25, lettre 16 307, au baron d'Edelsheim, son représentant à Vienne, Potsdam, 22 octobre 1766, p. 272.

lui avoir cédé, le militaire : « L'empereur paraît perdre de jour en jour davantage de l'influence dans les affaires ; quoiqu'on ne lui eût laissé jusqu'à présent les mains entièrement libres que sur les petits détails de l'économie militaire, on prétend que l'impératrice, pour y mettre des bornes, s'est servie du prétexte que l'inconstance pourrait porter préjudice au service, de sorte que même dans cette partie-là, on l'a remis à la lisière [1]. »

Résultat : Joseph ne cache ni sa mauvaise humeur ni sa mélancolie. Écartelé entre sa soif de pouvoir et son désir de ne pas rompre avec sa mère, il choisit de s'éloigner de Vienne le plus souvent possible. Devenu de nouveau veuf l'été 1767, et heureux de l'être, il parcourt ses nombreux États, visite l'Italie avec son frère Léopold, grand-duc de Toscane, et passe ses étés à inspecter les camps militaires. Bien que Marie-Thérèse réprouve tous ces voyages – prétendant qu'il est mauvais pour l'image d'un souverain d'être toujours par monts et par vaux –, c'est l'accalmie qui domine entre mère et fils durant les années 1767 et 1768. Rien d'étonnant à cela : en l'absence de Joseph, Marie-Thérèse règne seule avec Kaunitz.

---

1. *Ibid.*, compte rendu du baron d'Edelsheim, Lettre 16 330, Vienne, 29 octobre 1766, p. 287-288.

LA RÉBELLION DU FILS

1769 marque la fin du combat à fleurets mouchetés. À vingt-huit ans, Joseph ne veut plus jouer les utilités, et sa mère, qui en a cinquante-deux, n'entend pas lui laisser le premier rôle. Outre l'opposition des caractères, ils n'ont ni la même conception de l'exercice du pouvoir, ni les mêmes ambitions pour l'Autriche. Deux crises particulièrement graves ravivent les tensions. Aux yeux des plus avertis, la corégence n'est qu'un leurre qui dissimule mal le duel que se livrent une mère vieillissante accrochée au pouvoir, « seule chose qui lui sert d'amusement et de dissipation à sa tristesse [1] », et un fils qui n'a d'autre ambition que celle de régner. Combat d'autant plus douloureux qu'il met à l'épreuve l'amour filial et maternel. Reste à savoir lequel sera le plus fort.

Remise en cause de la corégence

Par deux fois, et pour le même motif, Joseph rue dans les brancards. Il s'agit de la réorganisation de l'administration centrale qui règle le pouvoir qu'on lui laisse. Tout commence fin 1768 lorsqu'on veut réformer le Conseil d'État. C'est une banale affaire de signature qui met le feu aux poudres. Joseph refuse de

---

1. *Ibid.*, compte rendu de Rohde, lettre 15 928, Vienne, 12 février 1766, p. 46.

continuer à signer tous les rapports qui y sont présentés, puisque sa signature ne vaut rien. En effet, c'est Marie-Thérèse qui décide de tout en dernier ressort, et très souvent contre son avis qui doit rester entre elle et lui. Première salve de Joseph : « Ma façon de penser ne peut et ne doit apparaître nulle part qu'aux pieds de mon auguste mère. Je ne suis rien et en affaires pas même un être pensant qu'en tant que j'ai à soutenir ses ordres [...]. Si sous le vain titre de corégent l'on veut sous-entendre autre chose, je déclare [...] que jamais l'on m'y fera consentir et que ferme dans ce principe dont dépend ma tranquillité, mon bonheur présent de même que ma réputation et gloire future, rien ne m'en ébranlera [1]. » Rodomontade du fils qui change de ton après la réponse attristée de sa mère lui signifiant qu'elle n'a accepté la corégence que « dans l'espérance de retrouver [en lui] un fils digne de son père [2] ». « N'êtes-vous pas ma seule amie, lui répond-il, celle qu'uniquement j'aime sur toute la terre [...] ? Pouvez-vous croire que j'aie l'âme assez noire et ingrate pour vous offenser sans raison invincible [...] ? Est-il possible, chère mère, que vous exigiez à ce prix ce qui ne vous est d'aucune conséquence, et pour moi de la plus grande [3] ? » Cette fois, c'est elle qui se fâche : « Votre entêtement et vos

1. Alfred von Arneth, *Correspondance de Marie-Thérèse et Joseph II, op. cit.*, vol. 1, 19 janvier 1769, p. 233-234.
2. *Ibid.*, janvier 1769, p. 235.
3. *Ibid.*, 26 janvier 1769, p. 236.

préjugés feront le malheur de vos jours et font actuellement le mien. Vous me mépriseriez vous-même si je cédais dans une chose simple qui s'est faite jusqu'à cette heure et qui doit changer par votre caprice, ne me donnant aucune raison valable. Revenez vous rendre à vos devoirs, vous n'aurez aucun reproche de ma part [1]. » Après trois jours d'une inutile résistance, Joseph se soumet et annonce qu'il signera tous les papiers qu'elle veut. La mère a eu raison du fils, mais c'est peut-être la dernière fois.

Comme d'habitude, Joseph choisit de s'éloigner, non par renoncement, mais pour prendre ses marques à l'étranger. Le roi des Romains rend visite au pape, se fait applaudir dans la Ville éternelle avant de visiter sa sœur, Marie-Caroline, et son beau-frère, Ferdinand, reine et roi de Naples, sur lesquels sa mère l'a chargé d'un rapport. À peine de retour à Vienne, il repart pour Neisse en Silésie où l'attend le roi de Prusse. C'est l'entrevue tant désirée qui a lieu du 25 au 28 août 1769 contre la volonté maternelle [2]. Des entretiens entre les deux souverains, on sait peu de choses, mais Frédéric fut plus bavard que Joseph [3], du moins sur la personnalité

1. *Ibid.*, 26 janvier 1769, p. 236-237.
2. Marie-Thérèse craignait que l'on interprète cette rencontre comme un rapprochement avec la Prusse au détriment de la France, remettant en question le « système » établi par le renversement des alliances.
3. *CP Saxe*, vol. 54, Dresde, 11 octobre 1769, f. 369 v-370 r : « On assure que l'empereur à son retour à Vienne a fait mystère à l'impératrice reine de bien des objets qui doivent

de ce dernier. Il y eut deux versions. La première officielle, diffusée dans toutes les cours allemandes, regor-
geait d'éloges parfois si excessifs qu'ils en devenaient
ironiques. Par exemple quand le roi de Prusse affecte de
répéter que le jeune monarque surpassera un jour
Charles Quint ! L'autre version, plus réaliste et réservée
aux proches, parle d'« un homme dévoré d'ambition
qui couve quelque grand dessein, qui, actuellement
retenu par sa mère, commence à s'impatienter du joug
qu'il porte, et qui certainement, dès qu'il aura les cou-
dées franches, débutera par quelque grand coup [...].
On peut compter, sans se tromper que l'Europe sera en
feu dès qu'il sera le maître [1] ».

L'un des derniers moments de véritable commu-
nion entre mère et fils eut lieu en janvier 1770 au
chevet de la petite archiduchesse Marie-Thérèse,

avoir été discutés à Neisse ; on ajoute que cette princesse avait
prévu la dissimulation de son fils et c'est par cette raison qu'elle
l'avait engagé, quoique malgré lui, pour que le prince Albert
[gendre adoré de Marie-Thérèse] l'accompagne, afin, dit-on,
d'avoir auprès de l'empereur quelqu'un de confiance, qui
pût lui rendre compte de tout. Il y a apparence que cette tentative n'a pas été heureuse puisqu'on assure que le prince Albert
n'a été admis à aucun des longs et fréquents entretiens de
Neisse. »
1. *Correspondance politique de Frédéric le Grand, op. cit.,*
vol. 29, lettre 18 360 à son ministre d'État, comte de Fincken-
stein, Breslau, 29 août 1769, p. 53. Frédéric ajoutait qu'il s'était
aperçu que le jeune homme « *courait après la réputation* ». Voir
CP Saxe, vol. 54, Dresde, 11 novembre 1769, f. 422 r. Souligné
dans le texte.

atteinte d'une pleurésie. Après une semaine de forte fièvre, elle s'éteint le 23 janvier. Joseph qui l'adore ne l'a pas quittée et chacun constate la « douleur extrême de la grand-mère et du père [1] ». C'était le dernier lien qui les unissait aux souvenirs d'Isabelle, la première épouse si chérie, mais plus fondamentalement qui les liait l'un à l'autre. En effet, Marie-Thérèse date de cette époque une altération profonde de leur relation qui lui rend la vie « insupportable [2] ». « J'ose avancer que c'est le temps du changement total du cœur de mon fils qui depuis la maladie de sa fille a commencé à se séparer de moi et a continué toujours de plus en plus, si bien que nous voilà réduits, pour conserver seulement les dehors, à ne pas nous voir [...] qu'au dîner. J'ai marqué ma sensibilité là-dessus à trois différentes reprises [...], cela a donné occasion à des scènes que je ne veux plus me rappeler. Me voilà réduite à jouer le rôle de l'impératrice Josepha. L'indifférence, sinon plus, est marquée [...]. C'est plus amer que la mort. L'humeur devient tous les jours plus rude et la chicane ne manque pas [...]. Pour moi, je tâche seulement que l'éclat soit

1. *CP Autriche*, vol. 312, 23 janvier 1770, f. 225 v. L'enfant que l'on disait très douée mourut à sept ans et dix mois.
2. Confidence faite à Mercy-Argenteau, son ambassadeur à Versailles, le 1er septembre 1770. Voir Alfred von Arneth et Auguste Mathieu Geffroy (dirs), *Correspondance secrète entre Marie-Thérèse et le comte de Mercy-Argenteau*, Paris, 1874, vol. 1, p. 48.

évité, quoique le public [en sache] plus qu'il ne devrait [1]. »

Il faut reconnaître que Joseph a sujet d'être furieux. Non seulement elle ne lui délègue rien, mais elle lui joue des tours qui lui ôtent toute autorité. Il en est ainsi des promotions militaires dont il est officiellement responsable et qui font grand bruit à la fin de 1770. Elle se plaint haut et fort qu'il ne tient pas compte de ses *desiderata*. Mais elle remplace ses choix à lui par ses favoris à elle, faisant ainsi bien des mécontents, pour ensuite clamer à tout vent qu'il en est la seule cause. « Tout le monde m'en veut, dit-il à son frère, je passe pour faux et double dans l'esprit de plusieurs de mes connaissances, et même pour menteur [2]. » Résultat, il la fuit et ne veut plus la voir en tête-à-tête.

Marie-Thérèse pleure un fils perdu : « Le retour de Joseph n'est plus à espérer [...]. Comment m'expliquer aimablement avec mon fils ? Il évite avec soin toutes les occasions de me voir et d'être seul avec moi

1. « Lettres inédites de Marie-Thérèse et de Joseph II, publiées par le baron Kervyn de Lettenhove » in *Mémoires couronnés et autres mémoires*, Bruxelles, 1868, t. XX, p. 21-22. Cette lettre du 10 janvier 1771 est adressée à sa chère amie, la marquise de Herzelles qui fut la gouvernante de la petite Marie-Thérèse.
2. Alfred von Arneth, *Correspondance de Marie-Thérèse et Joseph II, op. cit.*, vol. 1, lettre à Léopold, 10 janvier 1771, p. 322.

[…]. Pour ne pas disputer, je me tais sur tout et avale ce poison [1]. »

Les contentieux s'empilent. Non seulement elle lui reproche de la maltraiter ainsi que Kaunitz, de se mêler de tout, mais elle gémit aussi sur son absence de religion, autre grand sujet de conflit. De son côté, il se plaint de plus en plus haut à son frère du mode de gouvernement de sa mère, assistée par Kaunitz. Elle ne veut rien changer, dit-il, est incapable de prendre une décision et de s'y tenir. Ce ne sont qu'ordres suivis de contre-ordres. Elle fait traîner des mois et des mois la position de l'Autriche à l'égard de la guerre russo-turque. Bref, elle n'est plus à même de gouverner [2].

C'est dans ce climat irrespirable qu'éclate la crise la plus violente de cette corégence en 1773. À deux reprises, Joseph a proposé à sa mère de réformer son administration [3], de supprimer le Conseil d'État, de nommer un Premier ministre qui concentre les pouvoirs. Bien entendu, elle n'a pas voulu en entendre

1. Joseph Kervyn de Lettenhove, *Mémoires couronnés…*, *op. cit.*, À la marquise de Herzelles, 1er mars 1771, p. 24-25.
2. En avril 1773, Joseph écrit à Léopold : « Les incertitudes ici sont arrivées à un point incroyable […]. Les ouvrages augmentent journellement et l'on ne fait rien […]. Des intrigues arrêtent et empêchent tout […]. Adieu réputation et gloire ! Je participe contre mon gré à la destruction [de la monarchie] et mon cœur patriotique en est déchiré. » Voir Alfred von Arneth, *Correspondance de Marie-Thérèse et Joseph II, op. cit.*, vol. 2, p. 5.
3. En décembre 1771 et juin 1772. Mais comme le reste, cela s'était perdu dans les sables.

parler, et Kaunitz encore moins. Mais elle charge ce dernier de faire un rapport sur les moyens d'améliorer la machine administrative. À la lecture de celui-ci, Marie-Thérèse se dit pleinement satisfaite, Joseph le juge impraticable, « une quantité de sentences et de lieux communs ». Il fait aussitôt des contre-propositions et réitère l'idée d'un « vrai cabinet [...] qui travaillerait sous les ordres de Sa Majesté et ma direction [1] ». *Exit* Kaunitz. Le 7 décembre, celui-ci présente sa démission et demande que l'on nomme son successeur le plus vite possible. Démission immédiatement refusée par Marie-Thérèse qui lui répond : « J'attends de votre attachement et même amitié que vous ne m'abandonniez pas dans ma cruelle situation [2]. » Le 9 décembre, c'est Joseph qui, après une longue liste de récriminations, lui offre sa démission. Il n'en peut plus de cette corégence de façade qui le réduit à rien. Il supporte encore moins de l'entendre se plaindre continuellement « que des choses se font contre son gré, son su, ou son avis » alors qu'elle décide absolument de tout. Il lui demande donc de lui accorder l'éloignement qu'il désire et conclut sa lettre par ses mots : « Je n'aime qu'elle au monde et l'État ; qu'elle décide, qu'elle fasse [3] ! »

1. *Correspondance de Marie-Thérèse et Joseph II, op. cit.,* vol. 2, Joseph à Léopold, 22 avril 1773, p. 6 et 7.
2. *Ibid.*, s.l.n.d., p. 22.
3. *Ibid.*, 9 décembre 1773, p. 23-27.

Cette fois, c'est Marie-Thérèse qui est aux cent coups. C'est elle à présent qui se dit prête à abdiquer, « à vous abandonner le tout sans rien me réserver, à me retirer même, soit ici ou ailleurs, mais vous m'avez si souvent assurée de ne pouvoir soutenir cette idée [...]. Deux choses m'arrêtent : votre opposition et l'état de nos affaires [1] ». Mais elle lui promet toute sa confiance et exige même de lui qu'il lui dise ses défauts. Pour terminer, elle l'exhorte à lui faire part de ce qu'il veut qu'elle fasse.

Cette crise est décisive dans l'histoire de la corégence. Elle prouve d'abord que ni elle ni lui ne désirait le départ de l'autre. Elle montre aussi que si chacun revient sur sa proposition de s'en aller, c'est la première fois que Marie-Thérèse cède le pas devant son fils et admet, même si cela lui coûte, une redistribution des pouvoirs. Joseph, avec la complicité de Kaunitz, va peser de tout son poids dans la politique étrangère, au point de jouer son propre jeu qui va à l'encontre des principes de sa mère. Reste que cette crise, apparemment résolue, laissera des traces. Les larmes de Marie-Thérèse n'ont pas fini de couler, d'autant que sa fragilité psychologique ne la laisse pas en paix.

1. *Ibid.*, 9 décembre 1773, p. 27-29.

La morale contre la politique

Au-delà de la lutte pour le pouvoir, l'affaire du démembrement de la Pologne révèle une très profonde opposition de principe. La pieuse Marie-Thérèse qui a fait sa gloire sur le respect du droit et de la justice n'entend pas la perdre pour des raisons politiques. La lectrice assidue des Évangiles va donc résister autant qu'elle peut aux tenants du réalisme politique, en l'occurrence ici Joseph[1], Kaunitz et Frédéric II. L'occasion de ce nouveau conflit est l'expansionnisme russe de Catherine II qui inquiète tant l'Autriche que la Prusse[2]. Comme il n'est pas question de faire la guerre à une aussi grande puissance, de surcroît ancienne alliée, on songe à calmer ses ardeurs. C'est l'objet de la deuxième entrevue de Joseph – cette fois accompagné de Kaunitz – et de Frédéric à Neustadt en septembre 1770. L'idée de Frédéric est de proposer à la tsarine de s'emparer d'une partie de la Pologne et de la partager en trois en fonction des frontières de chacune des trois puissances, Prusse, Autriche et Russie. Nul doute que le projet séduit Joseph II et même son ministre[3], qui voient là

1. Joseph, comme Frédéric II, fut grand lecteur de Machiavel.
2. L'armée de Catherine II était en train d'écraser les Turcs et avait déjà mis un pied en Pologne. La guerre russo-turque dura six ans, de 1768 à 1774.
3. Selon Frédéric, Kaunitz aurait d'abord mal accueilli la proposition, mais il semble qu'il ait tourné casaque assez vite

une belle occasion d'agrandissement et le moyen de satisfaire l'appétit de l'ogresse russe. Restait à convaincre Marie-Thérèse du bien-fondé d'un tel plan qui impliquait de faire la guerre à un pays ami et de s'emparer de ses dépouilles.

Au grand dam de Joseph, Marie-Thérèse ne veut plus entendre parler de guerre, et en particulier contre la Pologne. « Depuis un an, j'ai arrêté qu'on ne prenne part à la guerre [...]. Me voilà seule, opposée à ses désirs de se faire un nom ; et ce que j'arrête rend ma situation plus mauvaise ; je crois qu'on m'imputera d'être jalouse de sa gloire [1]. »

Dès février 1771, toutes les chancelleries ne bruissent que du démembrement de la Pologne et l'on attend la décision de l'Autriche. Mais plus Marie-Thérèse résiste et plus Joseph la met au supplice en la fuyant et en montrant son indifférence quand il ne peut pas l'éviter. Situation encore plus intenable pour elle que pour lui. En décembre 1771, elle cède et accepte le principe d'une négociation avec Frédéric, lequel s'est déjà mis d'accord avec Catherine II. Kaunitz a dû lui démontrer que le seul agrandissement de

puisque dès février 1771 les diplomates pensent pouvoir annoncer que le démembrement est déjà arrangé. Voir *CP Saxe*, vol. 58, Dresde, 10 février 1771, f. 43 r. *CP Autriche*, vol. 316, 24 février 1771, f. 105 v : « L'impératrice, en sortant d'une conférence de guerre, avait les larmes aux yeux [...]. La guerre [en Pologne] n'est pas loin. »

1. Joseph Kervyn de Lettenhove, *Mémoires couronnés...*, *op. cit.*, lettre à Mme de Herzelles, 1er mars 1771, p. 26.

la Prusse et de la Russie représentait une véritable menace pour l'Autriche. « Je ne peux plus rien empêcher », écrit-elle à Mme de Herzelles [1].

Marie-Thérèse a fait un pas en avant vers la guerre tout en continuant à marteler sa profonde répugnance. En témoigne cette lettre à son négociateur à Berlin, à la veille de la signature du traité prussorusse [2] : « Il me coûte de me décider sur une chose dont je ne suis aucunement assurée qu'elle est juste si même elle est utile [...] ; le plus facile serait d'accepter ce qu'on nous offre de la Pologne, mais par quel droit dépouiller un innocent qu'on a toujours prôné vouloir défendre et soutenir [...] ? La seule raison de convenance, pour ne pas rester seule entre les deux autres puissances, sans tirer quelque avantage, ne me paraît pas suffire, ni même être un prétexte honorable, pour se joindre à deux injustes usurpateurs, dans la vue de plus abîmer encore, sans aucun autre titre, un troisième. Je ne comprends pas la politique qui permet qu'en cas que deux se servent de leur supériorité pour opprimer un innocent, le troisième peut et doit à titre de pure précaution pour l'avenir [...] imiter et faire la même injustice ; ce qui me paraît insoutenable. Un prince n'a d'autres droits que tout autre particulier [...]. J'avoue que ce serait un

1. *Ibid.*, 16 décembre 1771, p. 31.
2. Traité signé le 6 février 1772, qui entérinait le partage d'une partie de la Pologne entre les deux pays.

démenti formel de tout ce qui s'est fait depuis trente ans de mon règne [...]. Passons plutôt pour faibles que pour malhonnêtes[1]. »

Les scrupules de Marie-Thérèse et sa proposition d'indemniser la Pologne en lui donnant la Valachie et la Modalvie[2] furent balayés par Frédéric et l'accord de partition fut conclu à Vienne le 19 février 1772. Au moment de signer, l'impératrice fait part de sa honte et de sa confusion à Kaunitz : « Je dois confesser que de toute ma vie, je n'ai jamais ressenti un tel trouble, et j'ai honte de me montrer au peuple. Que le prince [Joseph] considère quel exemple nous donnons au monde, quand pour une misérable tranche de Pologne, Moldavie et Valachie, nous risquons la perte de notre honneur et de notre réputation. Je me sens seule, n'ayant plus ni santé ni force ; par conséquent, non sans mes plus grands regrets, je permets que cela suive son cours[3]. »

Alors que l'ordre est donné aux troupes autrichiennes d'entrer en Pologne[4], Marie-Thérèse prend

1. Lettre à Gottfried van Swieten, ambassadeur à Berlin (début février 1772), in Alfred von Arneth, *Histoire de Marie-Thérèse, op. cit.*, vol. 8, 1877, note 453, p. 595-596.
2. Kaunitz avait aussi proposé à Frédéric d'échanger une partie de la Silésie et du comté de Glatz contre l'abandon par l'Autriche de sa participation au dépeçage de la Pologne. Le roi de Prusse ne voulut même pas en entendre parler.
3. Carl E. Vehse, *Memoirs of the Court, Aristocracy and Diplomacy of Austria*, Londres, vol. 2, 1856, p. 210.
4. Le 18 avril 1772.

grand soin de clamer son désespoir *urbi et orbi*, comme si elle voulait montrer qu'elle n'avait pas renoncé à la morale qui a fait sa réputation, et qu'elle regrettait sa faiblesse. « Je vous avoue, dit-elle à Rosenberg, je suis d'une humiliation extrême et voudrais me cacher de moi-même. Que dira la France, l'Espagne [ses alliés] et ils auront raison. » Un peu plus tard, au même : « Nos iniquités cachées éclatent au grand jour [...]. Nous devenons l'abomination de tout le monde. Ce qui me frappe, [c'est] l'indifférence de ceux qui en sont la cause. Je n'ose presque me faire voir, et eux [Joseph] vont la tête levée. Je suis au comble de mes chagrins [1]. » Devant l'ambassadeur de France, elle est encore plus gênée. Non seulement elle a trahi la Pologne, mais elle a agi en secret de la France, son alliée privilégiée qui est aussi l'amie traditionnelle des Polonais. Elle lui confesse « qu'elle a été entraînée, que sa perplexité actuelle est grande, que le chagrin la tue, que sa seule consolation est dans la droiture, et qu'elle a tout mis en œuvre pour empêcher des événements auxquels elle est forcée de prendre part [2] ».

En novembre, on fait état à nouveau de ses scrupules dans les chancelleries : « Elle prétend avoir des remords de conscience sur la convention du partage

1. Klagenfurt, *Famille Orsini-Rosenberg*, 76, fasc. 64/353 c. Lettres du 21 avril et de la mi-juin 1772.
2. *CP Autriche*, vol. 319, 8 mai 1772, f. 78 r.

et dans ses accès de mauvaise humeur, elle doit repro-
cher vivement à l'empereur que ses entrevues avec
[Frédéric] étaient la première source de ses embarras
[…]. L'empereur a été fort choqué de ses invectives et
on m'assure que les querelles qu'il y a journellement
entre mère et fils sont à présent plus fréquentes et
plus aigres que jamais[1]. » Il n'est pas impossible que
son confesseur en soit responsable. On dit qu'elle l'a
consulté et qu'il lui aurait répondu que son action
était très condamnable. Mais d'autres ecclésiastiques
s'empressèrent de dire le contraire.

Pour protéger son excellente réputation, Marie-
Thérèse a tout fait pour répandre l'idée qu'on l'avait
contrainte par une sorte de viol moral. Mais il n'est
pas certain que cela soit toute la vérité. La version de
Frédéric II, certes sujette à caution, est plus cynique :
« J'envoyais Edelsheim pour gagner le confesseur qui
[la] persuada qu'elle était obligée pour le bien de son
âme de prendre la portion qui lui était assignée. Alors
elle se mit à pleurer terriblement. En attendant, les
troupes des trois copartageants entraient en Pologne
et s'emparèrent de leur portion, elle toujours en pleurant ; mais tout à coup nous apprîmes, à notre grande
surprise, qu'elle avait pris beaucoup plus que la part

1. Compte rendu du ministre prussien à Vienne à Frédéric II, 15 novembre 1772, *Correspondance politique de Frédéric
le Grand, op. cit.*, vol. 33, lettre 21 500, p. 44, 15 novembre
1772.

qu'on lui avait assignée, car *elle pleurait et prenait toujours*, et nous eûmes beaucoup de peine à obtenir *qu'elle se contentât de sa part de gâteau*. Voilà comment elle est [1]. »

Le portrait ressemble à celui que trace l'ambassadeur de France, le cardinal de Rohan : « J'ai effectivement vu pleurer Marie-Thérèse sur les malheurs de la Pologne opprimée ; mais cette princesse, exercée dans l'art de ne point se laisser pénétrer, me paraît avoir les larmes de commandement ; d'une main, elle a le mouchoir pour essuyer ses pleurs, de l'autre, elle saisit le glaive de la négociation pour être la troisième puissance copartageante [2]. »

On n'est pas obligé de prendre pour argent comptant les propos de deux hommes qui ne sont pas ses amis. Mais une lettre de Marie-Thérèse au vieux maréchal Lacy, datée du 23 août 1772, semble leur donner partiellement raison : « Le courrier de Pétersbourg a rapporté signé le malheureux partage. Je vous dois encore à vous *ce grand avantage*, si c'en est un. Mais ce qui est certain, c'est que vous avez fait le plan et avez su *demander tant et par là procurer à l'État ce*

---

1. Edgar Boutaric, *Correspondance secrète inédite de Louis XV sur la politique étrangère avec le comte de Broglie, Tercier, etc.*, Paris, 1866, vol. 1, p. 174-175. Souligné dans le texte.
2. Cette lettre particulière de Rohan à son ministre est citée par l'abbé Georgel, son secrétaire à Vienne, dans ses *Mémoires pour servir à l'histoire des événements de la fin du XVIIIᵉ siècle, depuis 1760 jusqu'en 1806-1810*, Paris, 1820, t. I, p. 251.

bien, sans avoir trempé dans la question si cela était juste ou non [1]. » Marie-Thérèse n'était donc pas indifférente à ce nouveau bien, mal acquis. L'Autriche avait reçu une partie de la « petite Pologne » et l'ensemble de la Galicie (moins la ville de Cracovie), soit 2,6 millions de sujets supplémentaires. Pour les politiques, tels Joseph et Kaunitz, il n'y avait pas de quoi bouder son plaisir. Cet agrandissement, sans dommage militaire, était inespéré.

Pour Marie-Thérèse, c'est l'ambivalence des sentiments qui domine. Honteuse et ravie à la fois, son avidité est mêlée de remords. D'un côté, l'héritière des Habsbourg ne peut que se réjouir. Mais de l'autre, deux motifs puissants l'en empêchent. D'une part, sa conscience de chrétienne la torture. Confesseur ou non, elle sait qu'elle a mal agi et devra en rendre compte bientôt devant Dieu. Elle s'est comportée envers la Pologne comme Frédéric l'avait fait trente ans plus tôt contre elle. D'autre part, en trahissant sa parole à l'égard d'un pays ami et en le volant, elle a mis en péril sa belle réputation de souveraine loyale et morale et passe pour une hypocrite. Or sa réputation est toute sa gloire. D'où le profond malaise qui s'est emparé d'elle et dont elle rend Joseph en partie responsable. Il avait agi en politique, « à la prussienne », conformément à

1. Charles Hesse, *Mémoires de mon temps dictés par S.A. le Landgrave Charles, prince de Hesse*, Copenhague, 1861, p. 116-117. Souligné par nous.

son modèle Frédéric, aux antipodes de sa mère. À ses yeux, c'était une sorte de trahison, mais aussi l'échec de la transmission de ses valeurs dont elle s'était faite elle-même la complice. À l'inverse de Marie-Thérèse, Joseph aspirait à la gloire du grand conquérant qui agrandit les terres de ses ancêtres [1]. Encore fallait-il avoir le talent et les épaules pour y parvenir. Pour l'heure, le corégent avait marqué un point décisif et tous comprirent, à tort ou à raison, qu'il était en train de devenir le véritable maître.

---

1. *CP Autriche*, vol. 322, Vienne, 10 juillet 1773, f. 16 v-17 r. En pleine guerre russo-turque, le prince de Rohan, ambassadeur de France, note : « Deux volontés se contrarient. L'impératrice veut la paix ; l'empereur désire la gloire des armes, ou plutôt des conquêtes [...]. La politique militaire semble contrecarrer la politique du cabinet ; car tout parle de la paix dans ce dernier, et tout dans le premier annonce des mesures pour la guerre. » Le 24 juillet, « l'impératrice se dit affligée du caractère de l'empereur qui contrarie ses sentiments [...]. Il y a peu de jours, l'impératrice versait des larmes et a dit : "C'est de cette façon que je passe et mes jours et mes nuits lorsque je suis seule. Je ne suis plus écoutée. On voit mieux que moi ce qui devient nécessaire pour le bonheur de mes sujets et la gloire de la monarchie" », f. 91 v-92 r.

8

Jusqu'aux derniers jours…

L'ultime décennie de Marie-Thérèse fut particulièrement tourmentée. Écartelée entre ses différentes conditions de femme, de mère et de souveraine, elle est confrontée à de graves conflits personnels et politiques. Les faiblesses de l'âge se font durement sentir et elle ne se prive pas de s'en plaindre à ses proches. De là à penser qu'elle est hors-jeu… C'est mal la connaître. L'impératrice, on l'aura compris, est une personne plus complexe qu'elle le laisse paraître. Elle alterne ou confond, consciemment ou non, les moments de sincérité et de duplicité. Rappelons que feu son époux, mieux informé que tout autre, aimait à dire qu'elle était la meilleure actrice de son temps. Cette vertu diplomatique ne l'a pas quittée avec l'âge, non plus qu'une vision claire des intérêts fondamentaux de la monarchie autrichienne. Si la femme n'est plus ce qu'elle était, la souveraine garde le cap dans les grandes décisions qui engagent son pays. Le rôle qui la désarçonne est celui de mère de Joseph, mais aussi de ses filles Marie-Antoinette et Marie-Amélie [1]. Non qu'elle ait été mauvaise mère pour ses enfants, loin de là. Mais elle est dotée d'une rare lucidité sur chacun d'entre eux et spécialement à l'égard de son successeur. Avec l'âge, elle craint toujours plus les affrontements qui se terminent par des scènes violentes. La mère recule, mais la souveraine reprend le dessus. Ce qui donne lieu à une gouvernance qui paraît indécise, mal comprise à l'intérieur comme à l'extérieur du pays. Elle a tout aussi peur de perdre l'amour de son fils – et peut-être l'a-t-elle perdu – que de voir son empire prendre une autre route que celle qu'elle a tracée.

Une femme affaiblie

Dès 1769, Marie-Thérèse se plaint de sa condition physique à des amies. À l'une, elle confie : « Je suis très grosse, et bien plus que ma très sainte et chère mère ; je suis aussi rouge, particulièrement depuis ma petite vérole. Mes pieds, ma poitrine, mes yeux sont en mauvais état ; les premiers sont très enflés ; je m'attends chaque jour à ce qu'ils explosent. Mes yeux sont dans un sale état ; le plus terrible est que je ne peux supporter ni lorgnon ni lunettes ; quant à ma poitrine, je ressens

1. En dépit des conseils et exhortations de leur mère, les deux princesses, une fois mariées, l'une avec le dauphin de France, l'autre avec l'infant Ferdinand de Parme, n'en firent plus qu'à leur tête.

des débuts de vapeurs, car la respiration est pénible lorsque je marche ou quand je suis couchée [1]. »

Se déplacer lui est si éprouvant qu'il faut installer une sorte de monte-charge tant à Schönbrunn, pour qu'elle puisse se rendre à la chapelle [2], qu'à la crypte des Capucins où elle va se recueillir devant le tombeau de son mari. Ses maux iront en s'aggravant, et dix ans plus tard, son fils Léopold, qui séjourne à Vienne, décrit avec une sécheresse clinique les détériorations physiques, intellectuelles et psychologiques de sa mère : « Sa respiration est soudainement très forte dès qu'elle bouge ou se met en mouvement ; elle en a honte et cherche à s'en aller très vite. Elle devient alors d'une humeur maussade et son moral est abattu. Sa mémoire a beaucoup diminué, elle se souvient de peu de choses et des ordres donnés. Elle se répète souvent, ce qui laisse place à beaucoup de confusions. Elle commence à avoir des problèmes d'audition [...], ce qui l'a amenée à perdre courage et réduire son activité [...]. Elle ne se réjouit de rien et est continuellement

---

1. Alfred von Arneth, *Lettres de l'impératrice Marie-Thérèse à ses enfants et amis, op. cit.*, vol. 4, lettre à la comtesse Rosalie Edling, 7 août 1769, p. 521-522. Voir aussi sa lettre à la comtesse d'Enzenberg du 11 août 1769 : « Je grossis furieusement et deviens immobile et les facultés de l'âme grossissent de même, je ne vaux rien [...] », Jean-Pierre Lavandier et Monika Czernin, *Lettres de l'impératrice Marie-Thérèse à Sophie d'Enzenberg, op. cit.*, lettre n° 51.

2. *Journal* de Johann Josef Khevenhüller-Metsch, *op. cit.*, vol. 6, 10 octobre 1767, p. 272.

seule et mélancolique, puisqu'elle n'a pas de société et s'exaspère de tout [1]. »

Son état dépressif, déjà évoqué, n'a cessé d'empirer sous l'effet de la solitude et des contrariétés. Depuis 1771, elle évoque souvent sa retraite et sa mort. « Je suis hors de ma place et mes chagrins deviennent journellement plus grands [...]. Pourquoi ne suis-je pas morte de la petite vérole ? Que j'aurais été heureuse [2] ! » Deux ans plus tard, elle avoue « craindre de perdre la tête [3] ». « Le monde me devient intolérable et ma décadence est trop grande pour ne pas gâter tout [4]. » Il n'est pas indifférent de noter que ses grands accès de dépression sont presque toujours contemporains de ses conflits avec Joseph.

Le seul remède qu'elle trouve à son état est une pratique religieuse extrême qui n'exclut pas la superstition et tourne à une déplorable bigoterie. « Elle est constamment en prières et dans le recueillement, dit Léopold

1. Adam Wandruszka, *Leopold II. Erzherzog von Österreich, Großherzog von Toskana, König von Ungarn und Böhmen, Römischer Kaiser*, vol. 1, Vienne, 1963, p. 334-335. Ce compte rendu date du séjour de Léopold à Vienne de septembre 1778 à mars 1779.
2. À Sophie d'Enzenberg, Jean-Pierre Lavandier et Monika Czernin, *Lettres...*, *op. cit.*, lettre n° 56, février 1771. Mêmes confidences à Mme de Herzelles, 1er mars 1771, Joseph Kervyn de Lettenhove, *Mémoires couronnés...*, *op. cit.*, p. 23.
3. À Mme de Herzelles, *ibid.*, 30 juin 1773. p. 44.
4. À Sophie d'Enzenberg, Jean-Pierre Lavandier et Monika Czernin, *Lettres...*, *op. cit.*, lettre n° 76, 29 avril 1775.

[...]. Elle ne sort uniquement que pour visiter des églises et des couvents, ou pour se rendre dans la crypte des Capucins et assister aux fêtes religieuses qui ponctuent l'année[1]. » D'une vertu de plus en plus rigide, elle interdit le rouge aux femmes de la cour et persécute sans merci la moindre tentative de libertinage. Ce qui lui vaut les railleries de tous les voyageurs et étrangers. L'Anglais William Wraxall, qui séjourne à Vienne en 1779, plutôt bienveillant à son égard, la décrira « plus proche de la bigoterie bornée d'une abbesse que des principes éclairés d'une souveraine[2] ».

Son caractère a viré à l'aigre : « Elle se plaint presque en permanence du pays et des gens, des coutumes et de l'éducation, que ses bonnes intentions ne sont pas soutenues, qu'il n'existe plus personne à qui elle fasse confiance, qu'elle n'est plus capable de faire quoi que ce soit, qu'elle ne peut plus accomplir son devoir et qu'elle perdra le salut de son âme, qu'elle veut se retirer et renoncer totalement à gouverner, puisqu'elle se sent écrasée et que tout l'épuise[3]. » Pourtant, Léopold, qui, non sans cruauté, la décrit quasiment sénile, conclut qu'il ne croit pas qu'elle accepte jamais d'abdiquer.

1. Adam Wandruszka, *Leopold II...*, *op. cit.*, p. 335-338.
2. Nathaniel William Wraxall, *Memoirs of the Courts of Berlin, Dresden, Warsaw and Vienna in the Years 1777, 1778 and 1779*, Londres, 1806, vol. 2, p. 276.
3. Adam Wandruszka, *Leopold II...*, *op. cit.*, p. 335.

Les dix dernières années de son règne, les rumeurs de son abdication sont récurrentes. Ce dont elle est responsable en grande partie par ses propos[1]. En revanche, elle n'est pour rien dans celles de sa mort qui commencent à courir dès le début des années 1770. Au moindre rhume, à la première saignée, on parle de sa fin probable dans les cours étrangères. Frédéric II est aux aguets, tant il redoute l'esprit conquérant de Joseph, convaincu qu'il mettra le feu à toute l'Europe le jour venu. Il exige que son ambassadeur à Vienne le tienne au courant du moindre malaise de l'impératrice. Les faux bruits circulent dès 1774, notamment venant de la France ou de Vienne. Ici ou là, on affirme qu'elle n'atteindra pas le prochain printemps[2] sans le moindre début de preuve. Lassé des mauvaises et fausses nouvelles, Frédéric dira un peu brutalement à son frère Henri : « Dame Thérèse m'enterrera [...]. Il faudra l'assommer à bon coup de barre si l'on veut l'envoyer habiter avec son époux défunt[3]. » Entre-temps, il a compris que sa vieille adversaire de toujours était peut-être bien diminuée, mais qu'elle avait encore assez d'énergie pour tenir les rênes du pouvoir. « Vous avez grande raison de croire,

1. En se clamant constamment « à bout de forces ».
2. *Correspondance politique de Frédéric le Grand, op. cit.*, vol. 36, lettres 23 531, 23 533, 23 544, du 7 et 11 décembre 1774 ; vol. 39, lettres 25 283 et 25 292 du 28 janvier 1777 et du 2 février 1777.
3. *Ibid.*, vol. 39, lettre 25 696, p. 352, 28 septembre 1777.

écrit-il au prince Henri de Prusse, que l'impératrice reine n'abdiquera pas. Le désir de dominer ne la quittera que lorsqu'elle ne sera plus [1]. »

S'il est vrai que Marie-Thérèse n'est plus ce qu'elle était, elle est loin de la sénilité que ses deux fils aînés laissent entendre en privé [2]. Entre le démembrement de la Pologne en 1772 et l'ultime guerre contre Frédéric voulue par Joseph, contre sa volonté, en 1778, elle fait face à différentes épreuves politiques. Elle sort alors de sa retraite, retrouve son autorité sur Kaunitz et impose sa volonté à son ministre, comme à son fils.

LE DOUBLE CONFLIT
DE LA SOUVERAINE ET DE LA MÈRE

À la fin de sa vie, Marie-Thérèse doit mener un double combat qui l'épuise et menace la stabilité et la crédibilité de l'Autriche. Elle est en proie à un conflit intérieur insoluble et mène une guerre souterraine constante contre son successeur qui le lui rend bien en s'éloignant d'elle. La pire des représailles.

Le conflit entre elle et elle

Léopold, le fils cadet, est un témoin de première main du dilemme maternel. Il a laissé des notes

1. *Ibid.*, vol. 38, lettre 25 001, p. 322, 16 septembre 1776.
2. Voir les lettres de Joseph à Léopold et les comptes rendus de Léopold sur sa mère.

éclairantes sur l'ambivalence de Marie-Thérèse, le caractère de Joseph et l'impossible réconciliation.

« Elle aime extrêmement l'empereur [1], et ne connaît pas de plus grande satisfaction que d'entendre son éloge et de le voir acclamé. Cependant, elle souhaiterait lui donner des ordres et le guider, savoir tout ce qu'il fait et cherche à faire. Elle se plaint énormément de la façon dont il se comporte à son égard et dit qu'il cherche à la rabaisser et à se moquer d'elle [...]. Mais lorsqu'il a fait quelque chose qui le dessert aux yeux du public, elle est complètement effondrée, parce qu'elle souhaiterait le disculper de tout. »

Ces sentiments maternels se heurtent à ceux de la souveraine qui ne supporte pas de laisser la main : « Elle est très jalouse de lui dans les affaires de l'État, en particulier lorsqu'elle voit le grand prestige dont il jouit auprès du public, et parce que beaucoup se plaignent d'elle auprès de lui, lui imputant toutes les choses déplaisantes et disant que tout ira mieux lorsqu'il gouvernera seul [...]. Elle est extrêmement jalouse de toute personne qui s'entretient avec l'empereur, le loue ou correspond avec lui et semble vouloir dissimuler une entente qui se tournerait contre elle [2]. » Ce n'est pas là seulement paranoïa de vieille femme. Il y a bien deux clans à la cour : celui du successeur est plus nombreux et plus puissant que celui de la souveraine. Tous les

1. Il semble bien qu'elle ait préféré Joseph à Léopold.
2. Adam Wandruszka, *Leopold II...*, *op. cit.*, p. 335-336.

jeunes ambitieux sont aux côtés du fils, alors que Marie-Thérèse n'est entourée que de vieilles femmes, de prêtres et de ses médecins.

Les conséquences de cette ambivalence sont graves. Officiellement, la souveraine détient tous les pouvoirs et peut donc être tenue pour responsable de toute la politique autrichienne. Mais en vérité, en tant que mère, elle n'est plus maîtresse d'elle-même. C'est ce qu'elle laisse clairement entendre à Mme de Herzelles lorsqu'elle gémit sur la guerre en Pologne : « Vous pourriez me dire : "Pourquoi [n'y] remédiez-vous pas ? Vous êtes la maîtresse." *C'est là le grand point qui me tue* [1]. » Elle n'a ni la force physique ni la force psychologique de s'opposer frontalement à son fils et de risquer de le perdre. Le résultat est qu'elle navigue souvent au gré des humeurs de Joseph, quitte à se démentir ensuite et à se brouiller avec lui. Ce faisant, Marie-Thérèse peut donner l'impression qu'elle joue double jeu et que sa parole ne vaut rien.

Tel a longtemps été le sentiment de Frédéric. Au prince Henri de Prusse qui lui affirme qu'elle ne consentira plus jamais à une guerre, le roi répond : « L'hiver passé [...], tous les préparatifs étaient faits pour dégainer contre ma maison ; on n'attendait que le moment de ma mort qu'on regardait comme prochain [...]. On aurait vu cette impératrice pacifique

---

1. Joseph Kervyn de Lettenhove, *Mémoires couronnés…*, *op. cit.*, p. 32, 2 juillet 1772. Souligné par nous.

tout empressée à envahir mes États [...]. C'est la plus fausse des femmes ; elle a tant joué de comédies que bien fou qui se fie à elle [1]. » La méfiance est toujours de mise au début de la guerre de Succession de Bavière. Frédéric qualifie la modération de Marie-Thérèse de « pure simagrée ». « Si elle déteste la guerre, pourquoi diffère-t-elle de la prévenir ? C'est dans ce moment-ci où le feu de la jeunesse de l'empereur son fils l'emporte, qu'elle devrait se montrer mère souveraine et ordonner de se tenir coi et tranquille [...]. Bien loin de le faire, elle lâche la bride à la fougue de la passion de son fils [2]. » Ce n'est qu'à la fin de la vie de l'impératrice que Frédéric comprend son dilemme. Jusque-là, il ne voyait en elle que la souveraine rusée et toute puissante, qui se cachait le cas échéant derrière le dos de son fils. À présent il comprend qu'elle est aussi prisonnière de ses sentiments maternels : « Je suis intimement persuadé que l'impératrice reine, tant qu'elle vivra, tâchera de conserver la paix et il n'y a que la fougue de l'empereur de guerroyer qui pourrait entraîner cette princesse, sans savoir comment dans son labyrinthe [...]. *Sa tendresse pour son fils pourrait sans miracle l'emporter chez une mère*

1. *Correspondance politique de Frédéric le Grand, op. cit.,* vol. 38, lettres 25 127, p. 418, et 25 221, p. 491, des 13 novembre et 25 décembre 1776.
2. *Ibid.*, vol. 40, lettre 26 110 du 18 mars 1778, p. 258.

qui ne se laisse pas toujours le temps de bien considérer et peser toutes les conséquences pernicieuses des étourderies de son fils [1]. »

La guerre larvée entre elle et lui

À la fin des années 1770, le corégent de l'impératrice n'est plus le jeune homme qui craint de heurter sa mère. Lui aussi a changé. À en croire son cadet, alors fâché avec lui [2], Joseph, âgé de trente-sept ans, est devenu un homme détestable : « L'empereur a beaucoup de talent, de capacité et de vivacité. [Mais] il ne tolère pas la moindre contradiction. Il est plein de principes arbitraires, violents et d'un despotisme des plus durs et des plus puissants. Il n'aime personne, ne fait bonne mine que lorsqu'il a besoin de quelqu'un, pour le ridiculiser ensuite. Il méprise tout ce qui n'est pas son idée et aime à n'être entouré que de gens sans talent, tels de simples machines qui obéissent. Il n'a aucun principe et pas la moindre ardeur au travail, crie, réprimande, menace et démoralise tout le monde. Il croit pouvoir tous les exploiter et les dominer. Il les déteste. Il prononce des discours

---

1. *Ibid.*, vol. 44, lettre 27 809, p. 65, 5 février 1780. Souligné par nous.
2. À l'époque (1778-1779) où Léopold trace ce terrible portrait de Joseph, les deux frères sont brouillés à mort. Léopold a pris le parti de sa mère, contre la guerre de Bavière, ce que Joseph ne lui a pas pardonné.

incroyables, despotiques et extrêmement imprudents contre les fonctionnaires, contre toutes les nations, Hongrie, Pays-Bas et autres pays, dont il veut retirer les privilèges [...]. Et comme tous ses discours sont publics, il est fort détesté, craint et critiqué... Il critique et ridiculise tout ce que font les ministres et l'impératrice. Il la contredit en tout et l'agace en permanence, persécute tous ceux qui sont à son service ou qui sont honorés par elle [...]. Ce qui lui donne particulièrement de la joie est de lui faire sentir qu'elle a besoin de lui, et que sans lui, elle ne pourrait régler les affaires. Au demeurant, il la contrarie jusqu'au plus léger détail, condamne tout ce qu'elle fait ainsi que ceux qui la servent. En agissant ainsi, il la ridiculise publiquement [...]. C'est pourquoi, ils se disputent et crient toujours ensemble. Durant ces disputes, il se met dans de terribles colères, la menace de s'en aller, de provoquer un scandale et de mettre fin à la corégence [1]. »

Si le portrait de Joseph II n'est pas à prendre au pied de la lettre, en revanche la relation entre mère et fils est bien celle décrite par tous les diplomates en poste à Vienne. C'est un couple infernal qui est à la tête de l'État.

Les conflits entre elle et lui concernent tous les sujets, privés ou publics. Elle déteste sa façon de vivre et les valeurs qu'il proclame. Elle réprouve hautement

1. Adam Wandruszka, *Leopold II...*, *op. cit.*, p. 343-345.

ses voyages incessants qui ont pour principal motif de
la fuir, mais aussi sa misogynie bien connue. N'a-t-il
pas eu l'impudence d'écrire dans un document ministériel que la nature avait fait les hommes pour gouverner car plus aptes à juger et décider des affaires que
les femmes [1] ? Outre cela, elle lui reproche de ne pas
aimer les femmes et de ne les considérer que comme
des objets de plaisir [2].

Plus grave encore est leur conception radicalement
différente de la pratique religieuse et de l'attitude à
adopter à l'égard des autres religions que la catholique. Quels que soient les défauts et l'autoritarisme
de Joseph, c'est un homme des Lumières influencé
par les théoriciens du droit naturel pour lesquels la
raison est le principe suprême de gouvernement. Il
méprise la bigoterie et les superstitions de sa mère.
Au grand dam de celle-ci, il se confesse rarement et
refuse de se prêter aux rituels traditionnels des Habsbourg : processions, pèlerinages, jubilés religieux, etc.
C'est un libéral, sensible aux droits de l'individu, à la
liberté de penser et qui ne rêve que de rationaliser le

1. 27 avril 1773. Friedrich Walter, « Vom Sturz des Directoriums in Publicis et Cameralibus (1760-1761) bis zum Ausgang
der Regierung Maria Theresias », Vienne, 1934, p. 52.
2. À Mme de Herzelles, Joseph Kervyn de Lettenhove,
Mémoires couronnés..., op. cit., p. 33, 2 juillet 1772 : « Cet
empereur, si ennemi des femmes [...] ne s'en sert que pour son
amusement. » Il est vrai que s'il fréquentait le salon de quelques
femmes de la haute aristocratie, en tout bien tout honneur, il
faisait grande consommation de prostituées.

gouvernement de ses États. Pour ce faire, il est prêt à imposer les normes de la modernité par la contrainte, voire par la force. Toutes choses dont Marie-Thérèse ne veut pas entendre parler, au risque de rester dans le *statu quo*.

Dans les dernières années, trois affaires d'ordre politique et idéologique montrent l'acuité de leur opposition sur la forme et sur le fond. La première est l'insurrection des paysans de Bohême en 1775 contre l'obligation insupportable de la corvée que les seigneurs leur imposent et pour une pratique libre de leur religion (protestante). Vienne commence par envoyer l'armée pour réprimer les troubles, mais les émeutes prennent de plus en plus d'ampleur. Joseph est pour une réforme radicale de cet état féodal alors que Marie-Thérèse cherche à négocier avec les potentats une répartition plus juste de l'impôt. Comme toujours, l'administration de Vienne est lente à réagir, et, en dépit d'un « pardon général » accordé par l'impératrice aux émeutiers, les troubles continuent. Joseph et Marie-Thérèse s'en renvoient mutuellement la responsabilité. Il l'accuse de mauvaise gestion de la crise, d'indécision et de confusion [1]. Elle dénonce son

1. AMCE, *AMI, Recueils* 7 alt 17-1, f. 59 r-v, lettre de Joseph à Léopold, 3 août 1775 : « Le mal est pire que jamais. On a mis une telle confusion dans la tête de Sa Majesté pour toutes les affaires malheureuses de Bohême, qu'il y a de quoi se sauver, car au moment qu'elle signe, qu'elle résout une chose qu'on croit faite, un sous-ordre vient lui parler et voilà qu'elle contremande et qu'elle change tout. En attendant, les désordres

trop grand empressement à annoncer ses vues aux paysans, créant ainsi «l'impatience du joug et un esprit de révolte vis-à-vis des seigneurs [1] ».

Joseph maudit son titre de corégent qui lui fait endosser ce qu'il appelle les « absurdités » de sa mère. Quant à elle, elle se dit si abattue qu'elle brandit une fois de plus la menace de son abdication : « Je cause un grand tort par ma présence […]. La tendresse, la faiblesse d'une mère et vieille femme y ont mis le comble ; l'État n'en a que trop souffert, et je ne dois plus le laisser ainsi. Chargé seul, alors [Joseph] verra les inconvénients et ne pourra plus se cacher derrière moi ; il a trop d'esprit et son jugement n'est pas encore si affaibli qu'à la longue il ne reconnaisse la vérité [2]. »

Bien entendu, elle n'en fera rien.

Deux ans plus tard, l'affaire de la liberté religieuse les oppose plus durement encore. Marie-Thérèse a toujours considéré le protestantisme comme une hérésie à combattre. Joseph, au contraire, veut donner pleine citoyenneté aux protestants et assouplir le statut des autres religions, orthodoxe et juive. Lorsqu'on découvre en mai 1777 que des protestants au nord de la Moravie organisent des prières collectives

continuent et l'esprit de subordination se perd entièrement […]. J'en suis réellement malade. »

1. *CP Autriche*, vol. 327, 8 avril 1775, f. 142 r.

2. À Mercy-Argenteau, Alfred von Arneth, *Correspondance secrète…*, t. II, p. 329-330, 4 mai 1775.

publiques, Marie-Thérèse voit rouge et se prépare à envoyer l'armée. Joseph, alors en voyage en France, informé des intentions de sa mère, se révolte. Suit un échange entre elle et lui qui témoigne du fossé qui les sépare.

Il plaide d'abord pour la liberté de croire ou de ne pas croire : « Faire les choses à demi n'entre point dans mes principes ; il faut ou toute liberté de culte, ou pouvoir expatrier tous ceux qui ne croient pas ce que vous croyez [...]. Quelle puissance s'arroge-t-on ? Est-ce qu'elle peut s'étendre à juger la miséricorde divine, à vouloir sauver les gens malgré eux, à commander aux consciences enfin [...] ? Dès que le service de l'État se fait, que les lois de la nature et de la société s'observent, que votre Être Suprême n'est point déshonoré, mais respecté et adoré, qu'avez-vous à entrer en autre chose [1] ? »

Réponse outrée de Marie-Thérèse : « Si vous persistez et pensez tout de bon à cette générale tolérance que vous me dites d'avoir pour principe [...], je ne cesserai de prier et faire prier des gens plus dignes que moi [pour] que Dieu vous préserve de ce malheur, qui serait le plus grand que la monarchie jamais aurait souffert [...] et vous serez cause de la perte de tant d'âmes [2]. »

1. Alfred von Arneth, *Correspondance de Marie-Thérèse et Joseph II, op. cit.*, vol. 2, p. 141-142, s.l.n.d. [juin 1777].
2. *Ibid.*, p. 146, 5 juillet 1777.

Joseph, qui de loin ne mesure pas bien la colère de sa mère, croit qu'il y a simple malentendu sur la notion de tolérance et s'en explique plus longuement [1]. La réponse maternelle est sans appel : « Sans religion dominante ? La tolérance, l'indifférentisme sont justement les vrais moyens de tout saper [...]. Point de culte fixe, point de soumission à l'Église. Que deviendrions-nous ? [...] Un discours pareil de votre part peut causer les plus grands malheurs et vous rendre responsable de milliers d'âmes. Jugez ce que je dois souffrir de vous dans ces principes erronés [2]. »

En septembre, ordre est donné de réprimer les protestants de Moravie. Les meneurs seront exilés, enrôlés de force dans l'armée ou envoyés dans les mines. Joseph ne cache pas sa colère ; il est insultant pour sa mère : « Peut-on imaginer quelque chose de plus absurde que ce que ces ordres contiennent ? [...] Cela ne s'est pas vu du temps des persécutions au commencement du luthérianisme [...]. Je me trouve obligé de déclarer très positivement, et je le prouverai, que quiconque a eu l'idée de ce rescrit, est le plus indigne de ses serviteurs, et par conséquent un homme qui ne mérite que mon mépris, parce qu'il est aussi sot que mal vu [*sic*]. » Il appelle donc sa mère à révoquer le rescrit, car « si de pareilles choses doivent se faire pendant ma corégence, elle permettra que je prenne le parti déjà tant désiré, en me détachant de toutes

1. *Ibid.*, p. 152, 20 juillet 1777
2. *Ibid.*, p. 157-158, s.l.n.d. [juillet 1777].

les affaires, de faire connaître à tout l'univers que je n'y entre en rien et pour rien ; ma conscience, mon devoir, et ce que je dois à ma réputation l'exigent [1] ».

Marie-Thérèse se contenta de répondre : « Nous n'avons à rendre compte à personne qu'à celui qui nous a mis dans cette place pour gouverner ses peuples selon sa sainte Loi, que nous devons chérir et soutenir contre tous [2]. » Elle adoucit quelques lois pénales, mais ne changea rien à l'essentiel.

À peine cette crise s'était-elle (mal) terminée qu'en surgit une troisième, autrement plus importante pour l'Autriche.

L'ULTIME COMBAT

Le 30 décembre 1777, l'électeur de Bavière meurt sans descendant. Joseph, qui rêve depuis des années d'étendre le territoire des Habsbourg à la Basse-Bavière, s'empresse de signer une convention [3] avec un des

1. *Ibid.*, p. 161, Turas, 23 septembre 1777. La tolérance religieuse tenait tant à cœur à Joseph II qu'il l'imposa par un édit moins d'un an après la mort de Marie-Thérèse. D'abord pour les protestants, leur donnant accès à tous les métiers et à toutes les fonctions. Ensuite pour les juifs, avec une restriction : l'entrée dans l'administration.
2. *Ibid.*, p. 162, Schönbrunn, 25 septembre 1777.
3. Dès le 3 janvier 1778, Joseph avait signé un accord avec Charles-Théodore de Bavière qui lui cédait la Basse-Bavière en échange d'une succession incontestée sur le reste du duché !

héritiers de la branche collatérale, l'électeur palatin. Malgré les appels à la prudence de Marie-Thérèse qui redoute une guerre, Joseph fait immédiatement pénétrer ses troupes en Bavière et pense avoir mis tous les princes allemands devant le fait accompli. C'était mal connaître Frédéric ainsi que les autres princes qui virent d'un très mauvais œil l'agrandissement du territoire autrichien et avec lui le renforcement de sa puissance. Immédiatement Frédéric II fait savoir qu'il ne laissera pas faire cette annexion. Des deux côtés, on se prépare à la guerre. En avril, Joseph et Frédéric rejoignent chacun leur armée, Marie-Thérèse, qui ne veut pas entendre parler de guerre, sort de sa réserve [1], car Frédéric a rejeté toutes les propositions de règlement à l'amiable. D'avril à juillet 1778, c'est un échange continu de lettres dans lesquelles Marie-Thérèse supplie son fils d'éviter la guerre avec un ennemi aussi redoutable, alors que lui se dit convaincu que Frédéric va finir par céder. Comme elle l'avait redouté, Frédéric anticipe et envahit la Bohême le 5 juillet. C'est la guerre.

1. Déjà le 14 mars 1778, Marie-Thérèse a prévenu Joseph qu'elle ne se laisserait pas entraîner dans une guerre : « Il ne s'agit rien de moins que de la perte de notre maison et monarchie et même d'un renversement total en Europe […]. Je me prêterais volontiers à tout pour empêcher encore à temps ces malheurs, même jusqu'à l'avilissement de mon nom. Qu'on me taxe de radoter, d'être faible, pusillanime, rien ne m'arrêtera pour tirer l'Europe de cette dangereuse situation » *Correspondance de Marie-Thérèse et Joseph II, op. cit.*, vol. 2, p. 187.

Avant même que le premier coup de feu soit tiré, Joseph envoie à sa mère des rapports alarmants qui ressemblent à des appels au secours. « Notre situation est certainement très critique ; l'ennemi est partout plus fort que nous, et avec cela très entendu et hardi ; nous aurons bien de la peine, mais si nous ne tenons pas bon ici, il faudra se décider à lui laisser occuper la Bohême [...]. Si quelque moyen pouvait ramener la paix à des conditions un peu honnêtes, ce serait un grand bien, mais je n'en vois pas les moyens [1]. » Il demande qu'on lève 40 000 hommes supplémentaires, quel que soit le prix à payer.

Manifestement, Joseph, qui ne connaît la guerre qu'en théorie, a peur. Il confie, non sans naïveté, à son frère Léopold : « C'est une horrible chose que la guerre [2]. » De son côté, Marie-Thérèse est tiraillée entre deux sentiments. D'une part, elle craint pour la vie de ses fils, car outre, Joseph, Maximilien le benjamin, et son gendre adoré, Albert de Saxe, y participent. De l'autre, elle garde une lucidité ironique, presque méprisante, comme le montre sa lettre à Mercy-Argenteau : « Depuis un mois, l'empereur et ses quatre maréchaux [...] sont d'avis [...] qu'avec nos armées de 180 000 hommes, nous ne pouvons tenir la défensive et empêcher que le roi [de Prusse] s'établisse l'hiver en Bohême ou Moravie [...]. Si ces

1. *Ibid.*, p. 333-334, 11 juillet 1778.
2. *Ibid.*, p. 351, 18 juillet 1778.

messieurs avaient voulu dire cela en avril, et même en mai, on n'aurait pas laissé aller les choses si loin [...]. » À présent, « on ne pense pas moins que d'abandonner Prague et toute la Bohême [...], et cela sans avoir encore le moindre échec [1] ». Façon de dire que l'on était plus courageux de son jeune temps ! Ce qui ne l'empêche pas d'écrire des lettres fort tendres à Joseph qui en a les larmes aux yeux [2]. Elle se dit prête à tout pour lui venir en aide.

Ce dont Joseph ne se doute, pas, c'est la voie choisie par sa mère pour empêcher le désastre annoncé. Elle est bien décidée à négocier secrètement la paix avec Frédéric, quoi qu'il en coûte à son orgueil. Elle demande à Kaunitz de lui préparer une lettre pour le lendemain, car elle craint une bataille perdue. Elle ajoute cette précision : « Je vous prie, point de convention, rien qui marque un ordre ministériel, cela doit passer pour venir de ma tête [3]. » Elle aurait pu

1. Alfred von Arneth et Auguste Mathieu Geffroy, *Correspondance secrète...*, *op. cit.*, vol. 3, p. 231, Schönbrunn, 31 juillet 1778. Même son de cloche dans sa lettre à Kaunitz, non datée [juillet 1778], AMCE, *Chancellerie d'État, Exposés* 126, f. 29 r.
2. Joseph à Marie-Thérèse, Ertina, 12 juillet 1778 ; Alfred von Arneth, *Correspondance de Marie-Thérèse et Joseph II*, *op. cit.*, vol. 2, p. 335. Joseph, très ému, a radicalement changé de ton. Il l'assure que son « admiration pour sa sublime façon de penser égale [sa] reconnaissance [...] » : « Je revois la grande, l'incomparable Marie-Thérèse [...]. »
3. AMCE, *Chancellerie d'État, Exposés* 126, f. 58 r.

dire « de mon cœur ». En effet, le ton adopté pour renouer avec le roi de Prusse est celui de la mère aux abois, censé justifier sa démarche. « Mon cœur maternel est juste alarmé de voir à l'armée deux de mes fils et un beau-fils chéri. Je fais ce pas sans en avoir prévenu l'empereur, mon fils, et je [vous] demande le secret [...]. Mes vœux tendent à faire renouer et terminer la négociation dirigée par l'empereur et rompue à mon plus grand regret [...]. Je prie [Votre Majesté] de vouloir répondre avec les mêmes sentiments aux vifs désirs que j'ai de rétablir notre bonne intelligence pour toujours, pour le bien du genre humain et même de nos familles [1]. »

À cette lettre, accompagnée de nouvelles propositions pour la paix, Frédéric répondit de manière affable, mais non dénuée d'ironie : « Il était digne du caractère de Votre Majesté impériale de donner des marques de magnanimité et de modération dans une affaire litigieuse, après avoir soutenu la succession de ses pères avec une fermeté héroïque. Le tendre attachement que Votre Majesté impériale marque pour l'empereur son fils et des princes remplis de mérite, doit lui attirer les applaudissements de toutes les âmes sensibles [...]. Je ménagerai si bien mes démarches que Votre Majesté impériale n'aura rien à craindre pour son sang [...] [2]. »

1. *Correspondance politique de Frédéric le Grand, op. cit.*, vol. 41, lettre 26 554, p. 265, 12 juillet 1778.
2. *Ibid.*, [au camp devant Jaromirs], 17 juillet 1778.

Marie-Thérèse encaisse et avise Joseph de sa démarche : « Grâce à Dieu, j'ai prévu tout cela en janvier et février, ce qui fait que je suis en état à cette heure de pouvoir opérer, mon cher fils, pour vous tirer d'embarras. Dieu veuille seulement que cela vienne à temps, avant qu'une action malheureuse soit passée [...]. Je ne saurais vous exprimer ce que m'a coûté ce pas vis-à-vis de ce monstre et par la crainte que vous ne le trouverez convenable [1]. »

La réaction de Joseph est d'une rare violence, comme le prouvent les deux lettres expédiées à sa mère deux jours de suite. Sous couvert de défendre sa réputation à elle et celle de la monarchie, c'est d'abord à la sienne qu'il pense : « Cette démarche prouve que Votre Majesté est entièrement mécontente de mes démarches, qu'Elle les désapprouve, les condamne. Quel parti me reste-t-il à prendre que de planter tout là et de m'en aller, je ne sais où, en Italie [...]. Me voilà dans la situation la plus affreuse ; l'honneur de la monarchie, sa considération et la mienne [sont] compromises ; si je veux sauver l'une et l'autre, [je suis] dans la triste nécessité de faire la démonstration publique de la différence de nos opinions et d'affirmer *la faiblesse personnelle* de Votre Majesté pour conserver la consistance de l'État [2]. » Le lendemain, il parle

1. Alfred von Arneth, *Correspondance de Marie-Thérèse et Joseph II, op. cit.*, vol. 2, 13 juillet 1778, p. 336-337.
2. *Ibid.*, Ertina, 15 juillet 1778, p. 341-342. Souligné par nous. L'excuse de Marie-Thérèse serait à mettre au compte de sa vieillesse, voire de sa sénilité.

« d'avilissement et de la démarche la plus flétrissante qu'on ait encore imaginée [...]. C'est un coup de foudre auquel il était impossible d'être préparé et duquel je ne me ferai jamais raison [1] ».

Marie-Thérèse répondra très calmement qu'elle a cru le sauver ainsi que la monarchie, « et point du tout faire tort à votre gloire, ni donner un démenti à ce que vous avez fait [2] ». Elle lui rappellera benoîtement que c'est lui-même qui l'a avertie qu'il ne pourrait pas défendre Prague et qu'il lui faudrait laisser occuper la Bohême. Après plusieurs péripéties, la paix fut signée quelques mois plus tard [3] sans que jamais – mis à part quelques escarmouches – Joseph ait pu faire la démonstration de ses talents militaires. Au contraire.

L'impératrice, aussi clairvoyante qu'énergique, avait évité un désastre à son fils qui ne lui en fut nullement reconnaissant. Même s'il fut secrètement soulagé d'être tiré d'un mauvais pas, il continua à la rendre responsable de son humiliation. Comme pour se venger, il décida, sans la consulter, d'aller en Russie conter fleurette à sa pire rivale, Catherine II, dans l'espérance vaine de la détacher de son alliance avec

1. *Ibid.*, 16 juillet 1778, p. 345.
2. *Ibid.*, 17 juillet 1778, p. 346. En vérité, elle faisait bien tort à sa gloire et le démentait.
3. La paix fut conclue à Teschen le 13 mai 1779. L'Autriche rendit la plus grande partie de la Bavière qu'elle occupait et Frédéric II reçut la promesse d'hériter d'Anspach et de Bayreuth.

Frédéric. Marie-Thérèse, ulcérée, tenta sans succès de l'en dissuader. Elle écrit à Mercy : « Vous pourriez bien imaginer combien peu je goûtais un tel projet, aussi bien par l'impression que cette entrevue devrait faire sur les autres puissances que par l'aversion et l'horreur que m'inspire toujours un caractère tel que celui de l'impératrice de Russie[1]. » Durant l'absence de Joseph qui dura quatre mois[2], elle avoua à l'ambassadeur de France, Breteuil, qu'elle se sentait « humiliée[3] ».

Elle le fut bien davantage à son retour de Russie. Il revint tout feu tout flamme pour tout ce qu'il avait vu. Le pire fut les éloges dithyrambiques de sa rivale clamés à tous les vents : « L'opinion de Sa Majesté impériale passe tous les faits vrais et fabuleux de l'histoire des souverains. L'empereur dit à toutes les femmes avec lesquelles il cause, et devant des étrangers, qu'il n'était jamais sorti de ses longs entretiens avec Catherine II sans se sentir l'âme plus élevée ; qu'en parlant avec elle "métier", il avait senti doubler son existence. » Avec Breteuil, il évoque longuement

1. Alfred von Arneth et Auguste Mathieu Geffroy, *Correspondance secrète...*, *op. cit.*, vol. 3, p. 404-405, Vienne, 3 mars 1780. Les deux impératrices se détestaient. Catherine II était jalouse de la réputation de Marie-Thérèse en Europe. Celle-ci jugeait la tsarine « dangereuse et fausse » et méprisait la femme adultère qui avait fait assassiner son mari.
2. Parti le 26 avril 1780, il fut de retour à Vienne le 20 août.
3. *CP Autriche*, vol. 341, 24 juin 1780, f. 202 v.

« les rares qualités du génie et de l'âme [de la tsarine] qui peuvent le plus distinguer les souverains et leur assurer le plus haut rang dans le respect de leurs contemporains, ainsi que dans l'admiration de la postérité [1] ».

Autrement dit : c'était Catherine la plus grande souveraine du siècle.

Pendant ce temps, Marie-Thérèse décline de plus en plus. Breteuil fait part de sa détérioration physique et de son moral : « La masse de son corps est tellement forte et le sang lui monte si subitement à la tête [...] qu'il y a plus d'un accident à redouter. D'un autre côté, l'impératrice a des chagrins domestiques. Elle ne s'accorde pas avec l'empereur. Elle est affligée de voir qu'il la fuit le plus souvent et le plus longtemps qu'il peut [...]. Ces divers motifs prennent sur l'humeur vive de l'impératrice et son médecin n'est pas tranquille sur sa santé [2]. »

Quelques mois plus tard, un simple rhume suivi de graves troubles respiratoires eurent raison de son cœur. Elle mourut le 29 novembre 1780 à soixante-trois ans. Lucide jusqu'au dernier instant, elle avait pris soin de recommander à son successeur : « L'amour et la crainte de Dieu, l'amour paternel de ses sujets, la vertu, la justice [3]. »

1. *Ibid.*, 5 octobre 1780, f. 307 v et 311 v.
2. *Ibid.*, 15 mars 1780, f. 89 v-90 r.
3. Cité par Henry Vallotton, *Marie-Thérèse impératrice*, Paris, 1963, p. 406.

Jusqu'aux derniers jours...

Chacun put remarquer que les tout derniers jours « l'empereur ne l'avait pas quittée un instant, ni jour ni nuit [1] ».

1. *CP Autriche*, vol. 341, 29 novembre à 11 heures du soir, f. 357 r.

Épilogue

Les trois corps de la reine

M arie-Thérèse d'Autriche est l'une des rares femmes dans l'histoire qui aient gouverné et incarné leur pays durant quarante ans. Dotée d'un pouvoir absolu comme Élisabeth Ire d'Angleterre[1] ou Catherine II de Russie[2], elle dut, contrairement à celles-ci, négocier durant tout son règne avec sa féminité. Alors qu'Élisabeth et Catherine ont vécu et régné comme des hommes, Marie-Thérèse d'Autriche fit une large place à l'épouse amoureuse ainsi qu'à la mère aimante et soucieuse de ses enfants. Autant de rôles à jouer et d'impératifs qui devaient fatalement entrer en conflit.

1. La « reine vierge » gouverna quarante-cinq ans, de 1558 à 1603. Elle n'eut ni mari ni enfant.
2. La tsarine de toutes les Russies régna durant trente-quatre ans, de 1762 à 1796. Elle fit tuer son fou de mari, Pierre III, et n'eut qu'un fils, Paul, qu'elle traita fort mal.

Pour reprendre la métaphore popularisée par Kantorowicz, il faudrait parler, à son propos, des trois corps de la reine. Au corps naturel et mortel de la femme, au corps symbolique et immortel de la souveraine, il faut ajouter le corps maternel qui perpétue la lignée. Chacun de ces états est source d'obligations et de sentiments qui peuvent se contredire l'un l'autre. À diverses reprises, on voit la souveraine toute-puissante interpeller la vieille femme qu'elle est devenue. Elle se décrit elle-même sans la moindre concession, le corps obèse, presque impotent, les forces et les facultés déclinantes qui l'empêchent de gouverner pleinement. Dans ses moments de dépression, de plus en plus fréquents, Marie-Thérèse rêve de se retirer. Rien n'aurait été plus facile puisque le corégent était son successeur tout désigné. Pourtant la souveraine toute-puissante n'a jamais pu se résoudre à cet abandon. À l'instar de la plupart des hommes de pouvoir, y renoncer aurait signifié pour elle une mort symbolique peut-être plus déchirante encore. L'Histoire prouva qu'elle avait bien fait puisqu'elle put pour la seconde fois de son règne épargner un grand désastre à son pays. La première fois elle avait sauvé l'Autriche des griffes de Frédéric et de la coalition européenne en soutenant courageusement une guerre qui semblait perdue d'avance. Quarante ans plus tard, elle fit de même, mais cette fois en bataillant pour le retour de la paix. Ce fut son dernier grand acte de souveraine. Peu de temps après la signature de la paix à Teschen le 13 mai 1779, date de son anniversaire, elle avait confié à Kaunitz : « J'ai aujourd'hui terminé glorieusement ma carrière avec un *Te Deum*, et c'est avec joie que je l'ai fait pour la paix de mes pays [1]. »

Ce que Marie-Thérèse tait, c'est que cette ultime victoire de l'impératrice reine fut probablement la plus douloureuse de toutes. Cette fois, c'était moins Frédéric l'ennemi à combattre et à convaincre que son propre fils. Le conflit entre la mère et la souveraine dut être déchirant. Les « entrailles » maternelles sont injustes et ne déclenchent pas nécessairement les mêmes sentiments à l'égard des enfants. Or il se trouve, selon plusieurs témoignages, que parvenu à l'âge adulte, Joseph était l'un de ses préférés. N'est-ce-pas elle-même, pourtant peu expansive à l'égard de ses enfants, qui écrit : « Je l'adore nonobstant qu'il me tourmente [2]. » Propos confirmé par Léopold, le fils le plus éloigné d'elle, qui commence ses notes sur la relation entre sa mère et Joseph par ces mots : « Elle aime extrêmement l'empereur et ne connaît de plus grande satisfaction que lorsqu'on en fait l'éloge et qu'on l'acclame [3]. » Pourtant, en écrivant derrière son

1. Alfred von Arneth, *Correspondance de Marie-Thérèse et Joseph II, op. cit.*, vol. 3, p. 216, note 1 de la lettre de Joseph à Léopold, 24 mai 1779.
2. Lettre à Lacy, 18 août 1772, pour lui apprendre l'accident de cheval de Joseph, citée par Alfred von Arneth, *Histoire de Marie-Thérèse, op. cit.*, vol. 9, p. 621, note 823.
3. Adam Wandruszka, *Leopold II, op. cit.*, p. 335. Nous sommes plus sceptiques quant au propos prêté à Rosenberg

dos au roi de Prusse, l'ennemi de quarante ans, pour demander grâce, c'était non seulement la souveraine qui s'était humiliée, mais c'était surtout Joseph qui était atteint. Sa démarche écornait sérieusement sa réputation, en le faisant passer pour irresponsable et mauvais soldat. En prenant le ton de la mère éplorée, elle réduisait son successeur au statut d'enfant apeuré. Il ne pouvait y avoir pire dommage pour l'image de l'empereur et son désir de gloire, et par voie de conséquence pour son narcissisme maternel. Cette fois, la souveraine l'avait emporté contre la mère, au nom de l'intérêt supérieur de ses États.

Ce faisant, Marie-Thérèse ne pouvait ignorer qu'elle rendait insurmontable le fossé entre elle et son fils. Le chagrin de la mère fut peut-être le plus grand titre de gloire de l'impératrice reine. Jusqu'au dernier jour, reconnaîtra Frédéric admiratif, « elle a fait honneur au trône et à son sexe [1] ».

selon lequel elle l'aurait plus aimé que tous ses enfants réunis. Voir Derek Beales, *Joseph II, op. cit.*, p. 489.

1. *Œuvres de Frédéric le Grand*, éd. Johann D.E. Preuss, Berlin, Rudolph Ludwig Decker, 1854, vol. 25, lettre 228 à d'Alembert, 6 janvier 1781, p. 191.

Annexes

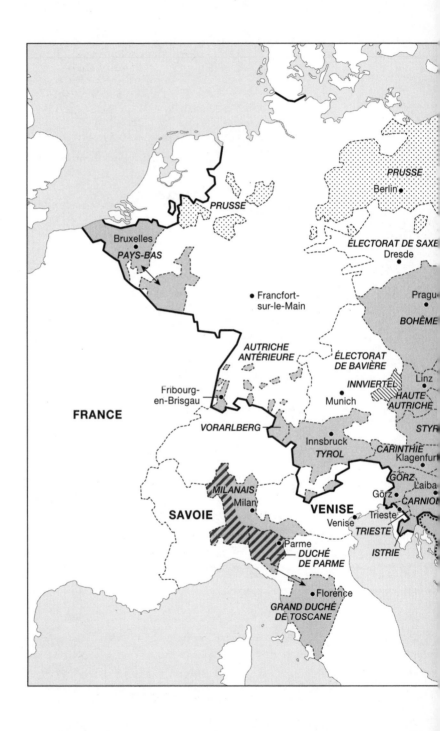

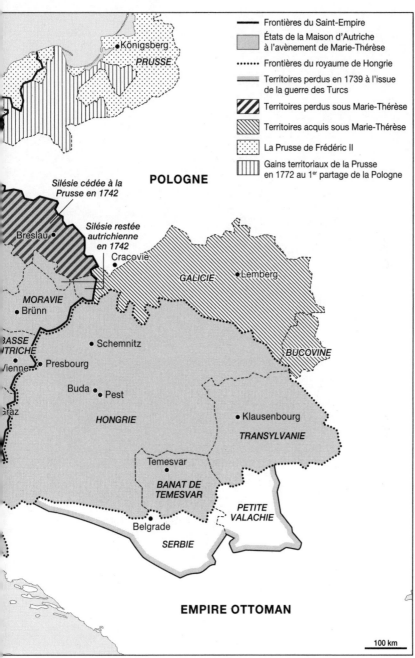

Frontières du Saint-Empire

États de la Maison d'Autriche
à l'avènement de Marie-Thérèse

Frontières du royaume de Hongrie

Territoires perdus en 1739 à l'issue
de la guerre des Turcs

Territoires perdus sous Marie-Thérèse

Territoires acquis sous Marie-Thérèse

La Prusse de Frédéric II

Gains territoriaux de la Prusse
en 1772 au 1er partage de la Pologne

Königsberg

PRUSSE

POLOGNE

Silésie cédée à la
Prusse en 1742

Silésie restée
autrichienne
en 1742

Breslau

Cracovie

GALICIE

Lemberg

MORAVIE

Brünn

BUCOVINE

BASSE
AUTRICHE

Schemnitz

Vienne

Presbourg

Buda

Pest

Graz

HONGRIE

Klausenbourg

TRANSYLVANIE

Temesvar

BANAT DE
TEMESVAR

PETITE
VALACHIE

Belgrade

SERBIE

EMPIRE OTTOMAN

100 km

Les États de la Maison d'Autriche (1740-1780)

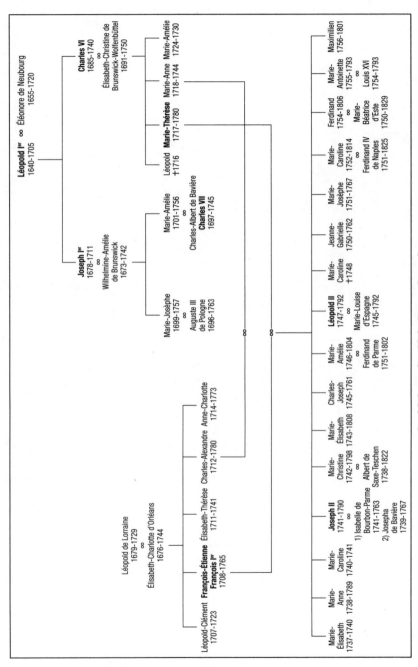

La Maison des Habsbourg-Lorraine

Remerciements

Ce livre n'aurait pu voir le jour sans l'aide précieuse de mon collègue Stephan Buchon. Ce Viennois d'adoption, chercheur hors pair, a collecté la majeure partie des documents hors de France et traduit nombre de textes allemands. Il m'a accompagnée constamment de ses précieux conseils. Qu'il trouve ici l'expression de ma profonde gratitude et de mon amitié.

Je remercie également tous les collaborateurs des Archives du ministère des Affaires étrangères où j'ai passé six années délicieuses à découvrir les trésors qu'elles recèlent, ainsi que ceux des Archives d'État de Vienne, toujours disponibles pour les chercheurs étrangers.

Je veux dire aussi toute ma reconnaissance au prince Léopold d'Arenberg ainsi qu'au marquis Olivier de Trazegnies, qui m'ont généreusement ouvert leurs archives familiales en Belgique. Merci enfin à mon amie Valérie André, dix-huitiémiste de renom, et à mes collègues Jean-Fred Warlin et Yoya Pigrau, ainsi qu'à Micheline Amar, qui m'ont aidée à de nombreuses reprises au cours de ces longues années.

Abréviations

AGA   Archives générales de l'administration
AMCE   Archives de la Maison impériale, de la Cour et de l'État
AMI   Archives de la Maison impériale
AML   Archives de la Maison de Lorraine
ANA   Archives Nationales Autrichiennes
CP   Correspondance Politique
DP   Division des Provinces
LdV   Légation de Vienne
MAE   Ministère des Affaires étrangères

Sources

Allemagne

Berlin :

Archives d'État secrètes de Prusse [Geheimes Staatsarchiv Preußischer Kulturbesitz]
   I. HA Rep. 81 Légation de Vienne I (LdV) [Gesandtschaft Wien] : 14, 14 a, 42

Munich :

Archives bavaroises d'État [Bayerisches Hauptstaatsarchiv]
   Archives secrètes de la Cour [Geheimes Hausarchiv]
      Correspondance [Aktenkorrespondenz] : 739, 741/1

Wolfenbüttel :

Archives du Land de la Basse-Saxe [Niedersächsisches Landesarchiv]
   1 alt 23 : 376
   1 alt 24 : 269, 270, 271, 274, 276

Le Pouvoir au féminin

Autriche

Klagenfurt :

Archives de la province de Carinthie [Kärntner Landesarchiv]
> *Famille Orsini-Rosenberg* : 76, fasc. 64/353 c ; 77, fasc. 65/355 a-1 et a-2

Vienne :

Archives Nationales Autrichiennes [Österreichisches Staatsarchiv] (ANA)
Archives de la Maison impériale, de la Cour et de l'État [Haus-, Hof- und Staatsarchiv] (AMCE)
> *Archives de la Maison impériale [Hausarchiv] (AMI) : Correspondance familiale A [Familienkorrespondenz A], 25, 34, 36, 37 ; Recueils [Sammelbände], 1, 7*
> *Archives de la Maison de Lorraine [Lothringisches Hausarchiv] (AML) : 45, 79, 137, 189*
> *Chancellerie d'État [Staatskanzlei] : Correspondance diplomatique de Prusse [Diplomatische Korrespondenzen, Preußen], Correspondance de la Cour [Hofkorrespondenz], 1 ; Exposés [Vorträge], 126*
> *Division des États [Staatenabteilungen] : Russie I, 23 ; Russie II, 210*
> *Division des Provinces [Länderabteilungen] (DP), Belgique DD-B blau : 1-2, 3-4, 5*
> *Grande Correspondance [Grosse Korrespondenz] : 183*
> *Legs Alfred von Arneth [Nachlass Alfred von Arneth] : 8 b-1*

Sources

Archives générales de l'administration [Allgemeines Verwaltungsarchiv] (AGA)
> *Archives familiales Harrach* [*Familienarchiv Harrach*] : 526, 528, 534, 598, 641
> *Archives familiales Kinsky* [*Familienarchiv Kinsky*] : 28

France

La Courneuve :

Archives du ministère des Affaires étrangères (MAE)
> *Correspondance politique (CP)*
> *Angleterre* : vol. 374, 411, 412, 414
> *Autriche* : vol. 21 (supplément), 86, 87, 88, 90, 92, 103, 104, 114, 115, 117, 121, 133, 136, 140, 164, 170, 172, 173, 176, 183, 214, 221, 222, 225, 226, 227, 228, 229, 231, 232, 234, 235, 237, 238, 253, 255, 281, 303, 304, 305, 308, 312, 313, 319, 321, 327, 341
> *Bavière* : vol. 90, 92, 120, 126
> *Hollande* : vol. 439
> *Lorraine* : vol. 92, 110, 111, 121
> *Pays-Bas* : vol. 114
> *Prusse* : vol. 112, 115, 117, 118, 133
> *Russie* : vol. 40, 45
> *Sardaigne* : vol. 196
> *Saxe* : vol. 29, 54, 58
> *Mémoires et documents* : vol. 7

Paris :

Bibliothèque de l'Institut : Ms 1268

Le Pouvoir au féminin

Italie

Parme :

Archives d'État de Parme
  Carteggio Borbonico Germania : n° 99

République tchèque

Brno :

Archives régionales de Moravie [Moravský zemský archivu v Brně]
  Archives familiales Kaunitz [*Rodinný Archiv Kouniců*] G 436 : 438, n° 4054
  Archives familiales Tarouca [*Rodinný Archiv Sylva-Tarouccu*] G 445 : 12, n° 82 23-A-1 ; 14, n° 86 23-B-3 ; 15, n° 87 23-B-4 ; 16, n° 89 23-C-2

Bibliographie

ARNETH (Alfred VON) [dir.], *Lettres de l'impératrice Marie-Thérèse à ses enfants et amis* [*Briefe der Kaiserin Maria Theresia an ihre Kinder und Freunde*], Vienne, Wilhelm Braumüller, 1881, 4 vol.

–, *Histoire de Marie-Thérèse* [*Geschichte Maria Theresias*], Vienne, Wilhelm Braumüller, 1863-1879, 10 vol.

–, (éd.) *Correspondance de Marie-Thérèse et Joseph II et lettres de Joseph à son frère Léopold* [*Maria Theresia und Joseph II : Ihre Correspondenz sammt Briefen Joseph's an seinen Bruder Leopold*], Vienne, Carl Gerold's Sohn, 1867-1868, 3 vol.

ARNETH (Alfred VON) et GEFFROY (Auguste Mathieu) [dirs], *Correspondance secrète entre Marie-Thérèse et le comte de Mercy-Argenteau*, Paris, Librairie de Firmin Didot Frères, 1874, 3 vol.

ARNHEIM (Fritz), « Das Urtheil eines schwedischen Diplomaten über den Wiener Hof im Jahre 1765 », in *Mittheilungen des Instituts für Österreichische Geschichtsforschung*, Innsbruck, Wagner'schen Universitäts-Buchhandlung, 1889, vol. 10.

ASPREY (Robert B.), *Frédéric le Grand, 1712-1786*, Paris, Hachette, 1989.

BARBIER (Edmond Jean-François), *Chronique de la régence et du règne de Louis XV (1718-1763) ou Journal de Barbier*, Paris, G. Charpentier et Cie, 1885, 8 vol.

347

BEALES (Derek), *Joseph II*, vol. 1, *In the Shadow of Maria Theresa, 1741-1780*, Cambridge, Cambridge University Press, 1987.

–, « Love and the Empire : Maria Theresa and her co-regents », in R. Oresko, G.C. Gibbs et H.M. Scott (dirs), *Royal and Republican Sovereignty in Early Modern Europe*, Cambridge, Cambridge University Press, 1997.

BEER (Adolf), *Joseph II, Leopold II und Kaunitz, ihr Briefwechsel*, Vienne, Wilhelm Braumüller, 1873.

BICCHIERI (Emilio), « Lettere Famigliari dell'Imperatore Giuseppe II a Don Filippo e Don Ferdinando (1760-1767) », *Atti et Memorie delle R.R. Deputazioni di Storia Patria per le Province Modenesi et Parmensi*, Modène, G.T. Vincenzi e nipoti, 1868, vol. 4.

BLED (Jean-Paul), *Marie-Thérèse d'Autriche*, Paris, Fayard, 2001.

BOUCHERON (Patrick), « *Les Deux Corps du roi* d'Ernst Kantorowicz », *L'Histoire*, n° 315, décembre 2006.

BOURBON-PARME (Isabelle DE), « *Je meurs d'amour pour toi.* » *Lettres à l'archiduchesse Marie-Christine, 1760-1763*, éd. Elisabeth Badinter, Paris, Tallandier, 2008.

BOUTARIC (Edgar), *Correspondance secrète inédite de Louis XV sur la politique étrangère avec le comte de Broglie, Tercier, etc.*, Paris, Plon, 1866, vol. 1.

BROGLIE (Albert DE), « Études diplomatiques. La première lutte de Frédéric II et de Marie-Thérèse d'après des documents nouveaux », *Revue des Deux Mondes*, 1er décembre 1881, 1881, vol. 48 ; 15 janvier 1882, 1882, vol. 49 ; 15 février 1884, 1884, vol. 61.

CASANOVA (Giacomo), *Histoire de ma vie*, Paris, Robert Laffont, 1993, t. I.

COLLIN (Hubert), « Cas de conscience dynastique, ambition personnelle et raison d'État : pourquoi le duc François III

Bibliographie

dut se laisser arracher la Lorraine et l'échanger contre la Toscane », in Alessandra Contini et Maria Grazia Parri (dirs), *Il Granducato di Toscana e di Lorena nel secolo XVIII*, n° 26, Biblioteca Storica Toscana, Florence, Olschki, 1999.

COXE (William), *The History of the House of Austria, from the Foundation of the Monarchy by Rhodolph of Hapsburgh, to the Death of Leopold the Second, 1218 to 1792*, Londres, Bell and Daldy 1873, vol. 3.

CRANKSHAW (Edward), *Maria Theresa*, Londres, Constable, 1986.

FOLKMANN (Joseph E.), *La Branche princière de la mémorable et noble famille Kinsky. Essai historique* [*Die gefürstete Linie des uralten und edlen Geschlechtes Kinsky. Ein Geschichtlicher Versuch*], Prague, Karl André, 1861.

FRÉDÉRIC II, *Correspondance politique de Frédéric le Grand*, éd. Johann Gustav Droysen, Berlin, Duncker und Humblot, 1879-1939, 46 vol.

–, *Œuvres de Frédéric le Grand*, éd. Johann D.E. Preuss, Berlin, Rudolph Ludwig Decker, 1846-1856, 30 vol.

GEORGEL (Jean-François), *Mémoires pour servir à l'histoire des événements de la fin du XVIIIe siècle, depuis 1760 jusqu'en 1806-1810*, Paris, A. Eymery, 1820.

GOLDSMITH (Margaret), *Maria Theresa of Austria*, Londres, Arthur Barker, 1936.

GUTIERREZ (Hector) et HOUDAILLES (Jacques), « La mortalité maternelle en France au XVIIIe siècle », *Population*, n° 6, vol. 38, 1983.

HESSE (Charles DE), *Mémoires de mon temps dictés par S.A. le Landgrave Charles, prince de Hesse*, Copenhague, 1861.

HINRICHS (Carl), *Comptes rendus diplomatiques de Podewils à Frédéric II* [*Friedrich der Große und Maria Theresia. Diplomatische Berichte von Graf Otto Christoph von Podewils*], Berlin, Decker, 1937.

INGRAO (Charles), « Empress Wilhelmine Amalia and the Pragmatic Sanction », *Mitteilungen des Österreichischen Staatsarchivs*, Horn, Ferdinand Berger, 1981, vol. 34.

KANTOROWICZ (Ernst), *Les Deux Corps du roi*, Paris, Gallimard, 1989.

KARAJAN (Theodor Georg VON), *Maria Theresia und Graf Sylva-Tarouca. Ein Vortrag gehalten in der feierlichen Sitzung der kaiserlichen Akademie der Wissenschaften am 30. Mai 1859*, Vienne, K.K. Hof. und Staatsdruckerei, 1859.

KHEVENHÜLLER-METSCH (Johann Josef), *Aus der Zeit Maria Theresias. Tagebuch des Fürsten Johann Josef Khevenhüller-Metsch, kaiserlichen Obersthofmeister*, Vienne, Adolf Holzhausen, 1907-1982, 8 vol.

LAVANDIER (Jean-Pierre) et CZERNIN (Monika) [dirs], *Lettres de l'impératrice Marie-Thérèse à Sophie d'Enzenberg* [« *Liebet mich immer und glaubt mir, dass ich Euch ganz ergeben bin* ». *Kaiserin Maria Theresia an Sophie Enzenberg — Eine Entdeckung*], Vienne, Ueberreuter, [parution 2017].

LEIBNIZ (Gottfried Wilhelm), www.gwlb.de/Leibniz/ Leibnizarchiv/Veroeffentlichungen/Transkriptionen 1715bearb.pdf [consulté en 2016].

LETTENHOVE (Joseph Kervyn DE) [dir.], « Lettres inédites de Marie-Thérèse et de Joseph II », *Mémoires couronnés et autres mémoires*, Bruxelles, M. Hayez, 1868, t. XX.

LIECHTENHAN (Francine-Dominique), « La Russie d'Élisabeth vue par les diplomates prussiens », *Cahiers du monde russe*, n° 3, vol. 39, juillet-septembre 1998.

LIGNE (Charles-Joseph, prince DE), *Mémoires, lettres et pensées*, éd. Alexis Payne, Paris, François Bourin, 1989.

LIPPERT (Woldemar), *Kaiserin Maria Theresia und Kurfürstin Maria Antonia von Sachsen, Briefwechsel 1747-1772*, Leipzig, B.G. Teubner, 1908.

Bibliographie

MACARTNEY (C.A.), « Maria Theresa's Political Testament », in *The Habsburg and Hohenzollern Dynasties in the Seventeenth and Eighteenth Centuries*, New York, Walker and Company, 1970.

MAHAN (J. Alexander), *Maria Theresa of Austria*, New York, Thomas Y. Crowell Company, 1932.

MONTAGU (Mary Wortley), *Letters of Lady Mary Wortley Montagu, written during her travels in Europe, Asia and Africa, to which are added poems by the same author*, Bordeaux, J. Pinard, 1805.

MORRIS (Constance Lily), *Maria Theresa – The last conservative*, New York, A. Knopf, 1937.

PICK (Robert), *Empress Maria Theresa – The earlier years, 1717-1757*, New York, Harper & Row, 1966.

PILATI DI TASSULO (Carlo Antonio), *Voyages en différens pays de l'Europe en 1774, 1775 et 1776. Ou lettres écrites de l'Allemagne, de la Suisse, de l'Italie et de Paris*, La Haye, Plaat et comp., 1777, t. I.

PÖLLNITZ (Karl Ludwig), *Lettres et mémoires du baron de Pöllnitz contenant les observations qu'il a faites dans ses voyages, et le caractère des personnes qui composent les principales cours de l'Europe*, Liège, 1734, t. I.

Recueil des instructions données aux ambassadeurs et ministres de France. Depuis les traités de Westphalie jusqu'à la Révolution française, « Autriche », introduction d'Albert Sorel, Paris, Félix Alcan, 1884.

ROZE (Francine), « Les relations entre Élisabeth-Charlotte d'Orléans, régente de Lorraine, et son fils le duc François III, entre 1729 et 1737. Remarques d'après quelques documents de leur correspondance », in Renate Zedinger et Wolfgang Schmale (dirs), *L'Empereur François Ier et le réseau Lorrain*, Jahrbuch der Österreichischen Gesellschaft zur Eröffnung des achtzehnten Jahrhunderts, Bochum, Winkler, 2009, vol. 23.

SAUER (Benedikt), *The Innsbruck Hofburg*, Vienne, Bozen, Folio, 2010.

SCHRANK (Joseph), *La Prostitution à Vienne du point de vue historique, administratif et hygiénique* [*Die Prostitution in Wien in historischer, administrativer und hygienischer Beziehung*], Vienne, édition de Joseph Schrank, 1886, vol. 1.

SCHULTE (Regina) [dir.], *The Body of the Queen, Gender and Rule in the Courtly World 1500-2000*, New York, Berghahn Books, 2006.

TAPIÉ (Victor), *L'Europe de Marie-Thérèse du baroque aux Lumières*, Paris, Fayard, 1973.

VALLOTTON (Henry), *Marie-Thérèse impératrice*, Paris, Fayard, 1963.

VAN DER CRUYSSE (Dirk) [dir.], *Madame Palatine. Lettres françaises*, Paris, Fayard, 1989.

VEHSE (Carl E.), *Memoirs of the Court, Aristocracy and Diplomacy of Austria*, Londres, Kessinger, 1856, vol. 2.

VILLERMONT (Antoine DE), *Marie Thérèse, 1717-1780*, Paris, Desclée de Brouwer et Cie, 1895, t. I et II.

VOLTAIRE, *Correspondence and Related Documents*, éd. Théodore Besterman, Genève, Institut et musée Voltaire, 1970, vol. VIII.

WALTER (Friedrich), « Vom Sturz des Directoriums in Publicis et Cameralibus (1760-1761) bis zum Ausgang der Regierung Maria Theresias », *Die Österreichische Zentralverwaltung. Von der Vereinigung der Österreichischen und Böhmischen Hofkanzlei bis zur Einrichtung der Ministerialverfassung (1749-1848)*, Veröffentlichungen der Kommission für neuere Geschichte Österreichs, Vienne, Adolf Holzhausens Nachfolger, 1934.

WANDRUSZKA (Adam), *Leopold II. Erzherzog von Österreich, Großherzog von Toskana, König von Ungarn und Böhmen, Römischer Kaiser*, Vienne, Herold, 1963-1965, 2 vol.

WHEATCROFT (Andrew), *The Habsburgs, Embodying Empire*, Londres, Viking Press, 1995.

Bibliographie

WOLF (Adam), *Tableau de la cour de Vienne en 1746, 1747, 1748. (Relations diplomatiques du Comte de Podewils, ministre plénipotentiaire, au Roi de Prusse Frédéric II)*, Sitzungen der kaiserlichen Berichte der Wissenschaften. Philosophisch-historische Classe, Vienne, Wilhelm Braumüller, 1850, vol. 5.

WRAXALL (Nathaniel William), *Memoirs of the Courts of Berlin, Dresden, Warsaw and Vienna in the Years 1777, 1778, and 1779*, Londres, 1806, vol. 2.

ZINZENDORF (Ludwig), « Mémoire sur la Russie, sur l'impératrice Élisabeth, sur sa cour et son gouvernement », in Gustav B. Volz et Georg Küntzel (dirs), *Preussische und Österreichische Acten zur Vorgeschichte des Siebenjährigen Krieges*, Leipzig, S. Hirzel, 1899.

Index

Albert, duc de Saxe-Teschen (1738-1822), 285, 320.

Althann, Johann Michael, comte d', favori de Charles VI (1679-1722), 244.

Amelot de Chaillou, Jean-Jacques, ministre des Affaires étrangères de Louis XV (1689-1749), 77, 80, 114, 116, 140, 180.

Anne-Charlotte de Lorraine, sœur de François-Étienne (1714-1773), 29, 55.

Antonia de Bavière, fille de Charles VII, épouse de Frédéric IV de Saxe (1724-1780), 184-186, 194, 196, 207, 215, 218.

Arneth, Alfred, chevalier d', historien (1819-1897), 59, 66, 83, 85, 88, 93, 96, 126, 146, 149, 158, 159, 170, 173, 198, 238, 258, 259, 263, 277, 278, 283, 286, 287, 288, 294, 303, 315, 316, 321, 323, 325, 331.

Aubeterre, Henri-Joseph Bouchard d'Esparbès de Lussan, marquis d', ambassadeur de France auprès de la cour de Vienne (1714-1788), 208, 222, 224.

Audiffret, Jean-Baptiste d', ambassadeur de France (1657-1733), 49, 55.

Auersperg, Jean Adam, prince d'(1721-1795), 233, 237.

Auersperg, Marie-Wilhelmine, née comtesse de Neipperg, épouse du prince d'Auersperg, maîtresse de François-Étienne (1738-1775), 233-238, 246.

Auguste II, roi de Pologne, prince électeur de Saxe (1670-1733), 51, 61.

Auguste III, roi de Pologne, prince électeur de Saxe (Frédéric-Auguste II) (1696-1763), 61, 117, 132, 160.

Badiani (la), voir Batthyány.

355

Barbier, Edmond Jean François, avocat au Parlement de Paris, mémorialiste (1689-1771), 132, 133.

Bartenstein, Jean Christophe, baron de, chargé des Affaires étrangères au conseil (1689-1767), 62, 112, 113, 176, 177.

Batthyány Charles Joseph, comte de, maréchal et précepteur de l'archiduc Joseph (1697-1772), 214.

Batthyány-Strattmann, Éléonore, comtesse de, amie intime du prince Eugène (1672-1741), 37.

Beales, Derek, historien (1931), 79, 84, 250, 264, 332.

Belle-Isle, Charles-Louis-Auguste Fouquet, duc de, maréchal de France (1684-1761), 128, 137.

Bestucheff, comte Alexis Petrovitch, chancelier d'Élisabeth Ire de Russie (1693-1768), 191, 192.

Blanche de Castille, reine de France (1188-1252), 13.

Blondel, Louis-Augustin, ambassadeur de France en Autriche (1696-1791), 224.

Blümegen, Heinrich Kajetan, comte, membre du conseil d'État (1715-1788), 271.

Borcke, Caspar Wilhelm, comte, ambassadeur de Prusse auprès de la cour de Vienne (1704-1747), 77, 80, 83, 89, 99, 101-105, 107, 109, 110, 113.

Botta-Adorno, Antoine Othon, marquis de, ambassadeur d'Autriche à Saint-Pétersbourg (1688-1775), 102, 190, 191.

Bourcier, Jean-Baptiste de, chargé d'affaires lorrain, 63, 64.

Breteuil, Louis-Auguste Le Tonnelier, baron de, ambassadeur de France auprès de la cour de Vienne (1730-1807), 325, 326.

Broglie, Albert, duc de, historien (1821-1901), 102, 128, 139, 171.

Browne, Maximilien Ulysse, baron, maréchal (1705-1757), 111.

Brunswick-Wolfenbüttel, Louis-Rodolphe de, duc (1671-1735), 21, 32, 34.

Bussy, François de, comte, chargé d'affaires français en Autriche (1699-1780), 27, 54, 58, 114.

Casanova, Giacomo (1725-1798), 242.

Catherine Ire, épouse de Pierre le Grand, impératrice consort puis tsarine de Russie (1684-1727), 16, 131, 189.

Catherine II, tsarine de Russie (1729-1796), 13, 16, 80, 194, 291, 292, 324-326, 329.

Charles Quint, empereur (1500-1558), 17, 285.

Charles III, roi d'Espagne (1716-1788), 262, 263.

Charles IV, infant puis roi d'Espagne (1748-1819), 262, 263.

Charles VI, archiduc, puis roi de Naples, roi d'Espagne sous le nom de Charles III de 1703 à 1714, empereur, père de Marie-Thérèse (1685-1740), 14, 17-19, 21-32, 34, 36-38, 40, 41, 44-58, 60-67, 69-71, 74-77, 81, 86-92, 94, 96-98, 111-113, 121, 130, 152, 169, 176, 194, 195, 243, 244, 246, 247, 250, 256.

Charles-Albert, prince électeur de Bavière, empereur sous le nom de Charles VII (1697-1745), 72-74, 83, 86, 87, 89, 91, 96, 97, 122, 124, 125, 128, 129, 137-139, 160, 180, 181, 184.

Charles-Alexandre, prince de Lorraine, frère de François-Étienne (1712-1780), 55, 56, 62, 67, 70, 141, 153, 158, 232, 270.

Charles-Joseph, archiduc, fils de Marie-Thérèse (1745-1761), 204, 214, 215, 228, 229, 256.

Charles-Théodore, électeur palatin, puis électeur de Bavière (1724-1799), 318.

Chesterfield, Philippe Stanhope, lord (1694-1773), 57.

Chevert, François de, lieutenant-colonel (1695-1769), 137, 138.

Choiseul, Étienne-François, comte de Stainville, puis duc de Choiseul, ambassadeur de France auprès de la cour de Vienne (1719-1785), 193, 202, 272.

Chotek, Rudolph, comte, ambassadeur d'Autriche en Bavière (1707-1771), 185.

Christine-Louise, duchesse de Brunswick-Lunebourg (1671-1747), 21, 23, 32, 33, 37, 39, 45.

Collin, Hubert, historien (1938), 64.

Colloredo, Rudolf Joseph, comte de, vice-chancelier de l'empire (1706-1788), 232, 236, 239, 253, 259.

Colloredo, Maria Gabrielle, comtesse de, maîtresse de François-Étienne (1707-1793), 232.

Daun, Léopold Joseph, comte, feld-maréchal (1705-1766), 178, 221, 268, 271.

Du Châtelet, Louis-Marie-Florent, marquis ou comte, ambassadeur de France auprès de la cour de Vienne (1727-1793), 251-253, 258, 261, 264, 267, 268, 277.

Du Luc, Charles-François de Vintimille, comte, ambassadeur de France en Autriche (1653-1740), 30, 37, 46.

Du Bourg, Jean-Baptiste Radiguet, abbé, ambassadeur de France en Autriche, 31, 37.

Du Theil, Jean-Gabriel de la Porte, ambassadeur de France en Autriche (vers 1683-1755), 64, 65.

Edelsheim, Georg Ludwig, baron d', chargé d'affaires prussien en Autriche (1740-1814), 280, 281, 296.

Éléonore de Neubourg, impératrice douairière (1655-1720), 20, 53.

Élisabeth Ire, tsarine de Russie (1709-1762), 16, 80, 131, 186-194, 223, 225.

Élisabeth Ire, reine d'Angleterre (1533-1603), 13, 329.

Élisabeth-Charlotte de Bavière, princesse palatine (1652-1722), 215.

Élisabeth-Charlotte d'Orléans, duchesse de Lorraine (1676-1744), 48, 54-56, 61-63.

Élisabeth-Christine de Brunswick-Wolfenbüttel, impératrice, mère de Marie-Thérèse (1691-1750), 19-23, 25-29, 32-34, 36-43, 46, 51, 53, 54, 64, 65, 74, 110, 150, 151, 179, 180, 182, 216, 226, 244, 302.

Élisabeth-Thérèse de Lorraine, sœur de François-Étienne, reine consort de Sardaigne (1711-1741), 29, 55.

Enzenberg, comtesse Sophie Amélie (1707-1788), 252, 303, 304.

Esterházy, Nicolas, prince (1714-1790), 110.

Esterházy, Maria Ernestine, comtesse (1754-1813), 240.

Eugène, prince de Savoie (1663-1736), 31, 37, 56, 130, 131.

Ferdinand, duc de Brunswick-Lunebourg (1721-1792), 26, 179, 180.

Ferdinand IV, roi de Naples (1751-1825), 284.

Ferdinand, duc de Parme (1751-1802), 266, 302.

Ferdinand, archiduc, puis duc de Modène, fils de Marie-Thérèse (1754-1806), 220.

Fleury, André Hercule de, cardinal, principal ministre de Louis XV (1653-1743), 99, 121-123.

Foscarini, Marco, ambassadeur de Venise en Autriche, 66, 96.

François-Étienne, duc de Lorraine, empereur sous le nom de François Ier (1708-1765), 29, 43, 47-76, 78-86, 91, 97-101, 103-105, 110, 113, 114, 118, 121, 122, 124, 125, 128-130, 139, 144-160, 169, 176, 177, 197-205, 223, 228, 230-238, 241-243, 246-251, 253, 258, 259, 265, 266, 272, 283, 301, 303, 306.

Frédéric-Guillaume Ier, roi de Prusse (1688-1740), 97, 107-109.

Frédéric II, roi de Prusse (1712-1786), 34, 38, 57, 77, 80, 83, 86, 87, 89, 97-111, 113, 114, 116-118, 120, 121, 123-125, 127, 128, 132, 137, 138, 145, 147-149, 155, 159, 160, 166, 167, 169, 174-176, 178-181, 185, 186, 188, 189, 191-193, 201, 207, 208, 212, 220, 221, 223-225, 231, 238, 245, 259, 268, 276, 277, 279, 280, 284, 285, 291, 292, 294, 296, 298, 299, 306, 307, 309, 310, 319-322, 324, 325, 330-332.

Frédéric-Auguste II, prince électeur de Saxe, *voir* Auguste III, roi de Pologne

Frédéric IV, prince électeur de Saxe (1722-1763), 184, 185, 196.

Fuchs, Marie Caroline, connue sous le nom de Charlotte, comtesse de, gouvernante de Marie-Thérèse (1681-1754), 41-44, 46, 53, 57, 86, 95.

George Ier, roi d'Angleterre (1660-1727), 37.

George II, roi d'Angleterre, électeur de Hanovre (1683-1760), 57, 116, 119.

Gotter, Gustave Adolphe, comte, grand maréchal de la cour de Prusse (1692-1762), 105, 107, 113.

Graffigny, Françoise de, écrivain (1695-1758), 226.

Harrach, Aloys, comte de (1669-1742), 38, 90.

Harrach, Frédéric-Auguste, comte de, fils d'Aloys (1696-1749), 42, 43, 76, 79, 86, 89, 90, 93, 110, 132, 173, 174, 179, 182.

Harrach, Ferdinand-Bonaventura II, comte de, frère de Frédéric-Auguste (1708-1778), 42, 76, 173, 174.

Harrach, Rose, comtesse d', fille de Frédéric-Auguste (1721-1785), 43, 85, 86, 89, 91, 92, 110, 132, 179, 213.

Haugwitz, Frédéric-Guillaume, comte, ministre de Marie-Thérèse (1702-1765), 177, 178, 196, 271.

Hautefort, Emmanuel-Dieudonné, marquis de, ambassadeur de France auprès de la cour de Vienne (1700-1777), 224.

Hennin, Pierre Michel, diplomate français (1728-1807), 208, 209, 242.

Henri, prince de Prusse, frère de Frédéric II (1726-1802), 306, 307, 309.

Herzelles, Christine-Philippine-Élisabeth, marquise de (1728-1793), 287, 288, 292, 293, 304, 309, 313.

Hyndford, John Carmichael, comte de, diplomate anglais (1701-1767), 117.

Isabelle, princesse de Bourbon-Parme, 1re épouse de Joseph II (1741-1763), 9, 254, 255, 260-262, 286.

Ivan VI, tsar de Russie (1740-1764), 119, 131, 132, 190.

Ivanovna, Anna, tsarine de Russie (1693-1740), 16.

Jeanne-Gabrielle, archiduchesse, fille de Marie-Thérèse (1750-1762), 220, 227, 229.

Joseph Ier, empereur (1678-1711), 18-20, 29, 34, 44, 45.

Joseph II, archiduc, puis empereur, fils de Marie-Thérèse (1741-1790), 9, 76, 81, 82, 115, 126, 131, 173, 203, 204, 213, 226, 227, 231, 247-257, 259-270, 274, 276-287, 289-292, 294-296, 298, 299, 302, 304, 306-327, 331, 332.

Josepha, princesse de Bavière, 2nde épouse de Joseph II (1739-1767), 254, 262, 276, 278, 286.

Kantorowicz, Ernst, historien (1895-1963), 14, 330.

Kaunitz-Rietberg, Wenceslas Antoine, comte puis prince de, ambassadeur d'Autriche auprès de la cour de Versailles, puis chancelier de cour et d'État, chargé des Affaires étrangères (1711-1794), 176, 177, 216, 217, 223, 224, 251, 267, 269-278, 281, 288-292, 294, 298, 307, 321, 331.

Khevenhüller, Louis André, comte, maréchal (1683-1744), 38, 130, 135, 137, 146, 147.

Khevenhüller-Metsch, Jean Joseph, comte puis prince, diplomate, grand maître des cérémonies de Marie-Thérèse (1706-1776), 39, 43, 95, 160, 177, 178, 183, 226, 227, 232-234, 237, 240, 264, 276, 303.

Kinsky, Philippe, comte, chancelier de Bohême (1700-1749), 110, 129, 141.

360

Klenck, Charlotte-Élisabeth, baronne, première demoiselle d'honneur de l'impératrice Amélie (1681-1748), 182-184.

Koch, Ignace, baron, secrétaire de Marie-Thérèse (1697-1763), 177.

Kœnigsegg-Rothenfels, Joseph Lothar, comte de, feld-maréchal, président du Conseil de guerre (1673-1751), 38, 68, 148, 157.

La Chétardie, Jacques-Joachim Trotti, marquis de, ambassadeur de France en Russie (1705-1759), 186.

Lacy, François Maurice, comte de, maréchal (1725-1801), 297, 331.

Leibniz, Gottfried Wilhelm (1646-1716), 30, 45, 182.

Léopold Ier, empereur (1640-1705), 18, 19, 21, 22.

Léopold, archiduc, grand-duc de Toscane, puis empereur sous le nom de Léopold II, fils de Marie-Thérèse (1747-1792), 175, 193, 204, 205, 214, 235, 249, 258, 276, 281, 287-289, 303-305, 307, 308, 311, 314, 320, 331.

Léopold, duc de Lorraine (1679-1729), 29, 48-53.

Léopold-Clément, prince de Lorraine, frère de François-Étienne (1707-1723), 49-51.

Léopold, archiduc, frère de Marie-Thérèse (1716-1716), 22, 256.

Leopoldovna, Anna, régente de Russie (1718-1746), 119, 120, 131, 186, 190.

Leszczyńska, Marie, reine de France (1703-1768), 237.

Leszczyński, Stanislas, roi de Pologne, puis duc de Lorraine et de Bar (1677-1766), 61.

Liechtenstein, Jean Népomucène, prince de (1724-1748), 110.

Lobkowitz, Georg Christian, prince de, maréchal (1699-1755), 137, 146, 154, 155.

Louis XIV, roi de France (1638-1715), 223.

Louis XV, roi de France (1710-1774), 61, 63, 97, 121, 174, 175, 200, 237, 254, 266.

Louis XVI, dauphin puis roi de France (1754-1793), 302.

Louise, princesse de Bourbon-Parme (1751-1819), 262, 263.

Manderscheid–Blankenheim, Johann Moriz Gustav de, comte, archevêque de Prague (1676-1763), 139, 140.

Marie-Amélie, archiduchesse, princesse électrice de Bavière, impératrice, épouse de Charles VII (1701-1756), 44, 72, 180-184.

Marie-Amélie, archiduchesse, sœur de Marie-Thérèse (1724-1730), 23.

Marie-Amélie, archiduchesse, puis duchesse de Parme, fille de Marie-Thérèse (1746-1804), 214, 238, 302.

Marie-Anne, archiduchesse, sœur de Marie-Thérèse (1718-1744), 23, 27, 40, 45, 159, 215-217, 270.

Marie-Anne, archiduchesse, fille de Marie-Thérèse (1738-1789), 68, 75, 126, 204, 213, 228, 232, 238.

Marie-Antoinette, archiduchesse, puis reine de France, fille de Marie-Thérèse (1755-1793), 9, 220, 226, 302.

Marie-Caroline, archiduchesse, fille de Marie-Thérèse (1740-1741), 75, 115, 213, 228.

Marie-Caroline, archiduchesse, fille de Marie-Thérèse (1748-1748), 214.

Marie-Caroline, archiduchesse, puis reine de Naples, fille de Marie-Thérèse (1752-1814), 220, 284.

Marie-Christine, archiduchesse, puis duchesse de Saxe, fille de

Marie-Thérèse (1742-1798), 204, 213, 227, 237, 255.

Marie-Élisabeth, archiduchesse, fille de Marie-Thérèse (1737-1740), 115, 213, 228.

Marie-Élisabeth, archiduchesse, fille de Marie-Thérèse (1743-1808), 214, 227, 238.

Marie-Josèphe, archiduchesse, princesse électrice de Saxe, reine consort de Pologne (1699-1757), 29, 44, 46, 182, 183.

Marie-Josèphe, archiduchesse, fille de Marie-Thérèse (1751-1767), 204, 220.

Marie-Louise d'Espagne, grande-duchesse de Toscane, puis impératrice (1745-1792), 205, 249.

Marie-Thérèse, archiduchesse, fille de Joseph II et d'Isabelle de Bourbon-Parme (1762-1770), 254, 255, 261, 285, 286.

Marlborough, Sarah Churchill, duchesse de (1660-1744), 136.

Maximilien-Emmanuel, prince électeur de Bavière (1662-1726), 28, 51.

Maximilien-Joseph, prince électeur de Bavière (1727-1777), 184, 185, 318.

Maximilien, archiduc, fils de Marie-Thérèse (1756-1801), 205, 220, 236, 320.

Médicis, Catherine de, reine de France (1519-1589), 13.

Médicis, Jean-Gaston de, grand-duc de Toscane (1671-1737), 62, 65, 69.

Mercy-Argenteau, Florimond, comte de, ambassadeur d'Autriche auprès de la cour de Versailles (1727-1794), 286, 315, 320, 325.

Meytens, Martin van, peintre (1695-1770), 204, 205.

Mirepoix, Gaston-Pierre de Lévis, marquis de, ambassadeur de France auprès de la cour de Vienne (1699-1757), 31, 37, 40, 69, 71-73, 75, 77, 78, 80, 91, 112.

Modène, princesse de, Anne Marie Louise de Médicis, veuve de l'électeur du Palatinat, Neubourg-Wittelsbach (1667-1743), 29.

Montagu, Lady Mary Wortley (1689-1762), 35.

Neipperg, Wilhelm Reinhard, comte de, général (1684-1774), 58, 111, 116, 146, 233.

Orsini-Rosenberg, voir Rosenberg.

Pálffy, Johann, comte, palatin de Hongrie (1664-1751), 169.

Pálffy, comtesse de, Maria Anna Canal, dame d'honneur de Marie-Thérèse (1716-1773), 232.

Parhamer, Ignace, jésuite, confesseur de François-Étienne (1715-1786), 241.

Paul Ier, tsar de Russie (1754-1801), 329.

Pfütschner, Karl, baron, précepteur de François-Étienne (1685-1765), 149.

Philippe Ier, duc de Parme, Plaisance et Guastalla, infant d'Espagne (1720-1765), 260.

Philippe V, duc d'Anjou, puis roi d'Espagne (1683-1746), 36, 254, 266.

Pierre le Grand, tsar de Russie (1672-1725), 16, 131, 187.

Pierre II, tsar de Russie (1715-1730), 189.

Pierre III, tsar de Russie (1728-1762), 194, 225, 325, 329.

Podewils, Otto Christophe, comte de, ministre des Affaires étrangères de Frédéric II, ambassadeur de Prusse auprès de la cour de Vienne (1719-1781), 38, 39, 41, 43, 98, 137, 168, 200, 202, 208, 212, 230, 235, 238, 239, 241.

Pöllnitz, Charles Louis, baron de (1692-1775), 99, 182.

Robinson, sir Thomas, baron Grantham, ambassadeur d'Angleterre auprès de la cour de

Vienne (1695-1770), 58, 59, 66, 90, 92, 103, 117, 118, 124, 138, 171.

Rohan, Louis-René de, prince, cardinal, ambassadeur de France auprès de la cour de Vienne (1734-1803), 254, 297, 299.

Rosenberg, comte François-Xavier, diplomate, grand chambellan, président du conseil des finances (1723-1796), 175, 179, 191, 247, 295, 297, 331.

Rosenberg, comte Philippe Joseph, ambassadeur d'Autriche auprès de la cour de Russie (1691-1765), 191.

Santini (la), danseuse, 240.

Sauer, Benedikt, historien, 206.

Saxe, Maurice, comte de, maréchal de France (1695-1750), 214.

Schulenburg, Matthias Johann, comte de (1661-1747), 30, 240.

Schwerin, Kurt Christoph, comte de, feld-maréchal prussien (1684-1757), 99.

Seckendorff, Friedrich Heinrich, comte de, général (1673-1763), 33, 111.

Silva-Tarouca, Emmanuel, comte puis duc, conseiller de Marie-Thérèse (1696-1771), 44, 79, 89, 92-95, 142-144, 164, 175-177, 196, 212, 214, 216-218, 226-229, 240, 244, 246, 257.

Sinzendorf, Philippe, comte de, grand chancelier, ministre d'État, membre du Conseil privé (1671-1742), 112, 113.

Starhemberg, Gundacker Thomas, comte de, membre de la Conférence secrète chargé des finances (1663-1745), 110, 112, 113.

Starhemberg, Georges-Adam, comte puis prince de, ambassadeur d'Autriche auprès de la cour de Versailles (1724-1807), 274.

Swieten, baron Gerard van, médecin de Marie-Thérèse (1700-1772), 216, 221.

Tapié, Victor, historien (1900-1974), 114, 133, 140, 219, 222.

Toussaint, François-Joseph, baron, secrétaire de François-Étienne (1689-1762), 113, 153.

Trautson, Johann Wilhelm, duc de, grand chambellan (1700-1775), 239.

Ulfeld, Anton Corfiz, comte d', membre de la Conférence secrète chargé des Affaires étrangères (1699-1770), 137, 198, 199.

Valory, Louis Guy Henri, marquis de, diplomate français (1692-1774), 99, 180.

Veigel, Eva Marie, danseuse, maîtresse de François-Étienne (1724-1822), 231.

Voltaire, François Marie Arouet, dit (1694-1778), 98, 108.

Wallis, Georges Olivier, comte de, feld-maréchal (1671-1743), 71, 72, 111.

Wheatcroft, Andrew, historien (1944), 204.

Wilhelmine-Amélie de Brunswick-Lunebourg, impératrice douairière (1673-1742), 19-21, 44-46, 72, 179, 180, 182, 184.

Wilhelmine de Prusse, margrave de Bayreuth, sœur aînée de Frédéric II (1709-1758), 180.

Woeber, Auguste, membre du Conseil aulique de la guerre, 38.

Wraxall, Nathaniel William (1751-1831), 231, 234, 305.

Zeno, Alessandro, ambassadeur de Venise en Autriche, 83, 88, 93.

Table

Avertissement... 9
Prologue 13

1. L'enfance d'« une » chef............................. 17
2. De l'épouse à la reine................................. 47
3. La reine nue... 87
4. Les métamorphoses de la reine de Hongrie et
   de Bohême... 135
5. Le gouvernement de l'impératrice reine........ 163
6. Le privé et le public................................... 211
7. La seconde corégence : mère et fils 249
8. Jusqu'aux derniers jours… 301

Épilogue 329

Annexes 333
    Carte.. 335
    Arbre généalogique 337
    Remerciements... 339
    Abréviations.. 341
    Sources... 343
    Bibliographie 347
    Index... 355

Mise en page par
Pixellence/Meta-systems
59100 Roubaix

Cet ouvrage a été achevé d'imprimer en décembre 2016
dans les ateliers de Normandie Roto Impression s.a.s.
61250 Lonrai
N° d'impression : 1605731
N° d'édition : L.01EHBN000813.A008
Dépôt légal : novembre 2016

Imprimé en France